투르크사

**THE TURKIC PEOPLES IN WORLD HISTORY**
Copyright © 2024 Joo-Yup Lee
All rights reserved.

Authorised Translation from the English language edition
published by Routledge, a member of the Taylor & Francis Group LLC

Korean translation copyright © 2025 CUM LIBRO
Korean translation rights arranged with Taylor & Francis Group LLC
through EYA Co.,Ltd

이 책의 한국어판 저작권은 EYA Co.,Ltd를 통해
Taylor & Francis Group LLC와 독점계약한 도서출판 책과함께에 있습니다.
저작권법으로 보호를 받는 저작물이므로 무단전재와 무단복제를 금합니다.

# 투르크사

돌궐, 몽골, 오스만 제국을 건설한
기마민족들의 역사

이주엽 지음

책과함께

제 아내이자 가장 가까운 친구인
임희정 님에게 이 책을 바칩니다.

**일러두기**

- 이 책은 이주엽(Joo-Yup Lee)의 THE TURKIC PEOPLES IN WORLD HISTORY(Routledge, 2024)를 우리말로 옮긴 것이다. 다만 필자가 직접 옮기면서 일부 내용을 추가·보완했고, 이에 따라 사실상 한국어로 쓴 개정증보판에 해당한다.
- 인용문: 1차 사료를 필자가 직접 번역한 경우, 필자가 덧붙인 내용은 [ ]로 표시했다. 번역문을 인용한 경우, 원 번역자가 덧붙인 내용은 ( )로 표시하고 이 책의 필자가 추가로 덧붙인 것은 [ ]로 표시했다. 한국어 번역문을 인용한 경우, 오탈자나 비문 등 명백한 오류는 별도의 표시 없이 바로잡기도 했으나 최대한 번역 원문을 따랐다.
- 튀르키예/터키: 현대 국가 튀르키예를 지칭하거나 그와 관련한 용어에는 '튀르키예'로 쓰고, 과거 문헌을 인용하는 등 역사적 맥락에서는 원어를 살려 '터키'라고 표기했다.

## 한국어판 서문

이 책《투르크사: 돌궐, 몽골, 오스만 제국을 건설한 기마민족들의 역사》의 원제는《The Turkic Peoples in World History(세계사 속의 투르크 민족들)》(2024)이다. 필자는 몇 해 전, 라우틀리지Routledge 출판사로부터 투르크 민족들의 형성 및 발전ethnogenesis과 역사를 다루는, 상기 제목의 학술서를 써달라는 청탁을 받고 이 책을 집필하게 되었다. 《투르크사》는 지난 10여 년간 필자가 영어로 발표한 논저들과 토론토대학교에서 진행한 강의 내용을 바탕으로 쓰였다. 현재 이 책은 세 언어로 번역되었다. 지난 1월에 튀르키예어 번역본이 출간되었고, 이번 우리말 번역본에 이어 오는 10월에는 러시아어 번역본이 출간될 예정이다.

 《투르크사》는 국내외에서 출간된 기존의 투르크사 책들과 어떤 차별성이 있는가? 필자는 무엇보다도 이 책이 종합적comprehensive이고 비판적critical인 투르크사라는 점을 강조하고 싶다.

 대다수 투르크사 책은 돌궐·위구르 같은 초기 투르크 민족들이나, 셀주크·오스만처럼 세계사에서 널리 알려진 제국들의 역사를 중점적으로 다루고, (이 책 제2장에서 다루는) 9세기 중엽 위구르 제국의 멸망 이후 중앙유라시아의 중부와 서부에서 전개된 중세 투르크 민족들의 역사는 비교적 간략하게 다루거나 생략한다. 그리고 (이 책 제4장에서 다루는) 포스트 몽골 시대에 등장한 투르크-몽골 민족들의 역사는 거의 다루지 않는다. 반면《투르크사》는 몽골 초원에서 활약한 초기 투르크 민족들에서 시작해, 중앙유라시아의 중부와 서부에 등장한 하자르, 불가르, 킵착, 오구즈 같은 중세 투르크 민족들을 거쳐, 14~16세기에 형성된 차가타이, 우즈벡, 카자흐, 타타르 등 근세 투르크 민족들까지 포괄적으로 다루는 진정한 의미의 통사通史다.

또한 기존 투르크사 책들은 역사에 등장한 수많은 투르크 민족을 하나의 단일 민족 집단으로 간주하며 그 역사를 다룬다. 반면《투르크사》는 각 투르크 민족의 형성과 발전 과정을 비판적으로 검토해, 이들을 다양한 기원과 정체성을 지닌 집단으로 조명한다. 따라서 독자들은 이 책을 통해 예컨대 '고구려의 동맹국'으로 국내에 알려진 돌궐 제국, 로마 제국의 계승자임을 자처한 오스만 제국 사이의 역사적 단절, 또는 지중해 국가인 튀르키예와 중앙아시아 오아시스 국가인 우즈베키스탄의 민족적 차이를 인지할 수 있을 것이다.

《투르크사》는 다음과 같은 점에서도 주목할 만하다. 먼저 이 책은 국제 학계의 최신 연구 성과를 폭넓게 활용했다. 각 분야의 전문가들이 발표한 최근의 연구 결과를 참조했으며, 특히 유전학 분야의 최신 성과를 적극 반영했다(유전학은 그동안 명확히 규명되지 않았던 투르크 민족들의 기원 및 형성과 관련된 여러 난제에 실마리를 제공한다). 또한《투르크사》는 기존 국내 문헌에서는 접하기 어려웠던 다양한 1차 사료를 소개한다. 예컨대, 하자르 제국의 역사를 요약한 '요셉의 서신', 불가르·하자르·오구즈 유목민의 관습을 기술한 이븐 파들란의 여행기, 차가타이인의 기원을 다룬 루이 곤살레스 데 클라비호의 티무르 제국 방문기와 같은 주요 1차 사료 발췌문을 수록했는데, 일반 독자는 물론 역사 전공자에게도 유용한 자료가 될 것이다. 아울러《투르크사》는 온갖 민족주의적 주장과도 거리를 두었다. 이를테면 특정 투르크 민족의 조상과 한민족의 선조가 동족이었다는 식의 억측을 배제한다. 스키타이 유목민이 투르크 민족이라는 등의 역사적 근거가 부족한 튀르키예 민족주의 학자들의 주장들도 수용하지 않는다.

필자는 칸트 비판철학의 신봉자로서《투르크사》에서 논의를 비판적으로 전개하고자 했다. 간단히 말해, 주어진 사료나 정보를 통해 우리가 실제로 확실히 알 수 있는 것과 그렇지 않은 것을 구분하며 논거를 사용했다. 필자가 이 책에서 흉노를 투르크 민족으로 단정하지 않은 것은 이 문제가 확실한 증거가 없는, 따라서 확실히 알 수 없는 영역에 속하기 때문이다. 객관적 근거가 없는 추측conjecture은 지식의 실질적 확장에 도움이 되지 않는 공허한 주장에 불과하기에 반드시 지양하고자 했다. 아울러 기존 학설이나 통념과 다른 논지를 펼칠 때는 반드시 명확한 관련 논거를 제시했다. 예를 들어, 카자흐인이 몽골 제국의 후예라고 주장할 때는 이를 뒷받침할 수 있는 DNA 정보 같은 확실한 근거를 제시했다.

필자는 몇 해 전 피터 B. 골든의《중앙아시아사》를 우리말로 옮기며 번역의 어려움을 체감한 뒤로 다시는 번역서 작업을 맡지 않겠다고 다짐한 바 있다. 그런데도《투르크사》번역을 전문 번역가에게 맡기지 않고 직접 하게 된 것은 원서 집필 당시 마감 기한 탓에 다루지 못했던 내용을 추가하고 원서 출간 이후 발견한 몇 가지 오류를 바로잡기 위해서다. 말하자면 이 번역본은 우리말로 쓴 개정증보판이라 할 수 있다.

《투르크사》를 순서대로 읽을 필요는 없다. 먼저 〈서론〉과 각 절의 서두에서 다루는 민족의 형성 및 발전 관련 내용을 읽은 뒤, 역사 관련 내용은 백과사전처럼 필요한 부분을 찾아서 읽기를 권한다. 투르크 민족들의 계승 관계를 한눈에 파악하게 해주는 〈부록〉의 다이어그램들도 꼭 살펴보기를 바란다.

《투르크사》 한국어판의 출간을 흔쾌히 수락해주신 도서출판 책과함께의 류종필 대표님과 이정우 주간님께 진심으로 감사드린다. 이분들은 과거에도 필자의 《몽골제국의 후예들》(2020)을 제안서만 보고 출판 계약을 해주셨다. 필자가 번역한 《중앙아시아사》(2021)도 그 가치를 단번에 알아봐 주시고 출판을 결정하셨다. 이분들의 선구안과 지속적인 후원 덕분에 책과함께는 오래전부터 (광의廣義의) 중앙아시아사 관련 서적들을 꾸준히 출간해왔고, 이는 국내 중앙아시아학계와 일반 독자들에게 커다란 혜택이자 축복이라 할 수 있다. 원고를 최종적으로 다듬고 개선해주신 편집진과 책을 멋지게 만들어주신 디자이너 분들께도 깊은 감사의 말씀을 드린다.

필자의 연구를 지지해주시고 국내 독자에게 소개해주신 교수·연구자이신 김중순, 정세진, 이평래, 조영헌, 양승조, 권용철, 최소영, 최하늘 님께도 다시 한번 크나큰 감사의 말씀을 올린다. 아울러 뇌과학자 박문호 박사님과 역사애호가 이규환 서기관님께도 각별한 감사의 뜻을 전한다.

끝으로, 이 책을 읽어주시는 모든 독자분께도 고개 숙여 감사드린다. 여러분의 지적 관심이 이 책의 존재 이유다.

2025년 7월 15일
토론토에서 이주엽

## 차례

| | |
|---|---|
| 한국어판 서문 | 7 |
| 상자글 목록 | 18 |
| 도판 목록 | 20 |
| 중앙유라시아 지도 | 21 |

### 서론  23
왜 투르크 민족사인가?   23
투르크인은 누구인가?   27
투르크 세계의 지리적·역사적 배경   33

## 제1장 초기 투르크 유목 민족들: 철륵, 돌궐, 위구르   41

### 1. 철륵: 최초의 투르크 유목민 집단   43
최초의 투르크 민족은 누구인가?   44
흉노 시대의 정령   46
선비, 유연, 타브가츠 제국 시대의 고차   51
최초의 철륵 유목민 국가, 준가르 초원의 고차국   54
돌궐 제국 지배하의 철륵   56
설연타 카간국   59
철륵과 돌궐 제2제국의 멸망   60

## 2. 돌궐: 최초의 투르크 제국을 건설한 유목 민족     63

  돌궐인은 누구인가?     64
      비非투르크계 혹은 혼혈 혈통의 아시나 씨족     64
      돌궐인 정체성의 본질     66
  돌궐 제국의 성립     69
  서돌궐과 투르게슈 카간국     76
  돌궐 제2제국의 흥망     78

## 3. 위구르: 철륵계 제국을 건설한 유목 민족     89

  위구르인의 비돌궐인 정체성     90
  위구르 제국 수립 이전의 위구르인     91
  위구르 제국의 건국     92
  위구르 제국의 발전     94
      도시의 건설     94
      마니교 수용     97
  위구르 제국의 쇠퇴와 몰락     98
  투르판 오아시스와 감숙 회랑의 위구르 계승국가들     101
  몽골 제국과 투르판 위구르인     104

# 제2장 남시베리아, 중앙아시아, 킵착 초원의 투르크 민족: 키르기즈, 하자르, 불가르, 카라한, 킵착     107

## 1. 키르기즈: 남시베리아의 투르크계 혹은 투르크화한 민족     109

  키르기즈인의 기원     110
  '키르기즈 제국' 수립 이전의 키르기즈인     114
  '키르기즈 제국'의 수립과 오르혼 전통의 단절     116
  키르기즈와 몽골 제국     117

포스트 몽골 시대의 키르기즈 118
  예니세이 키르기즈인의 남방 이주 118
  16~17세기 모굴 칸국과 카자흐 칸국 지배하의 키르기즈인 119
  18~19세기 준가르 제국, 코칸드 칸국, 러시아 지배하의 키르기즈인 121

## 2. 하자르: 유대교로 개종한 돌궐의 후예 123
하자르인의 기원 124
하자르 카간국의 성립과 발전 124
'팍스 하자리카' 126
하자르 제국의 붕괴 127
하자르 지배층의 유대교 개종 127

## 3. 불가르: 오구르 투르크 민족 139
불가르인의 기원 140
불가르 유목민이 세운 국가: 대大불가리아, 다뉴브 불가리아, 볼가 불가리아 142

## 4. 카라한 투르크: 중앙아시아 최초의 무슬림 투르크인 147
카라한 투르크인의 기원 148
카라한 왕조의 이슬람교 수용과 트란스옥시아나 정복 151
동카라한과 서카라한 왕조 152
셀주크 제국과 카라 키타이(서요)의 지배 155
카라한 왕조의 멸망 156

## 5. 킵착 유목민: 킵착 초원을 지배한 유목민 집단 159
킵착 유목민의 기원 160
'킵착 초원'의 탄생 162
유라시아 역사 속 킵착 유목민 163
몽골 제국과 킵착 유목민 165

# 제3장 서아시아와 중동의 오구즈계 투르크 민족: 오구즈, 셀주크, 오스만, 투르크멘     167

## 1. 오구즈: 페르시아-이슬람 세계의 투르크 민족     169
    오구즈 유목민의 기원     170
    오구즈 야브구 국가     175

## 2. 셀주크: 수니파 이슬람 제국을 건설한 오구즈 집단     181
    셀주크 투르크인의 기원     182
    셀주크 제국     182
    룸 셀주크 술탄국     187

## 3. 오스만: 세계 제국을 건설한 투르크멘 민족     189
    오스만인의 기원과 형성     190
    오스만 제국     195
       오스만 제국의 성립     195
       전성기의 오스만 제국     197
    술레이만 대제 이후의 오스만 제국     202

## 4. 투르크멘: 근세 이란의 지배 민족     205
    카라 코윤루     205
    악 코윤루     206
    사파비 왕조: 투르크-페르시아 제국     208
       사파비 왕조의 기원     208
       사파비 왕조의 전성기     209
       사파비 제국의 멸망     211
    아프샤르 투르크멘 제국     212
    카자르 왕조: 이란의 마지막 투르크멘 국가     212

## 제4장 킵착 초원과 중앙아시아의
　　　　몽골계 투르크 민족('투르크-몽골인'):
　　　　주치 울루스, 차가타이 울루스　　　　　　　　215

### 1. 차가타이: 중앙아시아의 몽골계 투르크인('투르크-몽골인')　217
　차가타이인의 기원과 정체성　　　　　　　　　　　218
　티무르 제국　　　　　　　　　　　　　　　　　　226
　　'정복자' 티무르　　　　　　　　　　　　　　　226
　　티무르의 후예들　　　　　　　　　　　　　　　230
　무굴 제국　　　　　　　　　　　　　　　　　　　235
　　무굴 제국의 성립　　　　　　　　　　　　　　　235
　　무굴 제국의 전성기　　　　　　　　　　　　　　238
　　무굴 제국의 쇠퇴와 멸망　　　　　　　　　　　　242
　모굴 칸국　　　　　　　　　　　　　　　　　　　243

### 2. 우즈벡: 주치 울루스의 몽골계 투르크인('투르크-몽골인')　245
　우즈벡인의 기원과 형성　　　　　　　　　　　　　246
　트란스옥시아나의 우즈벡 왕조들　　　　　　　　　251
　　아불 하이르 왕조　　　　　　　　　　　　　　　252
　　토카이-티무르 왕조　　　　　　　　　　　　　　254
　　망기트 왕조　　　　　　　　　　　　　　　　　256
　　코칸드 칸국　　　　　　　　　　　　　　　　　260
　호레즘의 우즈벡 왕조들　　　　　　　　　　　　　264
　　아랍샤 왕조　　　　　　　　　　　　　　　　　264
　　쿵그라트 왕조　　　　　　　　　　　　　　　　266

### 3. 카자흐: 주치 울루스의 몽골계 투르크인('투르크-몽골인')  269
    카자흐인의 기원과 형성  270
    카자흐 칸국  272
        카자흐 칸국의 형성  273
        카자흐 칸국의 전성기  275
        카자흐 칸국의 쇠퇴  277

### 4. 크림 타타르: 서부 주치 울루스의 몽골계 투르크인('투르크-몽골인')  285
    크림 타타르인의 기원과 형성  286
    크림 칸국  290
        크림 칸국의 형성  292
        크림 칸국의 전성기  295
        17세기의 크림 칸국  297
        크림 칸국의 쇠퇴와 멸망  301

## 맺음말  303

부록 1 투르크어족  315
부록 2 투르크 민족들의 계보  317
부록 3 연대표  320

감사의 말  325
주  331
참고문헌  356
찾아보기  377

## 상자글 목록

**서론**
뛰어난 기마 궁수였던 투르크 유목 전사 • 26
투르크 민족들의 DNA • 31

**1.1. 철륵**
트랜스유라시아 언어 가설 • 45
노인 울라 흉노 고분에서 발견된 태피스트리 • 48
철륵 유목민의 노래, 〈칙륵가〉 • 53
고차의 기원 신화 • 55
《수서》에 기록된 철륵 • 57
고차(철륵)의 결혼 및 장례 풍습을 다룬 중국 측 기록 • 61

**1.2. 돌궐**
돌궐 아사나 황후의 게놈 • 65
'투르크' 명칭의 의미 • 67
돌궐인의 기원 • 70
《북사北史》에 기록된 돌궐인의 관습 • 73
오르혼 비문 • 80
돌궐인의 외모에 대한 기록 • 85
사타 투르크 • 87

**1.3. 위구르**
위구르(회흘)와 당 사이의 견마絹馬 무역에 대한 중국 측 기록 • 93
오르두 발릭에 대해 타밈 이븐 바흐르가 남긴 기록 • 95

위구르의 낙양 약탈에 대한 중국 측 기록 • 97
위구르 카간과 당나라 태화 공주의 혼례에 대한 중국 측 기록 • 99
베제클릭 천불동 • 103
몽골 제국이 채택한 위구르 문자 • 104

**2.1. 키르기즈**
《신당서》에 기록된 키르기즈인 • 112
마나스 서사시 • 121

**2.2. 하자르**
하자르 제국과 아슈케나지 유대인 • 128
하자르인에 대한 이븐 파들란의 기록 • 129
하자르 제국의 군주 요셉의 서신 • 132

**2.3. 불가르**
오구르 유목민 • 141
볼가 불가르인에 대한 이븐 파들란의 기록 • 144

**2.4. 카라한 투르크**
카를룩 유목민 • 150
이슬람 세계의 '투르크-페르시아 이중 사회' • 152
카라한 왕조의 문화적 유산 • 153
동투르키스탄의 불교도 위구르인과 무슬림 투르크인의 대립 관계 • 157

## 2.5. 킵착 유목민
키멕 및 킵착 유목민의 기원에 대한 가르디지의 기록 • 161
투르크인의 외모에 대한 중세 이슬람 문인들의 시각 • 164
킵착 유목민 후예의 DNA • 166

## 3.1. 오구즈
투르크멘 명칭의 기원에 대한 몇 가지 설명 • 172
페체네그 유목민 • 177
오구즈에 대한 이븐 파들란의 기록 • 178

## 3.2. 셀주크
셀주크 건축의 두 가지 예 • 184

## 3.3. 오스만
오스만의 꿈 • 193
16세기 유럽의 패권국: 술레이만 대제의 오스만 제국 대 카를 5세의 합스부르크 제국 • 200

## 3.4. 투르크멘
《데데 코르쿠트의 책》• 207
사파비 제국의 유산, 아제리 이란인 • 211

## 4.1. 차가타이
차가타이인의 기원에 대한 클라비호의 기록 • 220
몽골계 투르크인의 형성과 정체성 • 222
티무르 제국의 수도 사마르칸드에 대한 클라비호의 기록 • 227
티무르 제국의 예술과 건축 • 232
알리시르 나바이의 투르크인 정체성 • 234
'무굴' 명칭의 유래 • 236
《바부르나마》• 237
악바르의 예술 후원 • 239

## 4.2. 우즈벡
'우즈벡'의 기원과 의미 • 248
'사르트' 명칭의 의미 • 250
부하라에 대한 앤서니 젠킨슨의 기록 • 253
부하라에 대한 알렉산더 번스의 기록 • 258
코칸드에 대한 유진 슐러의 기록 • 262
망기트 유르트(노가이 오르다) • 268

## 4.3. 카자흐
몽골 제국의 유전적 유산 • 271
'카작' 명칭의 유래 • 274
알라샤 칸 전설 • 278

## 4.4 크림 타타르
크림반도와 서부 킵착 초원의 '타타르인'에 대한 서구인의 기록 • 288
찰스 헨리 스콧이 서술한 두 부류의 크림 타타르인 • 289
'타타르' 명칭의 의미 • 291
크림 칸국과 오스만 제국의 '군사적 동맹 관계' • 293
17세기 타타르 복합궁과 초기 화기의 비교 • 294
볼가 타타르인 • 296
크림 타타르인의 백인 노예 사냥 원정 • 300

## 도판 목록

### 제1장 초기 투르크 유목 민족들

1.1 31호 고분에서 발견된, 제사 의식이 묘사된 태피스트리 • 49
1.2 31호 고분에서 발견된, 전투 장면이 묘사된 태피스트리 • 49
1.3 25호 분묘에서 발견된 인물 자수화 • 50
1.4 돌궐 제2제국의 왕자 퀼 테긴의 두상 • 87
1.5 베제클릭 천불동에 있는 위구르 카간의 벽화 • 103
1.6 돌궐 제국의 부구트 비문(585년)에 새겨진 소그드 문자 • 105
1.7 일칸국의 아르군 칸이 프랑스 국왕 필립 4세에게 보낸 서신(1289년) • 106

### 제2장 남시베리아, 중앙아시아, 킵착 초원의 투르크 민족

2.1 칼리얀 미나레트 • 154
2.2 《투르크어 사전》에 수록된 〈세계 지도〉 • 155

### 제3장 서아시아와 중동의 오구즈계 투르크 민족

3.1 이스파한의 '금요일 모스크' • 185
3.2 술탄 산자르의 영묘 • 185
3.3 1890년대의 술레이마니예 모스크 • 199

### 제4장 킵착 초원과 중앙아시아의 몽골계 투르크 민족('투르크-몽골인')

4.1 키슈에 있는 악 사라이 궁전의 유적 • 233
4.2 '금요일 모스크'로 이어지는 파테푸르 시크리의 성문 • 240
4.3 〈왕들보다 수피 샤이흐를 우대하는 자한기르 황제〉 • 242
4.4 레기스탄 광장 • 256
4.5 알라샤 칸의 영묘 • 283
4.6 16세기부터 크림 칸국의 칸들이 거주했던 바흐체사라이 궁전 • 297

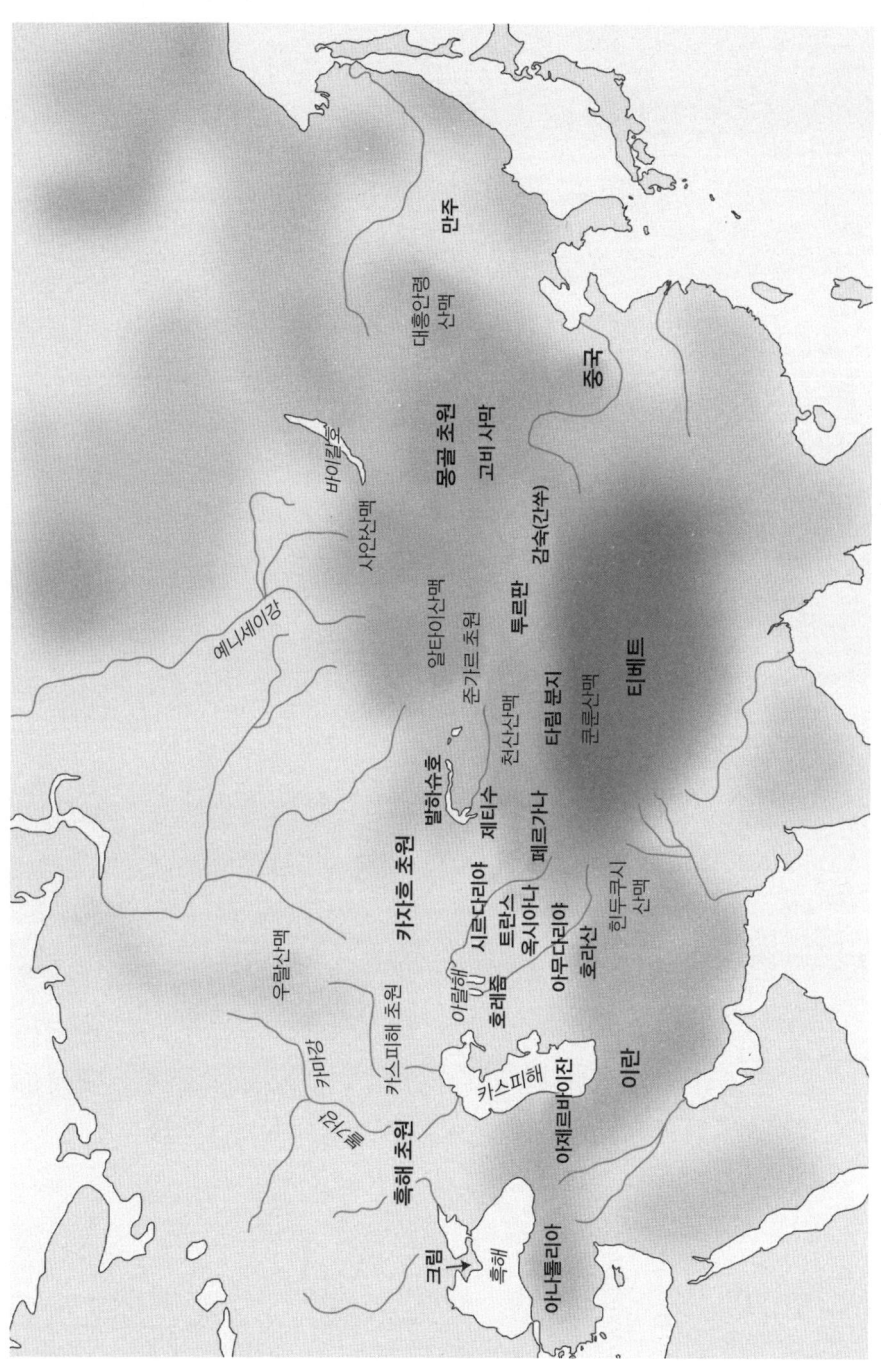

중앙유라시아 지도

# 서론

## 왜 투르크 민족사인가?

'투르크인'이 세계사에 본격적으로 등장한 것은 6세기 중반에 부민 Bumin(사망 552/553)과 그의 동생 이스테미Istemi가 몽골 초원에 돌궐 제국(552~745)을 건국하면서부터다.• 돌궐 제국은 역사상 최초의 범汎유라시아 제국으로, 6세기 중반부터 8세기 중반까지 약 200년 동안 내륙아시아의 광대한 지역을 지배했다. 돌궐 제국은 비록 8세기 중반에 붕괴했으나, 그 이후에도 다양한 투르크 민족이 세계사에 지대한 영향을 미친 여러 제국과 국가를 건설했다. 대표적으로 위구르 제국Uyghur Qaghanate(744~840), 하자르 제국Khazar Qaghanate(7세기 중반~968/969), 셀주크 제국Seljuk Empire(1037~1194), 오스만 제국Osman Empire(1299~1922)과 같은 강력한 제국을 들 수 있다. 또한 인도의 델리 술탄국Delhi Sultanate(1206~1526), 이집트·시리아 지역을 지배한 맘룩 술탄국Mamluk Sultanate(1250~1517)과 같은 지역 강국도 투르크

---

• 돌궐(突厥)은 '투르크(Türk)'를 한자로 음차한 것이며, 현대 중국어에서는 '투줴(Tujue)'로 발음된다. 이 책에서 'Türk'라는 명칭은 돌궐과 그 직계 후예를, 'Turk'와 'Turkic'은 모든 투르크어 사용 유목민과 투르크어를 각각 지칭한다.

집단이 세운 국가였다. 사실 몽골 제국 역시 '투르크 제국'의 범주에 포함될 수 있다. 몽골 제국의 건설과 운영에 다양한 투르크계 집단이 참여했으며, 시간이 흐르면서 중앙유라시아와 서유라시아에서 몽골계 유목민이 언어적으로 투르크화되었기 때문이다.[*1] 투르크 유목민은 맘룩mamlūk 또는 굴람ghulām으로 알려진 '노예 군인'으로서 이슬람 세계에서도 활약했다. 압바스 제국Abbasid Caliphate(750~1258) 시기인 9세기부터 투르크계 노예 병사는 이슬람 군대의 핵심 구성원으로 자리 잡았으며, 점차 여러 이슬람 국가에서 실질적으로 정치권력을 장악해갔다. 그 결과 맘룩 출신의 군 지휘관 중 일부는 독립적인 지방 왕조를 수립했는데, 대표적인 예로 이집트의 바흐리Bahri 맘룩 왕조(1250~1382)와 북인도의 맘룩 왕조(1206~1290)를 들 수 있다.

투르크 민족이 세운 국가들은 문화사적 발전에도 중요한 기여를 했다. 투르크인 통치자들은 예술과 건축을 적극적으로 후원해 여러 시대와 지역에서 문화적 황금기가 도래하도록 했다. 예를 들어, 10세기에서 13세기 사이에 위구르인은 투르판 오아시스Turfan Oasis에 위치한 베제클릭 천불동Bezeklik Thousand Buddha Caves에서 불교 벽화와 프레스코화를 제작해 뛰어난 미술 업적을 남겼다. 셀주크 시대에는 중앙의 정사각형 안마당을 네 개의 이완iwan(아치형의 문)이 둘러싼 '네 이완 모스크four-iwan mosque'의 전형적인 형태가 확립되었다. 티무르 제국Timurid Empire(1370~1507)은 14세기 후반에서 16세기 초반까

---

• 또한 전근대 이슬람 세계에서는 몽골인이 투르크인의 한 지파로 간주되었다. 그래서 이슬람권 역사가들과 지리학자들은 종종 몽골인을 투르크인으로 지칭했다.

지 건축, 예술, 과학을 적극 후원했으며, 이는 '티무르 르네상스Timurid Renaissance'로 알려진 페르시아 문화의 부흥을 가져왔다. 한편 무굴 제국의 황제들도 인도 문화사에서 예술과 건축의 황금기를 열었는데, 대표적인 예로 샤 자한Shāh Jahān(재위 1628~1658)이 왕비 뭄타즈 마할Mumtāz Maḥal(1592~1631)을 기리기 위해 아그라Agra에 건설한 타지마할Taj Mahal을 들 수 있다. 이와 같은 사례들은 투르크계 국가들이 이룩한 수많은 문화적 성취의 일부에 불과하다.

이처럼 투르크계 민족들만큼 방대한 영토를 정복하고 수많은 제국과 국가를 건설하고 세계 문화사에 기여한, 단일 어족 집단을 찾아보기는 어렵다. 유럽 열강들이 세계의 지배 세력으로 부상하기 이전까지 1000여 년에 걸쳐 투르크계 민족들의 역사는 세계사에서 중대한 역할을 했다.* 투르크 세계에서 일어난 주요 사건들은 중국, 중앙아시아, 중동, 남아시아, 유럽의 역사에 지대한 영향을 미쳤다. 일부 학자들은 세계사의 본격적인 시작을 칭기스 칸Chinggis Khan이 창건한 투르크-몽골Turko-Mongol 제국에서 찾기도 한다.[2]

현대 세계에서 투르크계 언어를 사용하는 민족은 여섯 개 독립 국가(카자흐스탄, 키르기스스탄, 우즈베키스탄, 투르크메니스탄, 아제르바이잔, 튀르키예)를 형성하고 있으며, 러시아와 중국 내 여러 자치 단위에서도 거주하고 있다. 러시아에서는 추바슈Chuvash, 타타르Tatar, 바슈키르Bashkir, 알타이Altai, 하카스Khakas, 투바Tuva, 사하Sakha와 같은 자치

---

• 투르크계 민족이 건설한 마지막 대제국인 오스만 제국은 최전성기에 오늘날 유엔에 가입된 약 35개국의 영토를 지배했다.

공화국을 구성하고 있으며, 중국에서는 다수가 신장 위구르 자치구 Xinjiang Uyghur Autonomous Region에서 거주하고 있다. 그 외에도 몽골과 이란을 비롯한 여러 국가에서 소수 민족으로 살아가고 있다.

따라서 투르크 민족들의 역사에 대한 포괄적 지식 없이는 세계사의 흐름에 대한 거시적 이해는 물론 현대 세계에 대한 통찰력도 얻기 어려울 것이다.

### 뛰어난 기마 궁수였던 투르크 유목 전사

돌궐을 포함한 투르크계 유목민이 강력한 전투력을 발휘할 수 있었던 주된 이유는 이들이 뛰어난 기마 궁수 horse-archer였기 때문이다. 기마 궁수란 말을 타고 빠르게 이동하며 활을 쏘는 병사를 의미한다. 몽골 기병과 마찬가지로 투르크계 유목 전사는 '복합궁 composite bow'을 사용했는데, 이 활은 뿔과 나무와 힘줄로 제작되었다. 복합궁은 사거리, 명중률, 발사 속도 면에서 화승총 matchlock 등 초기 화기 early firearms보다 성능이 더 우수했다.

투르크 기마 궁수 전술의 핵심 원리는 화력과 기동력의 결합이었다. 유목 전사들은 전진과 후퇴를 반복하면서 원거리에서 일제 사격을 가해 적의 대열을 파괴한 뒤 돌격을 감행하는 방식으로 전투를 수행했다. 이 전술은 이론적으로 현대 군대의 '기동 속 화력 fire power in movement' 전술을 선도하는 형태로 볼 수 있다.

동일한 조건이라면, 정주민 군대가 개활지에서 기마 궁수 부대

> 를 상대로 승리하기는 극히 어려웠다. 정주 국가의 보병은 유목 군대의 기동성과 화력의 결합 전술에 속수무책으로 당하는 경우가 많았으며, 17세기 이후 효율적인 전장용 화기, 특히 연발식 화기 repeating firearms(재장전 없이 연속 발사가 가능한 화기)가 개발되기 전까지 이들을 효과적으로 상대하기가 어려웠다.

## 투르크인은 누구인가?

오늘날 세계에서 투르크계 언어를 사용하는 민족은 동으로는 시베리아의 사하 공화국에서 서로는 아나톨리아Anatolia 반도의 튀르키예에 이르기까지 유라시아 대륙에 널리 분포하며, 다양한 역사적·문화적·종족적 배경을 지닌 집단으로 이루어져 있다. 학계에서는 이들을 종종 '투르크인Turk'으로 지칭하며, 사실상 '투르크인'이라는 용어를 '투르크계 언어 사용자Turkic speaker'와 동의어로 사용하는 경향이 있다. 이러한 용법은 모든 투르크인이 돌궐 제국에서 기원해 중세 시대에 유라시아 전역으로 확산된 후 현대의 다양한 투르크계 민족으로 분화한 단일 민족이자 단일 언어 집단이라는 인식을 전제로 한다.

 그러나 통념과 달리 오늘날 '투르크인'으로 통칭되는 전근대의 다양한 투르크계 언어 사용 민족들 중 대다수가 스스로를 '투르크인'으로 인식하지 않았다. 특히 킵착 초원Qipchaq Steppe과 시베리아 지역의 투르크계 언어 사용 집단, 이슬람 세계 밖에서 거주하던 투르크계 언어 사용 집단들 사이에서는 '투르크'라는 개념과 명칭이 알려지지 않았거나 사용되지 않았다. 예를 들어, 시베리아 및 볼가강Volga 중류 지역의 투르크계 언어 사용 민족인 사하인Sakha과 볼가 타타르인Volga Tatar이 그러했다.* 역사적으로 '투르크'라는 명칭을 자칭自稱, endonym 으로 사용한 집단은 돌궐 제국의 핵심 구성원과 (카라한 왕조의 투르크인과 같은) 그 직계 후예처럼 일부에 국한되었다.[3]

전근대 이슬람 세계의 역사가들과 지리학자들은 돌궐 제국이 소멸한 뒤에 '투르크Turk'(아랍어 복수형은 '아트락Atrāk')라는 명칭을 내륙유라시아의 모든 유목민 집단을 포괄하는 개념으로 사용했다. 이들은 몽골인을 비롯해 비非투르크어 사용 유목민까지 투르크인의 범주에 포함했다. 결과적으로, 이슬람 세계로 진출한 오구즈Oghuz 같은 비돌궐계 투르크 유목민과 몽골인도 이 타칭他稱, exonym을 자칭으로 사용하게 되었다.

그러나 몽골 초원의 위구르Uyghur와 키르기즈Qirghiz 유목민은 돌궐 제국이 멸망한 이후 스스로를 '투르크인'으로 칭하지 않았으며, 오히려 투르크인(돌궐인)을 적으로 간주했다.[4] 사실 전근대의 투르크계 언어 사용 민족들은 단일 민족(투르크인) 정체성을 공유하지 않았다. 위구르, 키르기즈, 카라한 투르크인, 오구즈, 킵착 유목민 등은 각기 고유한 민족 정체성을 가지고 있었으며, 공통된 선조 계보나 기원 신화를 만들지 않았다.**[5] 요컨대 현대적 의미의 투르크인 정체성은 전

---

• 사하인은 과거에 야쿠트인(Yakut)으로 불렸다. 볼가 타타르인은 '무슬림'이라는 명칭과 더불어 '카잔르(Kazanlï)'처럼 지명에 기반을 둔 명칭을 자칭으로 사용하다가 19세기 이후에 러시아인이 사용한 외래명인 타타르를 받아들였다.

•• 또한 이 민족들의 기원 신화에서는 돌궐 제국이나 돌궐의 실존 인물에 대한 언급이 없다.

근대에는 존재하지 않던 개념이다.

전근대 투르크 세계에서 공통된 민족 정체성 또는 단일 투르크 민족에 대한 의식이 존재하지 않았던 이유는, 투르크계 언어 사용 집단들이 돌궐 제국 또는 다른 단일 민족 집단에서 기원하지 않았다는 것으로 설명될 수 있다. 투르크계 민족들에 대한 DNA 연구에 따르면 이들은 부계 혈통 측면에서 매우 이질적인 집단이며, 단일 조상 집단에서 기원하지 않았음이 명백하다.[6] 사실 초기 투르크계 유목민인 철륵과 돌궐인조차도 이질적인 집단으로 구성되었다.* 특히 DNA 연구 결과는 투르크 세계가 확대되는 과정이 인구 이동의 과정이 아니라, 다양한 비투르크계 언어 사용 집단의 '투르크화Turkicization'의 과정이었음을 보여준다. 다시 말해 투르크인은 유라시아 전역에서 다양한 토착 집단과 융합하고 그들을 투르크화했다. 북유라시아에서는 우랄어족 수렵·채집민, 몽골 초원에서는 몽골어족 유목민, 신장(동투르키스탄)·트란스옥시아나(서투르키스탄)·이란·카자흐스탄·남南시베리아에서는 인도-유럽어족 유목민과 정착민, 아나톨리아와 발칸반도에서는 동로마(비잔티움) 제국의 피지배층을 위시해 다양한 인도-유럽계 민족과 섞이며 그들을 투르크화했다.**[7] 이러한 투르크화 과정은 다층

---

이는 1000년경에 돌궐 제국과 그 지배 가문인 아시나 씨족에 대한 집단적 기억이 투르크 세계에서 소멸되었음을 시사한다.

* 예를 들어, 철륵 부족 연맹에는 알란(Alan)처럼 인도-유럽계 집단도 있었다. 돌궐 제국의 왕가인 아시나 씨족도 인도-유럽계 집단에서 기원했을 가능성이 있다.
** 지난 20년간 진행된 DNA 연구에 따르면 투르크어 사용 민족들은 단일한 종족이 아니며 단일한 인종에 속하지도 않는다. 서방의 투르크계 민족들은 대체로 주변 민족들과 유사한 외형적 특징을 지닌 반면, 동방의 투르크계 민족들은 내륙아시아인의 신체적 특징을 보인다.

적이고 연쇄적으로 이루어졌다. 즉 '투르크화한' 비투르크계 집단이 포함된 하나의 부족 연맹이 새로운 지역에서 또 다른 비투르크계 토착 집단을 투르크화하는 현상이 반복적으로 발생했다. 예를 들어, 9~10세기경 아랄해·카스피해 초원에서 유목 생활을 했던 투르크계 부족 연맹인 오구즈는 중앙아시아의 이란어 사용 주민들을 융합했다. 그 뒤에 오스만인Ottomans으로 발전한 오구즈인은 아나톨리아와 발칸반도에서 아르메니아인, 그리스인, 슬라브인 등 다양한 토착 집단을 투르크화했다.

요컨대 돌궐 제국 이후 등장한 다양한 투르크계 언어 사용 집단은 하나의 조상 집단에서 기원한 단일 민족, 단일 언어 집단이 아니었다. 이에 따라 이 책은 투르크 민족들의 역사를 하나의 단일 부계 혈통 집단의 단절 없는 역사가 아닌, 오랜 기간에 걸쳐 진행된 융합과 통합의 과정으로 서술한다. 또한 투르크 민족들을 단순히 시대적 기준이나 지리적 기준에 따라 분류하지 않고 저마다의 독자적 기원과 개별 정체성에 초점을 맞추어 범주화한다. 이러한 접근 방식을 통해 투르크 민족들의 역사를 개관하는 동시에 투르크 정체성에 대한 비판적 인식을 제공하고자 한다.*

---

* 이 책은 투르크계 민족들의 기원 및 형성 과정에 대한 '비판적' 논의를 목표로 한다. 따라서 추측(speculation)에 근거한 주장을 전개하지 않으며, 독창적이거나 새로운 논지를 펼칠 때는 적절한 논거를 제시한다.

## 투르크 민족들의 DNA

Y-DNA 하플로그룹haplogroup은 특정 돌연변이를 공유하는 남성 집단, 즉 부계 혈통patrilineal lineage을 의미한다. 다시 말해 Y-DNA 하플로그룹이란 특정 돌연변이를 보유하고 이를 후대에 전달한 공통 조상으로부터 유래한 집단을 가리킨다. 집단유전학population genetics 연구자들은 인류의 부계 혈통을 20여 개의 주요 그룹과 다수의 하위 그룹으로 분류했는데, 모든 남성은 이들 중 하나에 속한다. 하플로그룹 명명법을 표준화하기 위해 결성된 학술 연구 단체인 Y 염색체 컨소시엄Y Chromosome Consortium: YCC은 Y-DNA 하플로그룹을 A부터 T까지의 대문자로 명명하고, 각 하위 분류subclade는 숫자와 소문자로 표기하는 체계를 확립했다. 새로운 단일염기 다형성Single Nucleotide Polymorphism: SNP이 발견되어 검증될 경우, 새로운 하플로그룹의 하위 분류가 결정된다.[8] 현대 투르크계 언어 사용 민족들에 대한 DNA 분석 결과, 각 투르크계 민족에서 가장 높은 빈도로 나타나는 Y-DNA 하플로그룹은 다음과 같다.*

---

* 아래에서는 각 투르크계 집단에서 10퍼센트 이상을 차지하는 Y-DNA 하플로그룹만을 열거했다. 그리고 초기 투르크계 민족들의 주요 Y-DNA 하플로그룹이 무엇이었는지에 대한 가설은 제시하지 않았다. 아직은 초기 투르크계 집단들의 DNA에 대한 데이터가 충분히 확보되지 않았기 때문이다. 그렇지만 최근에 발표된 투르크계 민족들의 유골 DNA 분석 결과들은 이들이 (부계 혈통 측면에서) 매우 이질적인 기원을 가진 집단이었음을 보여준다.

1. N1c1: 철륵 계열의 쿠리칸Quriqan에서 기원한 것으로 추정되는 북동부 시베리아의 사하인.
2. N1b 및 N1c1 > C2 > Q, R1a: 철륵 혹은 돌궐의 후예로 추정되는 사얀산맥Sayan 지역의 투바인Tuvan.
3. R1a > C2 > Q: 인도-유럽계와 투르크계 혼혈 집단의 후예로 추정되는 러시아 알타이산맥 지역의 남부 알타이인Altai-Kizhi.
4. R1a > C2: 예니세이강Yenisei 유역 고대 키르기즈인의 후예인 천산天山산맥 지역의 키르기즈인.
5. N > R1a: 구소련 시대에 키르기즈를 지칭하던 중국식 명칭 '힐알사黠戛斯'(중국어 발음은 샤자쓰Xiájiási)로 명명된 예니세이강 유역의 하카스인Khakas.
6. R1a 및 N > J: 볼가 불가르인Volga Bulghar을 포함한 다양한 집단의 후예인 볼가-우랄Volga-Ural 지역의 카잔 타타르인Kazan Tatar과 추바슈인Chuvash.
7. C2 > O2 > Q > R1: 고대 위구르Uyghur의 후예인 서유구르인 Western Yugur.
8. R1a > J > O2 또는 C2: 다양한 투르크계 및 인도-유럽계 집단의 후예인 신장(동투르키스탄)의 현대 위구르인 및 트란스옥시아나(서투르키스탄)의 현대 우즈벡인.
9. C2 > G1(> N, J, O2, R1a, R1b): 몽골인과 킵착Qipchaq/캉글리 Qangli를 포함한 여러 투르크계 집단의 후예인 카자흐인.*
10. Q > J, R1a: 오구즈의 후예인 투르크멘인Turkmen.
11. J, R(R1b 또는 R1a), E, G2: 투르크멘인과 여러 비투르크계 토

착 집단의 융합 민족인 아나톨리아 지역의 튀르키예인, 그리고 이란·코카서스 지역의 아제리인Azeri.[9]

이 같은 DNA 분석 결과는 각기 다른 투르크계 민족에게서 가장 우세한 Y-DNA 하플로그룹이 서로 다를 뿐만 아니라, 초기 투르크계 민족들이 보유했을 가능성이 있는 특정 Y-DNA 하플로그룹이 현대 투르크계 민족들에게서는 매우 미미하게 나타나거나 아예 존재하지 않음을 보여준다. 즉 현대 투르크계 민족들 사이에서는 공통 조상 집단, 예컨대 돌궐인이 확산시켰을 가능성이 있는 특정 Y-DNA 하플로그룹의 일관된 분포가 관찰되지 않는다. 또한 유라시아 대륙의 서쪽으로 갈수록 투르크계 민족들의 대표적인 Y-DNA 하플로그룹들 또는 그 조합은 이들의 인접 지역에 거주하던 비투르크계 집단과 유사한 경우가 많다. 결론적으로, 현대의 투르크계 민족들은 부계 혈통 측면에서 동질적인 집단이 아니다.

- 킵착과 캉글리 유목민들은 지금도 카자흐스탄에 거주하고 있다. 이 두 집단의 지배적인 Y-DNA 하플로그룹은 각각 R1b와 Q다.

## 투르크 세계의 지리적·역사적 배경

초기 투르크계 민족인 철륵, 돌궐, 위구르는 몽골 초원Mongolian steppe과 그 주변 지역에서 거주했다. 몽골 초원은 동쪽으로 대흥안령산맥에서 서쪽으로 알타이산맥에 이르며, 북쪽으로는 사얀산맥과 탄누-

올라산맥Tannu-Ola에서 남쪽으로는 중국까지 펼쳐진 광활한 초원 지대다. 몽골 초원 곳곳에는 산맥과 삼림 지대, 고비 사막Gobi Desert이 자리하고 있다. 고비 사막은 몽골 고원Mongolian Plateau˙을 북부의 몽골국과 남부의 내몽골(현재 중국의 내몽골 자치구)로 나눈다. 몽골 초원 남서부의 몽골 알타이산맥을 넘어가면 그보다 작은 준가르 초원Jungharian steppe이 펼쳐진다. 이 초원은 남쪽 천산산맥과 북쪽 알타이산맥 사이에 자리한 초원 지대다. 몽골 초원과 준가르 초원은 유라시아 대초원 지대의 동부에 해당한다. 유라시아 대초원은 서쪽의 헝가리 평원에서 시작해 우크라이나의 흑해 초원, 러시아의 카스피해 초원, 카자흐 초원, 몽골 초원을 거쳐 동쪽의 만주에 이른다. 이 광대한 초원 지대는 크게 동부(몽골 초원과 준가르 초원), 중부(카자흐 초원), 서부(흑해 초원과 카스피해 초원)로 구분할 수 있다.

유라시아 초원의 생태계는 건조한 기후와 초지로 이루어져 있으며 일반적으로 나무가 거의 없는 것이 특징이다. 이 지역에서 초기 투르크계 민족들은 기마 유목 생활을 했다. '목축 유목pastoral nomadism'은 전근대 유라시아 초원 지역에서 일반적인 삶의 형태였다. '유목민nomad'이란 일정한 정착지를 두지 않고 끊임없이 이동하는 사람들을 의미하며, 그중 '목축 유목민pastoral nomad'은 가축을 기르며 생활하는 유목민을 뜻한다. 이들은 말, 양, 염소, 소, 낙타 등의 가축을 사육하면서 방목지를 찾아 주기적으로 이동했다. 투르크계 유목민은 '유르트

---

• 몽골 초원은 해발 약 900~1500미터에 이르는 광활한 고원 지대인 몽골 고원에 속한 지역이다.

yurt'(몽골어로 '게르ger')라고 불리는 반구형 천막에서 생활했는데, 나무 골조에 펠트felt를 덮어서 만든 이 이동식 가옥은 조립과 해체가 용이했다. 제1장은 몽골 초원과 준가르 초원 지역에서 9세기 중엽까지 목축 유목민으로 살았던 초기 투르크계 민족인 철륵, 돌궐, 위구르의 기원과 역사를 다룬다.

몽골 초원과 준가르 초원에 거주하던 다양한 투르크계 집단은 늦어도 서기 4세기경부터 유민流民 또는 정복민으로서 서쪽을 비롯해 여러 방향으로 이주했다. 그 결과 남시베리아, 중앙 및 서부 유라시아 초원 지대, 중앙아시아의 오아시스 지역, 볼가-카마Volga-Kama 지역 등지에서 거주하던 비투르크계 집단들이 투르크화하면서 투르크 세계가 크게 확장되었다.

먼저, 투르크계 유목민은 시르다리야강Syr Darya의 북부와 아랄해Aral Sea 북동부에 위치한 초원 지대인 카자흐 초원Kazakh steppe, 그리고 발하슈호Lake Balkhash와 천산산맥 사이의 비옥한 초원 지대인 제티수Jetisu(카자흐어로 '일곱 개의 강'이라는 의미) 지역을 투르크화했다. 제티수는 러시아어로 세미레치예Semirechye라 불리는데 '준가르 문Jungharian Gate'이라는 산악 통로를 통해 준가르 초원과 연결된다. 카자흐스탄 남동부 및 신장 북서부에 위치한 발하슈호와 천산산맥 사이의 초원 지역은 포스트 몽골 시대에 모굴리스탄Moghulistan(페르시아어로 '몽골인의 땅'이라는 의미)으로 불렸다. 투르크계 유목민은 서기 5세기경부터 우크라이나 남부의 흑해 연안에서 카스피해 북부 지역에 이르는 광활한 초원 지대인 흑해·카스피해 초원Black Sea and Caspian steppes을 투르크화하기 시작했다. 중세에 이르러, 이슬람 세계의 역사가들과 지리학자들은 흑해·카스피해 초원과 카자흐 초원을 포함하는 광대한 유라시아 초원 지대를 다슈티 킵착Dasht-i Qipchāq, 즉 킵착 초원Qipchaq Steppe으로 통칭했다.

그다음으로, 11세기 무렵부터 투르크계 유목민은 중앙아시아의 오아시스 지역, 즉 트란스옥시아나Transoxiana와 타림 분지Tarim Basin에 거주하던 인도-유럽계 민족들을 투르크화하기 시작했다. 19세기 유럽에서는 트란스옥시아나를 서투르키스탄West Turkistan, 타림 분지를 동투르키스탄East Turkistan이라고 부르기도 했다.

트란스옥시아나(라틴어로 '옥수스강 너머의 땅'이라는 의미)는 아무다리야강Amu Darya(그리스인은 옥수스Oxus, 아랍인은 자이훈Jayhun이라 부름)과 시르다리야강(그리스인은 작사르테스Jaxartes라고 부름) 사이의 오아시스 지역을 지칭한다. 아랍 역사가들과 지리학자들은 이 지역을 마와라알나흐르Mā warā' al-nahr, 즉 '(아무다리야)강 너머의 지역'이라고 불렀다. 아무다리야강은 중앙아시아와 중동을 가르는 경계선 노릇을 했다. 트란스옥시아나의 중심부는 소그디아Sogdia 또는 소그디아나Sogdiana로 알려졌다. 트란스옥시아나는 오늘날의 우즈베키스탄 지역에 해당한다. 트란스옥시아나의 동쪽 경계에는 페르가나Fergana 지방이 자리 잡고 있으며, 이 지역은 천산산맥과 파미르산맥이 북쪽, 동쪽, 남쪽을 둘러싸고 있다. 트란스옥시아나의 북서쪽은 호레즘Khorezm/Khwarazm 지역인데, 아무다리야강 삼각주에 형성된 오아시스 지대이며 북쪽은 아랄해, 동쪽은 키질쿰 사막Qyzyl Qum Desert, 남쪽은 카라쿰 사막Qara Qum Desert으로 둘러싸여 있다.

타림 분지는 천산산맥(북쪽), 파미르산맥(남서쪽), 쿤룬산맥(남쪽)으로 둘러싸인 오아시스 지역이다. 카슈가리아Kashgaria 또는 알티샤르Altishahr(투르크어로 '여섯 개의 도시'라는 의미)로도 불리며, 오늘날 중국 신장 남부 지역에 해당한다. 타림 분지의 대부분은 타클라마칸 사막Takla Makan Desert이 차지하고 있으며, 그 남쪽에는 쿤룬산맥 너머로 티베트 고원Tibetan Plateau이 있다. 타림 분지의 동쪽에는 투르판Turfan과 하미Hami가 있는데 이 지역은 위구리스탄Uyghuristan이라고 불리기도 했다. 이 지역은 9세기 중반 이후 위구르 유목민의 남하와 함께 점진적으로 투르크화가 진행되었다.

트란스옥시아나, 타림 분지, 투르판 오아시스 지대에 거주하던 다양한 인도-유럽어 사용 주민들은 오아시스 농경과 국제 무역에 종사했으며, 조로아스터교Zoroastrianism, 마니교Manichaeism, 불교Buddhism, 네스토리우스파 그리스도교Nestorian Christianity 등 다양한 종교를 믿었다. 트란스옥시아나(소그디아)와 호레즘 지역에서는 토착화한 조로아스터교가 지배적 종교였던 반면, 타림 분지와 투르판 지역에서는 불교가 주된 신앙으로 자리 잡았다.

8세기 전반기, 아랍-무슬림 군대가 트란스옥시아나를 정복하면서 이슬람교가 전파되었다. 트란스옥시아나의 이란계 언어Iranic 사용 주민들은 수 세기에 걸쳐 점진적으로 이슬람화되었다. 그런 뒤 트란스옥시아나와 호레즘의 무슬림 주민들은 정복, 교역, 선교 활동을 통해 초원 지대에 거주하던 투르크계 유목민에게 이슬람교를 전파했다. 초원 지역의 투르크계 유목민에게 전파된 이슬람교는 다수파 종파인 수니파Sunni Islam다. 수니파는 예언자 무함마드Prophet Muḥammad의 후계자인 칼리프caliph가 예언자의 부족인 쿠라이슈Quraysh 출신이어야 한다고 주장하며, 초대 칼리프인 아부 바크르Abū Bakr를 비롯한 첫 네 명의 칼리프를 정통 후계자로 인정한다. 반면, 소수파인 시아파Shi'a Islam는 이슬람 공동체의 지도자가 예언자의 사위이자 사촌인 알리'Ali의 가문에서 나와야 한다고 주장한다. 볼가-카마 지역, 제티수, 카슈가리아에서 거주하던 여러 투르크계 집단이 이슬람화한 시기는 10세기 무렵이다.

서기 1천년기의 하반기에는 유라시아 초원 지대 북쪽의 삼림 지대에서도 비투르크계 집단들의 투르크화가 진행되었다. 이 시기에 투르크계 유목민들의 이동으로 남시베리아, 중앙 및 서부 초원 지대, 중앙아시아 오아시스 지역, 볼가-카마 지역의 투르크화가 이루어지면서 하자르인, 불가르인, 카라한 투르크인, 킵착인과 같은 새로운 투르크계 언어 사용 민족이 등장했다. 이들의 기원과 역사에 대한 논의는 제2장에서 다룬다.

중앙 및 서부 유라시아 초원 지대에서 새롭게 등장한 투르크계 민족에는 오구즈도 있다. 이들은 9~10세기경 아랄해·카스피해 초원 지대를 무대로 유목 생활을 했다. 오구즈 유목민은 11세기 무렵부터 호라산Khorasan을 거쳐 이란과 아나톨리아로 이주하기 시작했다. 이란어로 '해가 떠오르는 땅' 혹은 '동방Orient'을 의미하는 호라산은 트란스옥시아나 남쪽에 위치하며, 오늘날의 북동 이란, 북서 아프가니스탄, 중앙 투르크메니스탄에 걸친 지역이다. 한편 힌두쿠시산맥Hindu Kush과 아무다리야강 사이의 지역(오늘날의 아프가니스탄 북부)은 그리스인에게는 박트리아Bactria로, 아랍인과 페르시아인에게는 토하리스탄Tokharistan으로 불렸다. 이슬람 세계에서 투르크멘Turkmen이라는 명칭으로도 불린 오구즈 유목민은 서부 유라시아에서 셀주크, 오스만, 사파비 제국 등 강력한 제국을 건설했다. 이들은 이란과 아제르바이잔Azerbaijan의 페르시아어 사용 주민들, 아나톨리아의 그리스인, 아르메니아인 등 다양한 비투르크계 민족을 투르크화했다. 제3장에서는 오구즈 집단의 기원과 역사에 대해 살펴본다.

중앙유라시아Central Eurasia는 위에서 언급한 유라시아의 초원 지대와 오아시스 지역들로 구성된 유라시아 대륙의 내륙 지방을 총칭하는 용어로, 내륙유라시아Inner Eurasia로도 불린다. 광의의 중앙아시아 Central Asia도 같은 의미로 사용된다. 협의의 중앙아시아는 중앙유라시아보다 좁은 범위를 가리키는 지명으로, 서쪽으로는 카스피해에서 동쪽으로는 신장까지, 북쪽으로는 남카자흐스탄에서 남쪽으로는 북아프가니스탄에 이르는 아시아의 내륙 지역을 지칭한다. 13세기에 중앙유라시아 전역은 몽골 제국 아래 통합되었다. 몽골인들은 외부 유라시아Outer Eurasia 지역에 위치한 중국, 키이우 루스Kyivan Rus'(러시아어로 '키예프 루스'), 이란, 아나톨리아 등의 정주 지역도 정복했다. 몽골 제국은 비록 14세기 중반 이후 해체되기 시작했지만 차가타이/모굴, 우즈벡, 카자흐, 크림 타타르 등 투르크화한 몽골 제국의 후예들은 중앙유라시아의 상당한 지역을 계속해서 지배했다. 이들은 크림반도, 동킵착 초원, 트란스옥시아나, 타림 분지 등을 비롯한 광범위한 지역에서 17~18세기까지 정치적 생명력을 잃지 않았다. 제4장에서는 이들의 기원과 역사에 대해 다룬다.

## 제1장

# 초기 투르크 유목 민족들

철륵, 돌궐, 위구르

# 1
# 철륵

## 최초의 투르크 유목민 집단

철륵鐵勒은 사료를 통해 확인할 수 있는 최초의 투르크계 민족이다. 중국 사료에서 철륵 유목민은 흉노 시대(서기전 약 250~서기 100)에는 정령丁零, 유연 제국 시대(4세기 중엽~555)에는 고차高車, 돌궐 제국 시대(552~745)에는 철륵으로 통칭되었다. 돌궐 제국이 건립한 오르혼Orkhon 투르크 비문에서는 이들을 오구즈Oghuz라 칭했다. 5세기에 흑해 초원에 등장한 오구르Oghur 유목민은 아마도 서부 철륵 유목민 집단에서 기원했을 것이다. 몽골 초원과 준가르 초원에서 거주한 철륵 유목민은 연이어서 흉노, 선비, 유연, 돌궐이 세운 유목 제국의 지배 아래에 놓였으나, 종종 여기에 반발해 반란을 일으켰다. 그럼에도 철륵 유목민은 돌궐 제국에서 가장 중요한 피지배 유목민 집단이 되었다. 돌궐 제국은 이들을 동원해 정복 활동을 전개할 수 있었다. 철륵 유목민은 독자적 유목 국가인 고차(487~541), 설연타(629~646), 위구르 제국(744~840)을 건설했다.

## 최초의 투르크 민족은 누구인가?

투르크 민족의 기원은 사료가 부족해 지금도 학계에서 명확하게 규명되지 않았다. 일부 학자들은 서기전 3세기 말 내륙아시아에서 최초의 유목 제국을 건설한 흉노를 투르크계 민족으로 분류하기도 한다. 그러나 흉노의 기원 역시 불분명하며 여전히 논쟁의 대상이다. 한마디로 흉노가 투르크계 민족이었다는 결정적 증거는 존재하지 않는다.[1] 6세기 중반에 편찬된 중국 정사正史《위서魏書》는 흉노의 언어가 (5세기 후반 오늘날의 신장 지역에서 유목 국가를 건설한 투르크계 민족인) 고차의 언어와 거의 같지만 약간 다르다고 기록했다.[2] 그러나 7세기 중국 정사《진서晉書》에 전하는 흉노계 갈족羯族•이 쓴 시詩의 연구[3]에 따르면, 그 언어는 시베리아 지역의 고립어인 예니세이어족Yeniseic에 속한다.[4] 예니세이어족에는 현재 시베리아 예니세이강 유역에서 거주하는 케트인Ket의 언어가 포함된다. 이러한 사료 기록과 언어학적 연구 결과를 종합할 때 흉노는 투르크계 언어를 사용하는 집단뿐만 아니라 비투르크계 언어를 사용하는 집단까지 포함된 다언어적·다민족적 부족 연합체였을 가능성이 크다.••[5] 우리가 사료를 통해 투르크인이었

---

• 갈(羯)은 흉노의 한 지파로, 북중국 지역에서 후조(後趙) 왕조(319~351)를 건국했다.
•• 흉노 및 훈(Hun) 역사 전문가인 김현진은 초기 흉노 집단이 예니세이어를 사용했으나, 나중에 투르크계 유목민과 섞이면서 투르크어 사용 집단으로 바뀌었을 가능성이 있다고 보았다.

다는 사실을 확실히 알 수 있는 최초의 유목민 집단은 흉노 시대에 북몽골 지역에서 거주하던 정령丁零, Dingling이다. 7세기경부터 중국 사료에서 철륵鐵勒, Tiele으로 불리기 시작한 이들은 8세기 중반에 위구르 제국을 세웠다.

### 트랜스유라시아 언어 가설

비교언어학자 마르틴 로비츠Martine Robbeets가 제안한 '트랜스유라시아 언어 가설Transeurasian Hypothesis'에 따르면, 최초의 투르크어 사용자는 신석기 시대에 요하遼河 지역에서 기장을 재배하던 농경민 집단에서 기원했다. 언어학적·유전학적·고고학적 증거에 근거해, 이 가설은 약 9000년 전 신석기 시대 서요하 지역(내몽골 일부 포함)의 농경민 집단이 투르크어, 몽골어, 퉁구스어, 일본어, 한국어를 포함하는 '트랜스유라시아 언어'를 사용하는 인구 집단의 기원이 되었다고 주장한다. 이 가설은 투르크어와 몽골어를 포함한 '트랜스유라시아 언어'의 확산이 농경의 전파와 농경민의 이동을 통해 이루어졌다고 설명한다. 이는 투르크어의 기원을 유목민 집단에서 찾는 전통적인 '유목민 가설pastoralist hypothesis'과 대립되는 관점이다.[6] 그러나 이 가설은 학계에서 광범위한 논쟁의 대상이 되고 있으며, 많은 연구자로부터 비판받고 있다.

## 흉노 시대의 정령

철륵의 초기 역사는 중국 사료에 단편적으로 기록된 정보를 통해 일부만 파악된다. 철륵은 흉노 시대에 정령丁零이라는 이름으로 중국 사료에 처음 등장하며, 사마천司馬遷(서기전 145?~86?)이 저술한 《사기史記》에 의하면 이들은 서기전 3세기 말 북몽골의 바이칼호 인근에서 거주했다. 이들은 동호東胡,* 월지月氏, 키르기즈(격곤鬲昆)[7]와 함께 흉노 제국의 창시자인 모둔冒頓(재위 서기전 209~174)에게 정복되었다. 흉노는 정령왕丁零王이라는 제후를 임명해 정령을 통치했다.

서기전 1세기 들어 왕위 계승을 둘러싼 내부 분쟁과 자연재해로 인해 흉노가 크게 쇠약해지자, 정령은 한나라(서기전 206~서기 220)와 동맹을 맺고 흉노에 반기를 들었다. 이들은 일리강Ili 유역(오늘날의 중국 북서부와 카자흐스탄 남부 지역)에서 거주하던 인도-유럽계 유목민인 오손烏孫, 내몽골 동부에서 거주하던 오환烏桓과 함께 흉노를 공격했다. 《한서漢書》에는 서기전 71년에 일어난 이 사건이 다음과 같이 기록되어 있다.

그 겨울에 선우가 몸소 만 명의 기병을 거느리고 오손을 공격했는데, 고작 노약한 자들만 얻고서 돌아오려고 했다. 마침 하늘에서 눈이 많이 내려 하루에 한 장丈 정도나 쌓여서 백성들과 가축이 얼어 죽으니 돌아올 수 있었던 것은 열에 하나 정도였다. 이에 정령은 (흉노가) 약해진 것을

---

* 동호(東胡, Donghu)는 몽골어와 동일하지는 않지만 몽골어족에 속하는 언어(Para-Mongolic)를 사용한 유목민 집단으로, 나중에 선비(鮮卑, Xianbei)와 오환(烏桓, Wuhuan)으로 분화했다.

이용해 그 북쪽을 공격했고, 오환은 그 동쪽에서 쳐들어왔고, 오손은 그 서쪽을 공격했다. 대체적으로 세 나라가 죽인 것이 수만 급이었고 (잡은) 말이 수만 필, 그리고 소와 양은 더욱 많았다. 또한 먹을 것이 없어 백성 중에서 죽은 사람이 10분의 3이고 가축 중에서 (죽은 것이) 10분의 5에 이르러 흉노는 더욱 약해졌고, (흉노에) 복속되었던 여러 나라가 모두 흩어져 (그들이 흉노를) 공격하고 노략질하는 것을 (흉노가) 어떻게 다스리지 못했다.[8]

정령은 서기전 1세기 중반에 다시 흉노에 복속되었다. 북부 흉노의 질지 선우郅支單于(재위 서기전 55~36)가 남부 흉노의 호한야 선우呼韓邪單于(재위 서기전 59~31)와 내전을 벌이는 과정*에서 정령과 키르기즈를 정복한 것이다. 그러나 서기 85년에 정령은 한나라, 동호의 후예인 선비, 남흉노와 함께 북흉노를 또다시 공격했다.[9] 흉노 제국은 이들의 공격으로 결국 붕괴했고 일부 흉노 유목민은 카자흐 초원 방면으로 이주했다. 이들은 그 뒤 4세기에 유럽에 등장한 훈Hun의 형성 과정에서 중요한 역할을 했다.**[10]

---

• 흉노는 서기전 1세기 중엽에 북부 및 남부 집단으로 분열되었다. 학계에서는 이들을 각각 서흉노와 동흉노로 지칭한다. 동흉노는 서기 1세기 중엽에 다시 남·북 흉노로 분열되었다.

•• 훈은 서방으로 이주한 흉노 유민 일부와 카자흐 초원에서 거주하던 다른 유목민의 융합으로 형성되었을 가능성이 있다.

## 노인 울라 흉노 고분에서 발견된 태피스트리

노인 울라Noin-Ula라는 이름으로 더 잘 알려진 몽골의 노용 올Noyon Uul 흉노 고분군은 서기전 1세기와 서기 1세기 사이에 축조되었다. 1913년에 처음 발견되었고, 11년 뒤인 1924년에 소련의 탐험가 표트르 코즐로프Pyotr Kozlov에 의해 발굴 조사가 이루어졌다. 그 후 이 고분군에서 많은 유물이 출토되었는데, 그중 하나가 25호 분묘에서 발견된 '흉노' 인물 자수화刺繡畵다. 지난 2009년에는 나탈리아 폴로스마크Natalia V. Polosmak가 이끈 탐사팀이 31호 고분을 발굴했는데, 여기에서는 '제사 의식'과 '전투 장면'이 묘사된 태피스트리tapestry(수놓은 직물)들이 발견되었다. 이 태피스트리들은 복원 과정을 거쳐 2011년 8월에 몽골의 울란바타르에서 공개되었다.

국내에서는 종종 이 태피스트리에 묘사된 인물들이 흉노인이라고 소개되지만, 31호 분묘 발굴을 이끈 폴로스마크를 비롯해 많은 전문가는 이들을 흉노인으로 보지 않는다. 러시아 국립인문대학교 교수 세르게이 야첸코Sergey Yatsenko는 이 태피스트리가 흉노에 의해 박트리아(오늘날의 아프가니스탄 북부 지역)로 쫓겨난 (인도-유럽계 민족인) 월지인이 공물 혹은 교역품으로 흉노에 전달한 작품이라고 본다. 고대 이란 문화 연구자인 야첸코 교수는 자수로 새겨진 인물들의 얼굴 특징, 의상, 자수의 구성과 스타일 등을 분석해 이 태피스트리에 등장하는 인물들이 월지인(쿠샨인)이라고 단정 짓는다. 그중에 전투 장면을 묘사한 태피스트리에서 칼과 방패를 들고 싸우는 보병들의 경우 (흉노 기마 궁수가 아닌) 월지인 전사

**도판 1.1** 제사 의식이 묘사된 태피스트리[11]

**도판 1.2** 전투 장면이 묘사된 태피스트리

(오른쪽에서 두 번째 인물)와 소그드인 전사(오른쪽 끝 인물)라고 분석한다.[12] 폴로스마크는 제사 의식을 행하는 인물들을 인도-스키타이인(사카인) 또는 인도-파르티아인으로 추정한다. 그에 따르면

버섯을 들고 있는 왕 혹은 사제 앞에 놓인 불의 제단은 조로아스터교의 '신성한 화로'에 해당한다.[13]

야첸코는 25호 분묘에서 발견된 직물에서 묘사된 인물 또한 헤어스타일과 얼굴형이 월지인들의 그것과 동일하다고 본다.[14] 한마디로 이 인물 역시 흉노인이라고 확정할 수 없다는 뜻이다.

한편 흉노인의 체질인류학적 특성과 관련해 주목할 만한 연구 결과가 있다. 서울대 이주현 연구원 등이 몽골 서남부 타힐팅 홋거르Takhiltyn Khotgor 중앙 귀족 무덤과 솜부우진 벨치르Shombuuzyn

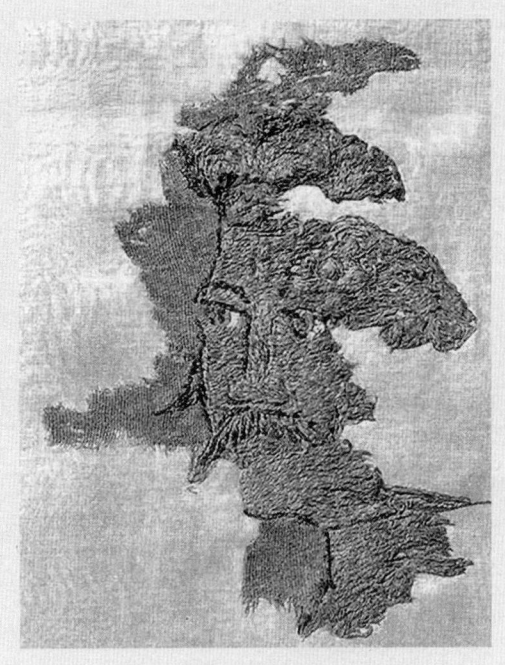

도판 1.3 25호 분묘에서 발견된 인물 자수화

> Belchir 지방 지배 계급 무덤에서 발굴된 유골의 유전자 분석을 수행한 결과, 흉노인이 다민족 집단이었음이 다시 한번 확인되었다. 그러나 흉노 지배층을 이루었던 귀족 무덤에서 발견된 유골들은 전반적으로 혼혈 비율이 낮았으며, 주로 동아시아인 계통인 것으로 나타났다.[15]

### 선비, 유연, 타브가츠 제국 시대의 고차

흉노 제국이 붕괴한 이후 분열되었던 몽골 초원을 일시적으로 통일한 세력은 몽골계 언어 사용 민족인 선비다. 선비의 수장 단석괴檀石槐(137~181)는 동쪽으로는 만주에서 서쪽으로는 신장 지역에 이르는 광대한 영토를 정복했다. 당시 몽골 북부 지역에 살던 정령(철륵) 유목민은 선비의 영향권 아래 놓였던 듯하다. 중국 정사 《삼국지三國志》에 따르면, 선비의 군주 가비능軻比能이 서기 231년에 부족민들과 정령(철륵)의 부족장 아선兒禪을 인솔해 유주幽州로 와 좋은 말을 바쳤다고 전한다.•[16] 가비능이 235년에 사망한 이후 몽골 초원에서는 5세기 초까지 권력 공백 상태가 이어졌다. 이 기간에 몽골 초원에서 가장 강력한 유목민 집단은 선비와 정령(철륵)이었다.

선비 유목민은 4세기 초에 북중국 지역으로 남하해 여러 왕조를 세웠다.•• 선비의 한 지파인 타브가츠Tabghach(탁발拓跋)가 수립한 북위

---

• 이는 중국 삼국 시대(220~280)에 있었던 일이다. 유주는 한나라 시대의 행정 구역으로, 그 중심지는 오늘날의 베이징 서남부에 있는 지셴(계현薊縣)이다.

北魏(386~534) 왕조는 439년에 100여 년 동안 분열되어 있던 북중국 지역을 재통일했다. 타브가츠는 몽골어 계통의 언어 Para-Mongolic를 사용하는 민족이었으나, 북위의 지배층에는 철륵계 유목민도 일부 포함되었다. 타브가츠 집단이 원 거주지인 몽골 북동부 지역에서 북중국으로 남하하는 과정에서 흘골紇骨, Hegu과 을전乙旃, Yizhan 같은 철륵(고차)계 부족을 흡수했기 때문이다.[17] 고차 흘돌린紇突隣, Hetulin 부部는 북위의 시조와 인척 관계를 맺기도 했다.••• 한 연구에 따르면 많게는 타브가츠 선비 집단의 약 25퍼센트가 철륵계였다.[18]

정령은 북위 시대에 이르러 중국 사료에서 '높은 수레'를 뜻하는 '고차高車'로 불리기 시작했다.•••• 6세기 중국 정사 《위서》는 고차에 대해 다음과 같이 기록했다.

고차 사람들은 물과 풀(水草)을 따라 이동하고 (동물의) 가죽으로 옷을 만들어 입고 (동물의) 고기를 먹었으며 소와 양 (등)의 가축(畜産)은 모두 연연蠕蠕과 같았다. 유독 (그들이 타는) 수레바퀴는 높고 컸으며 바큇살의 수가 매우 많았다.[19]

•• 중국 역사에서 이 시기는 오호십육국 시대(五胡十六國時代, 304~439)로 알려져 있는데, 304년 흉노의 유연(劉淵)이 산서(山西) 지방에서 한(漢) 왕조(전조(前趙) 왕조)를 세우면서 시작되었다. 당시 남중국 지역은 토착 중국인 왕조인 동진(東晉, 317~420)이 통치하고 있었다.
••• 북위의 시조 탁발역미(拓跋力微)는 몰록회(没鹿回, Moluhui) 부의 대인(大人) 두빈(竇賓)에게 의탁한 적이 있는데, 그때 그의 딸과 혼인했다. 몰록회 부는 북위에 귀부한 뒤에 흘돌린 부로 이름을 바꾸었다. 흘돌린 부는 《위서》와 《북사(北史)》〈고차전(高車傳)〉에서 고차계 부족으로 등장한다. 중국의 일부 학자들은 흘돌린을 선비계 부족으로 보기도 한다.
•••• 철륵은 중국 사서에서 고차정령(高車丁零) 또는 고차철륵(高車鐵勒)으로도 불렸다.

그 뒤 고차(철륵)는 5세기 초에서 6세기 중반까지 몽골 초원을 지배한 유연柔然, Rouran 제국(4세기 중엽~555)에 복속되었다. 유연의 지배층은 몽골계 언어를 사용한 집단으로 추정된다. 그러나 당시 대립 관계에 있던 북위의 타브가츠 집단과 마찬가지로 유연 역시 형성되는 과정에서 철륵 유목민을 흡수했을 가능성이 있다. 《위서》에 따르면, 유연의 시조 목골려木骨閭(재위 308?~316?)가 자신을 따르는 무리가 100여 명이 되자 흘돌린 부에 의탁했기 때문이다.[20]

유연은 5세기 내내 북위의 변경 지역을 약탈했다. 그러자 북위는 일련의 징벌적 군사 원정으로 대응했다. 북위는 유연을 물리치기 위해 고차(철륵) 유목민을 동원했다. 429년, 북위는 6만~7만 명의 고차(철륵) 유목민을 오늘날의 내몽골 오르도스 지역으로 이주시켰다. 그곳에서 고차(철륵) 유목민은 북위에 군마를 공급했다.

## 철륵 유목민의 노래, 〈칙륵가〉

〈칙륵가敕勒歌〉는 초원의 아름답고 풍요로운 풍경을 칭송하는 철륵 유목민의 민요다. 이 노래는 6세기에 한문으로 기록되었다. 그 유래는 다음과 같다. 북제北齊의 시조 고환高歡(재위 534~547)이 서위西魏와의 전쟁에서 패한 후 낙담해 병에 걸렸을 때 병사들의 사기를 북돋우기 위해 부장 곡률금斛律金(488~567)에게 〈칙륵가〉를 부르게 했다. 〈칙륵가〉는 곡률금이 지은이로 알려져 있으나 이 노래

는 오래전부터 전승된 것으로 보인다.[21]

> 철륵의 초원은 음산 아래에 있다.
> 하늘은 궁려穹廬(유목민의 천막집)를 닮았고,
> 사방의 들판을 덮고 있다.
> 하늘은 푸르고 푸르며, 초원은 끝없이 넓구나,
> 바람이 불어 풀이 낮게 누우면 소와 양이 보인다.
> (勅勒川, 陰山下. 天似穹廬, 籠蓋四野. 天蒼蒼, 野茫茫, 風吹草低見牛羊.)

## 최초의 철륵 유목민 국가, 준가르 초원의 고차국

5세기 후반 유연이 북위와의 장기전으로 인해 세력이 크게 쇠퇴하자, 철륵 유목민은 최초의 철륵계 유목 국가를 수립할 수 있었다. 487년, 아복지라阿伏至羅는 철륵의 부복라副伏羅 부를 이끌고 알타이산맥을 넘어 남하해 준가르 초원에서 고차국을 건국했다. 이 철륵계 국가는 타림 분지의 오아시스 도시 국가들까지 지배했다. 490년, 고차는 북위 조정에 소그드인을 사절로 보내 유연을 상대로 동맹을 제안했다. 이에 대응해, 유연은 토하리스탄(오늘날의 아프가니스탄 북부)에 본거지를 둔 인도-이란계 유목 국가인 헤프탈Hephthalites과 동맹을 맺었다. 동서 양쪽에서 유연과 헤프탈의 협공을 받은 고차국은 결국 541년에 멸망했다.

## 고차의 기원 신화

세간에서 말하기를 흉노 선우單于가 두 명의 딸을 낳았는데 용모가 매우 아름다워 흉노 사람(國人)들이 모두 (그녀들을) 신비롭게 여겼다. 선우가 말하기를, "나에게는 이(렇게 아름다운) 딸(들)이 있는데, 어찌 인간을 배필로 삼을 수 있겠는가. 장차 하늘과 (한 쌍의 부부의 연으로) 맺어지게 할 것이다"라고 했다. 이리하여 (흉노의) 근거지(國) 북쪽(의) 사람이 살지 않는 땅에 높은 건물(高臺)을 쌓아 두 딸을 그 위에 두고 말하기를, "청컨대 하늘이시여 친히 그녀들을 맞이하여 주십시오"라고 했다. 3년이 지나고 그 (딸들의) 어머니가 두 딸을 맞이하고자 하니 선우가 말하기를, "(딸들을 맞이하는 것은) 불가하오. 아직 (하늘과) 통할 틈이 없었소"라고 했다. 다시 한 해가 지나고 이에 한 마리의 늙은 이리(老狼)가 밤낮으로 (와서) 건물을 지키며 으르렁거렸고 이어서 건물 아래를 뚫어 빈 구멍을 만들고 시간이 흘러도 가지 않았다. 그의 작은 딸이 말하기를, "내 아버지가 여기에 나를 두어 하늘과 (한 쌍의 부부로) 맺어지기를 바랐는데, 지금 이리가 (이리로) 왔으니 혹 이는 신물神物인 듯하고, 하늘이 그렇게 (내게로) 오게 한 것 같기도 하다"라고 했다. (그러고서 건물) 아래로 내려가려 했다. 그 언니가 크게 놀라 말하기를, "이(늙은 이리)는 짐승(畜生)으로 네가 (이리와 결혼을 해) 부모를 욕되게 하려는 것이냐!"라고 했다. (그러나) 동생은 (언니의 말을) 따르지 않고 (건물 아래로) 내려가 이리의 처가 되었고 아들을 낳았다. 후에 드디어 (그들의 종족이) 번성해져서 나라를 이루

> 게 되었다. 오래 전부터 그들은 소리를 길게 빼서 (부르는) 긴 곡조의 노래(長歌)를 좋아했는데, (이것은) 또한 이리(가 으르렁거리는) 소리와 같았다.²²

## 돌궐 제국 지배하의 철륵

550년, 고차국의 유민들이 유연에 맞서 다시 일어났으나 알타이산맥의 남쪽 비탈에 거주하던 비철륵계 유목 집단인 돌궐에 의해 진압되었다. 돌궐은 552년에 종주국이었던 유연 제국을 격파하고 몽골 초원의 새로운 패자로 부상했다. 그 뒤 대다수 철륵 유목민은 이 신생 투르크계 제국에 병합되었다. 대략 이 시기부터 중국 사료에서는 이들이 '고차' 대신 '철륵'이라는 집단명으로 불리기 시작했다.˙²³ 당나라 초기에 내륙아시아 동부의 철륵 유목민은 아홉 부족이 연맹을 이루고 있었다.˙˙ 투르크 유목민들은 이들을 투르크어로 '아홉 부족'을 의미하는 '토쿠즈 오구즈Toquz Oghuz'라고 불렀고, 당대의 중국 사료들은 이들을 '구성철륵九姓鐵勒'이라고 지칭했다.

7세기의 중국 정사 《수서隋書》에 따르면, 철륵 유목민은 당시 몽골 초원뿐만 아니라 카자흐 초원, 흑해·카스피해 초원 지역에서도 거주

---

- 피터 골든은 '철륵(Tiele)'이 '투르크(Türk)'의 음차(音借)일 가능성은 매우 낮다고 보았다. 그는 '철륵(Tiele)'이 '바퀴', 즉 '수레'를 의미하는 투르크어 단어 '테그렉(tegreg)'의 음차일 가능성이 있다고 본다.
- 아홉 부족의 명칭이 사료에 명확히 기록되어 있진 않지만, 위구르가 그에 포함되어 있었다.

했다. 이들은 대부분 돌궐 제국에 편입되어 돌궐의 정복 활동에 동원되었다. 10세기의 중국 정사 《구당서舊唐書》는 "돌궐이 나라를 건국한 이래 동쪽과 서쪽으로 정벌을 할 때 모두 그의 힘을 밑천으로 삼아 북방의 땅[北荒]을 제압할 수 있었다"라고 기록했다.[24] 이 같은 기록은 돌궐 제국의 팽창 과정에서 철륵 유목민의 역할이 무척 컸음을 잘 보여 준다. 돌궐은 이 과정에서 철륵 유목민에게 무거운 세금을 부과했는데, 이것이 잦은 봉기의 원인으로 작용했다. 예컨대 582년 돌궐이 중국을 침공하는 동안 철륵 유목민이 반란을 일으켰고, 돌궐은 이를 진압하기 위해 중국에서 철수해야만 했다. 철륵은 결국 서돌궐의 타르두Tardu(재위 575~603)에 의해 진압되었다. 599년, 돌궐인들 사이에서 내전이 발발하자 중국 수나라(581~618)의 사주를 받은 철륵 유목민이 다시 반란을 일으켰다. 이를 진압한 서돌궐의 이궐처라泥撅處羅(사망 619) 카간은 철륵 부족장 수백 명을 연회에 초대한 뒤에 그들을 학살했다. 이 사건은 또 다른 철륵 유목민의 봉기로 이어졌다.

### 《수서》에 기록된 철륵

철륵의 선조는 흉노의 먼 후예(苗裔)인데, 종류가 가장 많았다. 서해西海의 동쪽으로부터 산과 골짜기에 의지해 (사는 부락들이) 곳곳에 끊이지 않았다. 독락하獨洛河 북쪽의 복골僕骨, 동라同羅, 위흘韋紇, 발야고拔也古, 복라覆羅 등(의 추장들)이 모두 사근俟斤이라

1. 철륵 57

칭했고, 몽진蒙陳, 토여홀吐如紇, 사결斯結, 혼渾, 곡설斛薛 등 여러 부락(諸姓)은 정예 병사(精兵)가 2만 명이었다. 이오伊吾의 서쪽과 언기焉耆의 북쪽은 백산白山 부근인데, 바로 계폐契弊, 박락직薄落職, 을질乙咥, 소파蘇婆, 나갈那曷, 오환烏讙, 흘골紇骨, 야질也咥, 어니환於尼讙 등이 있었고, (그에게는) 정예 병사가 2만 명을 헤아렸다. 금산金山 서남쪽에는 설연타薛延陀, 질륵아咥勒兒, 십반十槃, 달계達契 등(여러 부락)에 1만여 명의 병사가 있었다. 강국康國의 북쪽은 아득수阿得水 부근인데, 가질訶咥, 갈찰曷嶻, 발홀撥忽, 비간比干, 구해具海, 갈비실曷比悉, 하차소何嵯蘇, 발야미갈달拔也未渴達 등 (여러 부락)에 3만여 명의 병사가 있었다. 득억해得嶷海의 동쪽과 서쪽에 소로갈蘇路羯, 삼색인三索咽, 멸촉蔑促, 융홀隆忽 등의 여러 부락이 있었고, 8천여 명의 (병사가) 있었다. 불름拂菻 동쪽에는 바로 은굴恩屈, 아란阿蘭, 북욕구리北褥九離, 복올혼伏嗢昏 등이 있었고, (정예 병사가) 거의 2만 명이었다. 북해北海 남쪽에는 도파都波 등이 있었다. 비록 성씨姓氏는 각자 달랐지만 철륵이라 불렸다. 모두 군장君長이 없고 동돌궐東突厥과 서돌궐에 나뉘어 속했다. 거처도 일정한 장소가 없었으며, 물과 풀을 따라서 옮겨 다녔다. 사람들의 성정이 흉폭하고 잔인하며 말을 타고 활쏘기(騎射)에 능했으며 탐욕스러움이 특히 심해 (위협이나 폭력으로 남의 것을) 빼앗아 생활을 했다. 서쪽 변경 가까이에 있는 자들은 약간 논밭을 갈아 씨를 뿌려 (작물을) 재배했고, 소와 양은 많았으나 말은 적었다. 돌궐이 나라를 세운 후에 동쪽과 서쪽으로 정벌했는데, 모두 이를 이용해 북쪽의 초원(北荒)을 다 차지했다. … 그 습속은 대체로 돌궐(의 그것)과 같았는데, 다만 사내(丈夫)가 혼례를 마친 다음 곧 처가에 가서 (살다가) 아들과 딸을 낳기를 기다렸다가 그다음에야 집으로 돌아왔고 죽은 사람을 땅에 묻었는데, 이것이 그들과 달랐다."[25]

---

- 《수서》에 나열된 모든 철륵 부족이 하나의 부족 연맹을 구성했는지, 그리고 이들 모두가 투르크어 사용 집단이었는지는 명확하지 않다. 일부는 비투르크어 사용 집단이었을 가능성이 있다. 예를 들어, 11세기 중국 정사 《신당서(新唐書)》는 철륵 부족 발야고(拔野固, 투르크어 명칭은 바이르쿠(Bayirqu))의 언어가 철륵과 조금 달랐다고 기록했다(歐陽修 等,《新唐書》(北京: 中華書局, 2003), 권217 하, p. 6140). 또한 아란(阿蘭, Alan)의 경우 이란어 사용(Iranic) 유목 민족이었다.

## 설연타 카간국

605년, 계필契苾, Qibi 부와 설연타薛延陀(투르크어 명칭은 시르-타르두슈Syr-Tardush) 부의 주도로 철륵 유목민이 반란을 일으켜 서돌궐의 이궐처라 카간을 격파하고 준가르 초원에 새로운 철륵계 유목 국가를 수립했다. 이 철륵 국가는 곧 돌궐에 복속되었으나, 돌궐이 대기근으로 쇠약해지자 몽골 초원의 철륵 유목민은 627년에 다시 반란을 일으켰다. 이 반란에 가담한 설연타의 수장 이남夷男은 군대를 이끌고 알타이산맥을 넘어 준가르 초원에서 몽골 초원으로 진군했다. 이남은 돌궐의 일릭 카간Illig Qaghan(재위 620~630)을 격파하고, 당나라(618~907)와 동맹을 맺었다. 설연타와 당 연합군은 630년에 동돌궐을 멸망시켰다. 이로써 설연타 카간국(629~646)으로 알려진 철륵계 유목 국가가 수립되었다. 당나라는 설연타가 강성해지자 다시 돌궐을 지원하기 시작했다. 646년, 이남이 사망한 후 설연타 카간국 내에서 내분이 발생하자 당군은 설연타를 공격해 굴복시켰다. 그 뒤로 철륵 유목민은 당나라의 속민이 되었다. 철륵 유목민들은 당나라가 고구려(서기전 37~서기 668)를 침공하기 위해 군역을 부과하자 반란을 일으켰다. 661년, 철륵의 반란에 위구르 부까지 동참하자 당나라 군대는 고구려에서 철수해야 했다. 이듬해에 철륵 반군은 진압되었으나 기근에 시달리던 복고僕固 부와 동라同羅 부가 686년에 또다시 반란을 일으켰다. 당나라는 이 반란을 진압하기 위해 서돌궐을 동원했다. 그런데 지난 몇 년 동안 철륵의 습격으로 피해를 입은 서돌궐은 그 보복으로 철륵 부족 전체를 공격했다. 그러자 몽골 초원에서 살아가던 철륵 부족 전체가 당나라에 맞서 반란을 일으켰다.

**철륵과 돌궐 제2제국의 멸망**

그러나 철륵 유목민은 '돌궐 제2제국'(682~745)으로 불리는 동돌궐 부흥국가에 다시 복속되었다. 돌궐 제2제국이 몽골의 오르혼 계곡에 세운 돌궐 비문에 따르면, 돌궐의 카파간 카간Qapaghan Qaghan(재위 691~716)은 철륵 부족들을 상대로 군사 원정을 다섯 차례 감행했다. 마지막 원정에서 카파간 카간은 철륵의 발야고(바이르쿠) 부를 격파했으나 귀환하는 길에 발야고의 잔당에게 살해되었다.

돌궐 제2제국 역시 철륵 유목민에게 무거운 세금과 군역을 부과하자 철륵 유목민은 다시 반란을 일으키고 당나라와 동맹을 맺었다. 마침내 744년에 쿠틀룩 빌게 퀼 카간Qutlugh Bilge Kül Qaghan(재위 744~747)이 이끄는 철륵의 위구르 부는 비투르크계 부족으로 추정되는 바스밀Basmil 부,•26 서돌궐에 속했던 카를룩Qarluq 부와 함께 돌궐 제2제국을 공격해 멸망시켰다. 위구르는 곧이어 바스밀과 카를룩을 차례로 몰아내고 몽골 초원에 철륵계 유목 제국을 수립했다.

### 고차(철륵)의 결혼 및 장례 풍습을 다룬 중국 측 기록

혼인할 때는 소와 말로 납빙納聘을 행하는 것을 영예롭게 여겼다. 혼인에 관한 말이 미리 정해지면 신랑 측(男黨)에서는 (자신들이 가져온) 수레를 연결해 (말) 우리 형태의 것을 만들어 말을 그곳에 가두고 신부 측(女黨)으로 하여금 좋은 말(上馬)을 마음대로 취하고 웃통을 벗은 채로 (말을) 타고 우리를 나오게 했다. (그러면) 말의 주인들은 우리 밖에 서서 손을 힘껏 흔들어 말들을 놀라게 했다. (이때 말에서) 떨어지지 않은 사람은 바로 그 말을 취할 수 있었고 (말에서) 떨어지면 다시 (말을) 취할 수 있게 하여 (그들이 원래 타고 왔던 말의) 수가 충분해지면 그제야 그만두었다. 고차 사람들은 곡식이 없어서 술을 빚지는 않았는데 신부를 맞는 날에는 남녀가 함께 마락馬酪과 익힌 고기 썰어놓은 것(節解)을 가지고 (잔치를 했

---

• 철륵 부족들에 관한 가장 상세한 기록을 제공하는 《신당서》〈회골전(回鶻傳)〉에 따르면, 바스밀은 열다섯 개에 이르는 철륵 부족에 포함되지 않는다. 바스밀은 위구르에 패한 후에 철륵의 '십일성(十一姓)'에 편입되었다. 그런가 하면 카라한 왕조의 문헌학자 마흐무드 알카슈가리(Maḥmūd al-Kāshgharī)는 바스밀을 투르크어를 잘 알지만 다른 언어를 사용하는 유목민 집단으로 분류했다.

다.) 주인이 손님을 맞이할 때도 역시 (사람들 간의) 높고 낮음(의 예)가 없이 장막(穹廬) 앞에 모여 앉아 종일토록 잔치를 벌였고, 다시 그곳에서 (하룻밤을) 더 묵었다. 그다음 날이 되면 (신랑이) 신부를 데리고 돌아가야 했는데, (이때는) 신랑 측(夫鶩)에서 신부 측의 말의 무리에게로 돌아가 양마良馬를 다 취했다. (신부의) 부모형제父母兄弟는 비록 (신랑 측에 좋은 말을 주는 것이) 아까워도 끝까지 (이에 대해) 말하는 사람은 없었다. (고차 사람들은) 과부 취하는 것을 꺼렸고 과부를 불쌍히 여겨 잘해주었다. 죽은 사람을 장사葬事 지낼 때는 땅을 파서 구덩이를 만들고 (그) 한가운데에 시체를 안치하고 어깨와 팔목 사이로 활을 끌어당겨 활시위를 당기게 하고 칼을 채우고 창(矟)을 겨드랑이 사이에 끼운 것이 살아 있을 때와 다름이 없었고, (시체를 묻은) 구덩이를 그대로 두고 (흙으로) 가리지 않았다. 때때로 벼락을 맞아 죽거나 역병에 걸려 죽은 경우는 그를 위해 복을 빌어주었다. 만약 별다른 사고나 이유 없이 편안하게 죽은 경우라면 (신명의 은혜에 보답하기 위한) 제사를 올렸다. 가축을 많이 잡아 뼈를 불태워 횃불을 밝혔고 말을 달려 (그 주위를) 돌았는데 많게는 수백 번이나 하는 경우도 있었다. 남녀노소 할 것 없이 모두 모이면 상중喪中이 아닌 이들(平吉之人)은 춤추고 노래하고 악기를 연주했고 (이때) 상(死喪)을 당한 집에서는 통곡하고 눈물을 흘렸다. 고차 사람들은 물과 풀(水草)을 따라 이동하고 (동물의) 가죽으로 옷을 만들어 입고 (동물의) 고기를 먹었으며 소와 양(등)의 가축(畜産)은 모두 연연蠕蠕과 같았다. 유독 (그들이 타는) 수레바퀴는 높고 컸으며 바큇살의 수가 매우 많았다.[27]

# 2

# 돌궐

## 최초의 투르크 제국을 건설한 유목 민족

돌궐은 최초의 '투르크계' 유목 제국을 수립한 민족이다. 이들은 철륵과 구별되는 별개의 유목 민족이었는데, 그 왕족인 아시나 씨족은 투르크계가 아닌 인도-유럽계였거나, 혼혈 혈통이었을 가능성이 있다. 이들이 세운 돌궐 제국은 역사상 최초의 범汎유라시아 제국으로, 6세기 중반부터 8세기 중반까지 내륙아시아의 광대한 지역을 지배했다. 돌궐 제국은 6세기 후반에 동돌궐과 서돌궐로 분열되었다가 나중에 당나라에 정복되었다. 그러나 동돌궐인은 역사학자들이 돌궐 제2제국(682~745)으로 부르는 부흥국가를 세워 8세기 중반까지 몽골 초원 지역을 지배했다. 서돌궐인은 투르게슈 카간국, 하자르 제국, 카라한 왕조와 같은 일련의 계승국가를 수립했다. 돌궐 제국과 그 계승국가들은 투르크어 확산을 촉진했으며 유라시아의 역사에 큰 영향을 미쳤다.

## 돌궐인은 누구인가?

### 비非투르크계 혹은 혼혈 혈통의 아시나 씨족

중앙유라시아 초원 지역에서 최초의 투르크인 유목 제국을 세운 돌궐인은 의심할 여지 없이 투르크계 민족이었다. 이들은 투르크어를 사용했을 뿐만 아니라, 중국 사료에 따르면 철륵 유목민과 체질인류학적 특징에서 차이가 없었다.•28 그러나 돌궐의 지배 씨족인 아시나 왕족은 원래 투르크계 집단이 아니었을 가능성이 제기되어왔다. 아시나 씨족이 이란어 용어와 칭호를 사용했다는 점을 근거로, 이들이 인도-유럽계 민족의 후예였다고 보는 시각도 존재한다. 특히 투르크 민족사 연구의 최고 권위자인 피터 골든은 '아시나Ashina'라는 씨족명이 '푸른색'을 의미하는 동이란어East Iranic 혹은 토하라어Tokharian 단어 'ashheina' 또는 'ashna'에서 유래했다고 주장한다.29

그러나 아시나 왕족의 기원은 여전히 역사가들 사이에서 논쟁의 대상이다. 중국 정사에 기록된 돌궐인의 기원 신화에 따르면, 아시나 씨족은 적들에 의해 전멸당한 한 부족의 유일한 생존자와 암늑대 사이에서 태어난 자손의 후예라고 한다. 많은 역사학자들은 아시나 씨족이 철륵 유목민 집단에서 기원했다고 본다. 그러나 일부 학자들은 아시나 씨족이 흉노 시대에 일리강 유역에 거주했던 인도-유럽(이란)

---

• 러시아 인류학자 레프 오샤닌(Lev V. Oshanin)은 돌궐 유목민들이 중앙아시아에 '몽골로이드(Mongoloid)' 형질을 확산시켰다고 보았다. 이 책에서는 '몽골로이드'가 국제 인류학계에서 더 이상 사용되지 않는 용어이기 때문에 '몽골로이드' 외모를 묘사할 때 '내륙아시아인'이라는 용어를 대신 사용한다.

계 유목민인 오손烏孫, 또는 서기전 7세기에서 서기전 3세기 사이에 흑해 초원에서 카자흐 초원을 거쳐 몽골 초원까지 이어지는 광활한 유라시아 초원 지대에서 활동했던 인도-유럽(이란)계 유목민인 스키타이인, 혹은 첫 번째 천년기에 타림 분지에서 거주했던 인도-유럽계 민족인 토하라인의 후예라고 주장한다.[30] 어쩌면 가장 합리적인 추정은 아시나 씨족이 단일 혈통 집단이 아니라 다양한 민족적 배경을 지닌 혼혈 집단이었다는 것일지 모른다.[31]

## 돌궐 아사나 황후의 게놈

아사나阿史那 황후(551~582)는 돌궐 제국의 3대 카간이었던 무한 카간의 딸이다. 그녀는 북주北周의 무제武帝(재위 560~578)와 결혼했다. 2023년, 중국 유전학자들은 아사나 황후의 게놈genome을 분석해 그 결과를 〈아사나 황후의 고대 게놈은 돌궐 제국의 동북아시아 기원을 밝혀준다Ancient Genome of Empress Ashina Reveals the Northeast Asian Origin of Göktürk Khanate〉라는 제목의 논문으로 발표했다. 이들의 분석에 따르면, 아사나 황후의 게놈은 고대 동북아시아인 유전자(97.7퍼센트)가 주를 이루었으며, 서유라시아인 유전자(2.3퍼센트) 비율은 극히 낮았다. 또한 아시나 씨족은 (중앙아시아의 투르크계 민족들이 아닌) 퉁구스계와 몽골계 언어를 사용한 초원의 유목 민족(유연, 선비, 거란, 말갈)과 유전적 유사성을 공유했다. 이러한 분석 결과는 돌궐인의 '서유라시아인 기원 가설'과 '다원적

기원 가설'을 부정하고 '동아시아인 기원 가설'을 뒷받침한다고 이 논문의 저자들은 밝힌다.[32]

그러나 이 논문이 아사나 씨족이 인도-유럽계 집단의 후예가 아니었음을 증명하는 것은 아니다. 예를 들어, 현대 키르기즈인의 대다수는 청동기 시대 중앙유라시아에서 활동했던 인도-유럽계 목축민이 확산시킨 Y-DNA 하플로그룹인 R1a 집단에 속한다. 그러나 이들의 선조들이 오랜 혼혈 과정을 거치면서 현대 키르기즈인은 내륙아시아인의 체질인류학적 특성을 뚜렷이 지니게 되었다. 따라서 아사나 황후의 게놈 분석이 밝혀낸 사실은, 돌궐 제국이 건국된 6세기 중반의 아사나 일족은 내륙아시아인에 속했다는 점이다.

### 돌궐인 정체성의 본질

돌궐 제국의 핵심 구성원이었던 돌궐 유목민은 스스로를 '투르크 Türk'라 칭했다. 초기에 열두 씨족으로 구성되었던 돌궐인은 자신들이 복속시킨 철륵 유목민을 투르크인(돌궐인)으로 지칭하지는 않았다. 돌궐인이 8세기 중반에 몽골의 오르혼강 유역에 세운 투르크 비문은 철륵 유목민을 '투르크'가 아닌 '오구즈Oghuz' 또는 개별 부족명으로 지칭하며, 이들을 자신들의 속민으로 묘사한다.\*[33] 마찬가지로 8세기 중

---

• 돌궐인들이 세운 오르혼 비문에서는 철륵(오구즈) 부족들이 '나의 보둔(mening bodunum)'으로 지칭되기도 하는데, 이는 영어로 종종 '나의 동족(my own people)'으로 번역된다. 그러나 이는 '나의 백성'이라는 의미로 해석하는 것이 옳다.

반 돌궐 제국을 멸망시킨 철륵계 유목민인 위구르인도 그들이 세운 왕실 비문에서 스스로를 '투르크'로 칭하지 않았다. 위구르 비문은 투르크(돌궐)인을 자신들의 주적으로 묘사했다.³⁴ 중국 측 사료 또한 철륵 유목민을 '돌궐'로 지칭하지 않았다. 예를 들어,《구당서》는 "돌궐이 강성한 이래로 철륵의 여러 부락은 흩어져 백성들이 점차 줄어들고 쇠약해졌다"라고 기록했다.³⁵ 따라서 '투르크인(돌궐인)' 정체성은 8세기 중반 돌궐 제국의 붕괴 이후 몽골 초원에서 사라졌다고 볼 수 있다.

### '투르크' 명칭의 의미

'투르크Türk'라는 집단 명칭은 6세기 중반에 돌궐 제국의 등장과 함께 세계에 알려졌다. 그러나 돌궐 제국을 세운 돌궐인들은 자신들 말고는 내륙아시아의 다른 투르크어 사용 유목민을 '투르크'라고 부르지 않았다. 한편 한문 사료들에서는 'Türk'를 '돌궐突厥'로 전사했는데 이 말의 현대 중국어 발음은 '투줴Tujue'다. 돌궐에 이어 몽골 초원을 제패한 위구르와 키르기즈 또한 자신들을 '투르크인'으로 여기거나 그렇게 부르지 않았다. 마찬가지로 한문 사료들에서도 철륵, 위구르, 키르기즈를 '돌궐'이라고 지칭하지 않았다. 요컨대 애당초 '투르크'라는 명칭은 돌궐 제국을 수립한 특정 투르크인 집단만을 지칭하는 고유 명칭이었다. 그 결과 8세기 중반 돌궐 제2제국의 붕괴 이후, '투르크'라는 집단명은 몽골 초원에서 더 이상 사용되지 않게 되었다. 이 집단 명칭은 중앙아시아의 카라한 왕조와 같은 서돌궐의 직계 후예만이 자칭으로 사용했다.

그런데 전근대 이슬람 세계의 역사가들과 지리학자들은 돌궐 제국이 사라진 이후 '투르크Turk'(아랍어 복수형은 'Atrāk')라는 명칭을 비투르크어 사용 집단을 비롯한 내륙아시아 유목민의 통칭으로 사용하기 시작했다. 특히 몽골 제국과 포스트 몽골 시대에 트란스옥시아나와 이란에서는 '투르크'라는 용어가 페르시아어를 사용하는 정주민을 지칭하는 '타직Tajik'과 대비되는 개념으로 자리 잡았다. 주목할 점은, 이 시기 투르크인의 범주에 몽골인도 포함되었다는 사실이다.[36] 일칸국과 티무르 제국에서는 '투르크인과 타직인 Turk u Tajik'이라는 페르시아어 문구로 유목민과 정주민 전체를 지칭했는데, 몽골인이 가장 대표적인 투르크 민족으로 여겨졌다. 이들 국가에서 편찬된 칭기스 왕가와 티무르 왕가의 계보에서도 가장 중요한 투르크인은 몽골인으로 묘사되었다.

반면, '투르크'라는 명칭은 몽골 제국과 포스트 몽골 시대에 킵착 초원이나 시베리아 지역에서는 고유 집단 명칭으로 사용되지 않았다. 예를 들어, 돌궐의 직계 후예가 아니었던 킵착인이나 주치 울루스의 후예였던 카자흐인, 크림 타타르인 등은 자신들을 '투르크'로 부르지 않았다. 또한 시베리아의 투바인이나 사하인(야쿠트인)은 이 명칭의 존재 여부조차 알지 못했다.

**돌궐 제국의 성립**

돌궐 제국은 6세기 중반 아시나 씨족의 수장이었던 부민Bumin(사망 552/553)이 건국했다. 중국 측 기록에 따르면, 5세기 전반기에 현대 신장의 투르판 지역에서 거주했던 것으로 보이는 부민의 선조들은 '500호'로 구성된 무리와 함께 알타이산의 남쪽으로 이주했으며, 그곳에서 유연 제국의 종속 집단이 되어 철공鐵工에 종사했다. 점차 세력을 키운 돌궐은 552년에 유연을 멸망시켰고, 부민은 일릭 카간Illig Qaghan으로 즉위했다. 이로써 역사상 최초의 '투르크계 유목 제국'이 등장했다. 부민의 아들 무한 카간Mughan Qaghan(재위 553~572)은 유연의 잔존 세력을 제압하고 정복 활동을 펼쳐 내륙아시아 초원의 헤게모니를 장악했다. 7세기 중국 정사《주서周書》는 무한 카간이 "서쪽으로 언달嚈噠[헤프탈]을 격파하고, 동쪽으로 거란을 쫓아내고, 북쪽으로는 계골契骨[키르기즈]을 병합해 장성 밖의 나라들을 위엄으로 복속시켰다"라고 기록했다.[37]

무한 카간이 통치한 기간에 부민의 동생 이스테미Istemi는 '야브구yabghu[副王]'라는 칭호를 사용하며 돌궐 제국의 서부 영토를 지배했다(재위 552~575/576). 이스테미는 이란의 사산 왕조Sasanid Dynasty(224~651)와 동맹을 맺고 토하리스탄(오늘날의 아프가니스탄 북부 지역으로, 그리스인들은 이 지역을 '박트리아Bactria'라고 불렀다)에 거점을 둔 헤프탈을 557년에서 563년 사이에 멸망시켰다. 이에 따라 돌궐은 아무다리야강과 시르다리야강 사이의 오아시스 농경 지대인 트란스옥시아나(소그디아)에서 헤프탈을 대체하고 새로운 지배 세력으로 올라섰다. 이어서 돌궐은 카자흐 초원의 유목민까지 정복하고 흑해 초원 방면으로 진출했다. 이제 돌궐 제국은 크림반도와 코카서스 지방에서 동로마 제국과 국경을 맞닿게 되었는데, 양국은 사산 왕조에 맞서 동맹을 맺었다.

## 돌궐인의 기원

**신화 1**

돌궐突厥은 대체로 흉노匈奴와 다른 갈래(別種)로 성姓은 아사나씨阿史那氏였다. (흉노와) 달리 부락部落을 이루었다. 뒤에 이웃 나라에게 패해 그 족속이 모두 없어졌다. (다만) 한 아이가 있어 나이가 열 살가량이었는데, 병사가 아이가 어린 것을 보고 차마 죽이지 못하고 바로 그의 발(과 팔)을 잘라 풀이 무성한 습지 속에 버렸다. (이에) 암 이리(牝狼) (한 마리)가 고기를 가져다 먹였고, 자라나서는 이리와 교합해 마침내 임신을 하게 되었다. 그 (이웃 나라의) 왕이 이 아이가 여전히 살아 있다는 (소식을) 듣고 다시 (사자를) 보내 (아이를) 죽였다. 사자가 이리가 (그의) 곁에 있는 것을 보고 아울러 이리마저 죽이려고 했다. (그러나) 이리가 마침내 고창국高昌國의 (서)북쪽(에 있는) 산으로 도망했다. 그 산에는 동굴이 있었는데, 동굴 안은 평탄한 땅과 무성한 풀이 있었고 그 주위 둘레가 수백 리로 사면이 모두 산으로 둘러싸여 있었다. 이리가 그 속에 숨어 마침내 열 명의 사내아이를 낳았다. 열 명의 사내아이들이 자라 큰 이후에 밖에서 아내를 얻어 임신을 시켜 (아이를 낳았고,) 그 후손들이 각각 한 개의 성姓을 갖게 되니 아사나도 바로 그중의 하나였다. 자손이 번성해 점차 수백 가에 이르렀다. 몇 세대가 지나 (무리가) 서로 더불어 동굴에서 나와 여여茹茹를 섬겼다. (그들은) 금산金山의 남쪽(陽)에 살면서 여여를 위해 대장장이(鐵工)로 부려졌다. (그들이 살던) 금산의 모습이 투구(兜鍪)와 비슷했는데, 그들의 말로 투구를 "돌궐"이라 했기 때문에 마침내 이로 인해 이름을 (돌궐로) 했다.[38]

### 신화 2

그 부락의 대인大人은 아방보阿謗步라고 불렸는데, 형제가 17명이었다. 그(중의) 한 (동생)을 이질니사도伊質泥師都라고 했는데, (그가) 이리(狼)의 소생이었다. (아)방보 등 (여러 형제들)의 성품이 모두 어리석어 나라가 마침내 (다른 나라에게) 망하게 되었다. (이질)니사도는 일찍부터 특이한 기운을 달리 느낄 수 있었고, 바람과 비를 부를 수 있었다. (이러한 그가) 두 명의 아내를 얻었는데, 즉 여름 신(夏神)과 겨울 신(冬神)의 딸이었다고 한다. (그중) 한 아내가 임신을 해 네 명의 아들을 낳았다. 그 하나가 흰기러기(白鴻)로 변했고, 그 하나가 아보수阿輔水와 검수劍水의 사이에 나라를 세워 계골契骨이라 불렸으며 그 하나가 처절수處折水에 나라를 세웠고, 그 하나가 천사처절시산踐斯處折施山에 살았는데, (그가) 바로 큰 아들이었다. 산 위에는 여전히 아방보의 족류들이 살고 있었는데, (그들) 대다수가 추위에 드러나 있었다. 큰아들이 (그들을) 위해 불을 피워 따뜻하게 보살펴 모두를 (추위로부터) 구제해냈다. 마침내 (그들) 모두가 큰아들을 받들어 임금으로 삼고, (나라 이름을) 돌궐

突厥이라고 부르니, (그 큰아들이) 바로 눌도륙설訥都六設이 되었다. 눌도륙(설)이 열 명의 아내를 얻어 (그 아내들이) 낳은 아들들이 모두 어머니 족속(의 성)을 따라서 (자신의) 성을 갖게 되었는데, (그 중에 하나인) 아사나가 그 후처의 아들이었다. 눌도륙(설)이 죽자 10명의 어미(가 낳은) 아들들 가운데 한 명을 뽑아 (임금으로) 세우기로 하고, 바로 서로 (무리를) 이끌고 커다란 나무 아래에 모여 같이 약속하며 말하기를 나무를 향해 뛰어올라 가장 높게 뛰는 사람을 바로 추대하자고 했다. (이에) 아사나(라는 성을 가진 후처)의 아들이 비록 나이가 어렸지만 가장 높이 뛴 사람이라 여러 아들들이 (그를) 받들어 임금으로 삼고 아현설阿賢設이라 불렀다. 이것은 비록 (그 내용이) 다르나 (돌궐이) 이리(狼)의 후예라는 것은 결국 같다. 그 후손 가운데 토문土門이라고 불리는 (추장의 시대가 되면서,) 부락이 점차 늘어나 비로소 장성 부근에 와서 비단(繒)과 명주솜(絮)을 사고팔며 중국과 교통하기를 원했다.³⁹

**역사적 기록**

돌궐突厥의 조상은 평량平涼의 잡호雜胡로, 성姓은 아사나씨阿史那氏였다. 북위北魏 태무(제)太武(帝)가 저거씨沮渠氏(가 세운 북량北涼)을 (영화永和 7년(439)에) 멸망시키자 (그의 추장이었던) 아사나가 5백 가家를 이끌고 여여茹茹에게 도망가 대대로 금산金山에서 살면서 철을 만드는 일(鐵作)을 업으로 삼았다. (그들이 살던) 금산의 생김새가 투구(兜鍪)와 비슷했는데, 그들의 말로 투구를 "돌궐突厥"이라 불렀기 때문에 (그의) 이름으로 삼았다.⁴⁰

무한 카간의 뒤를 이은 그의 동생 타스파르 카간Taspar Qaghan(재위 572~581)은 북위의 두 계승국가인 북제北齊(550~577)와 북주北周(557~581)에 영향력을 행사했다. 타스파르 카간은 양국의 대립 관계를 이용해 두 쪽 모두에게서 비단을 받아냈고, 북주로부터는 공주를 아내로 얻었다. 그는 북제의 승려를 통해 불교로 개종하고 돌궐 제국 내에 불교 사원을 건설했다. 이 시기에 이스테미의 아들이자 후계자인 타르두 야브구Tardu Yabghu(재위 575~603)는 크림반도의 동로마 도시들을 공격했는데, 그 결과 양국의 대對사산 왕조 동맹이 파기되었다.

## 《북사北史》에 기록된 돌궐인의 관습

그 습속은 다음과 같다. 머리카락을 길게 늘어뜨리고(被髮) 옷깃을 왼쪽으로 여미며(左衽) 둥근 모양의 펠트로 만든 천막(穹廬氈帳)에 살면서 물과 풀을 따라 옮겨 다니며 가축을 기르고 활을 쏘아 사냥하는 것을 (생업으로) 힘써 (일했)다. 살코기를 먹고 발효유(酪)를 마시고, 몸에 입는 것은 가죽과 털이었다. 노인을 천하게 여기고 건장한 사람을 귀하게 여겼는데, 겸양과 부끄러움이 적고 예절과 의리가 없는 것이 마치 옛날 흉노(의 습속)와 같았다.
그의 임금이 처음 즉위하면 근시近侍와 중신重臣 등이 (그를) 펠트로 (싸서) 수레에 태우고 해가 움직이는 방향을 따라 아홉 바퀴 돌리는데 한 번 돌 때마다 신하들이 모두 절했고, 절을 마치면 (임금을) 도와 말에 타도록 한 다음 비단 끈으로 그의 목을 조여 겨우 숨

이 끊어지지 않을 지경에 이르게 한 뒤에 풀어주면서 급히 (그에게) 물어보았다. "당신은 몇 년이나 가한可汗이 될 수 있겠습니까?" 그의 임금은 이미 정신이 혼미해 (재위 연수의) 많고 적음을 제대로 생각할 수가 없었다. 신하들은 (그가) 말하는 것에 따라 재위 기간의 많고 적음을 따졌다.

고위 관직(大官)에는 엽호葉護가 있고, 그다음은 설設, 그다음은 특근特勤, 그다음은 사리발俟利發, 그다음은 토둔발吐屯發이 있었으며 그리고 나머지 하위 관직(小官)까지 대개 28등급인데, 모두 세습되었다. 병장기로는 (각)궁角(弓), 소리 나는 화살鳴鏑, 갑옷(甲), 창(矟), 도刀, 검劍이 있었다. 패용하는 장식으로 복돌伏突이 있었다. 깃발의 독纛 위에는 황금으로 된 이리(狼)의 머리모양을 달았다. (임금을) 호위하는 무사(侍衛之士)들을 부리附離라고 불렀는데, 중국어로 이리(狼)라는 말이다. 아마도 본래 (그들의 조상이) 이리가 낳은 것이라 그 옛일을 잊지 않기 위한 뜻이었을 것이다. 말 타고 활 쏘는 것을 잘하고 성정이 잔인했다. 문자가 없어 그들이 병사와 말을 징발하고 여러 가지 가축에 대해 과세할 때 나무(에 눈금)을 새겨 수를 표기했고, 또 금 화살 한 개를 밀랍으로 봉인해 신계信契로 삼았다. 달이 차는 것을 기다려 노략질을 했다.

그 형법은 다음과 같았다. 모반反叛하거나 살인하거나 다른 사람의 부인과 간통하거나 말고삐를 훔친 경우 모두 사형이었다. 음란한 사람은 (생식기를) 거세하고 그다음에 허리를 잘랐다. 다른 사람의 딸을 간음한 경우 많은 재물을 내놓고 바로 그 딸을 아내로 삼게 했다. 다른 사람과 싸워서 다치게 한 경우는 (상해의) 경중에 따라 재물을 주도록 했다. 다른 사람의 눈에 상처를 입힌 경우는 (그의) 딸로서 갚게 했는데, 딸이 없으면 부인이나 재물을 주도록 했다. 팔이나 다리를 부러뜨린 경우는 말을 주도록 했고, 말이나 여러 가지 물건을 도둑질한 경우는 10여 배로 갚아야 했다.

사람이 죽으면 시체를 장막 안에 두고 자손들과 친척 남녀들이 각각 양과 말을 잡아 (죽은 이의) 장막 앞에 펼쳐놓고 제사를 지내고 (모두) 장막을 둘러싸고 말을 타고서 장막을 돌기를 일곱 번 하고, (장막의) 문 앞에 올 때마다 칼로 얼굴을 그어 피와 눈물이 같이 흘러내리게 하는데, 이렇게 하기를 일곱 번 반복하고 그쳤다. 날짜를 잡아 죽은 이가 타던 말과 물품 등을 시체와 함께 불살라 그 남은 재를 거두어 때를 기다렸다가 장사 지냈다. 봄과 여름에 죽은 이는 나무와 풀이 누렇게 시들기를 기다렸고, 가을과 겨울에 죽은 이는 꽃(과 나뭇잎)이 무성해지기를 기다렸다가 그 연후에 구덩이를 파고 묻었다. 장사 지내는 날에는 친족들이 제사를 지내는데, 말을 타고 얼굴을 (칼로) 그으며 처음 죽은 이를 제사 지낼 때의 예와 똑같이 했다. 곁에는 무덤을 만들고 집을 지은 후 (그) 안에 죽은 사람의 모습과 살아 있을 때 겪었던 전투의 모습을 그려놓았고, (죽은 사람이 생전에) 일찍이 한 사람을 죽였으면 한 개의 돌을 세웠는데, 천 개에 이른 경우도 있었다. 또한 양과 말의 머리로 제사를 지내고 전부 표지 위에 걸어두었다. 이날 남녀가 모두 옷을 갖추어 입고 장례를 치르는 곳에 모이는데, 남자가 좋아하는 여자가 있으면 돌아가서 사람을 보내 청혼하고 그 부모가 대부분 거절하지 않았다. 아버지나 형, 백(부)와 숙(부)가 죽으면 아들과 동생,

조카 등이 계모나 숙모, 형수를 아내로 삼았지만 다만 손위(남자)가 손아래 여자를 (아내로 취해) 간음하지는 않았다.

비록 옮겨 다녀 정해져 있지 않았지만 (각자가) 나누어 갖는 땅(地分)이 있었으며, 가한은 늘 어도근산於都斤山에 머물렀고 아장牙帳(의 문)을 동쪽으로 열어둔 것은 아마 해가 떠오르는 방향을 숭상했기 때문일 것이다. (가한은) 매년 귀인貴人들을 거느리고, 그 조상이 (머물렀던) 동굴(先窟)에서 제사를 지냈다. 또한 5월 중순에 타인수他人水에 모여 (양과 말을 많이 잡아) 하늘의 신(天神)에게 제사를 지냈다. 어도근산에서 서쪽으로 500리 (떨어진 곳)에 높은 산들이 멀리 솟아 있고, 위에는 풀도 나무도 없었는데, (그것을) 발등응려勃登凝黎라 하고, 중국어로는 땅의 신(地神)을 의미했다. 그의 문자는 호인胡人의 것과 비슷하며, 연력年曆을 알지 못하나 다만 풀이 푸르러짐에 따라 (한 해가 지나가는 것을) 기록했다. (5월 제천 행사가 벌어지면) 남자들은 도박놀이(摴蒲)를 좋아하고, 여자들은 답국踏鞠을 했으며 마유주(馬酪)를 마시고 취해 노래를 부르며 상대를 했다. 귀신을 받들고 무당(巫覡)을 믿었으며 싸움에서 죽는 것을 중히 여기고 병으로 죽는 것을 수치스럽게 여겼는데, (돌궐은) 대체적으로 흉노와 습속이 같았다.[41]

## 서돌궐과 투르게슈 카간국

타스파르 카간의 사망 이후 돌궐 제국은 아시나 왕족 사이에 내분이 일어나 동돌궐과 서돌궐로 분열되었다. 서돌궐의 타르두Tardu (재위

575~603)는 594년경 동돌궐의 투란 카간Tulan Qaghan(재위 588~599)을 제압해 복속시켰으며, 599년에 투란 카간이 사망하자 동돌궐의 카간 자리에 올랐다. 그러나 타르두는 603년에 발생한 철륵 유목민의 반란으로 몰락했다.

서돌궐은 타르두의 손자 톤 야브구Ton Yabghu(재위 618~630)의 치세에 세력을 회복했다. 톤 야브구는 토하리스탄 지역을 합병하고 동로마 제국과 동맹을 맺었다. 서돌궐은 코카서스 지방의 데르벤드Derbend와 트빌리시Tbilisi를 공격해 628년에 동로마 제국이 사산 왕조와 치른 전쟁에서 승리하도록 도왔다. 그러나 630년에 톤 야브구가 삼촌에 의해 살해된 뒤로는 서돌궐에 통솔력 있는 군주가 등장하지 않았다. 결국 서돌궐은 돌육咄陸, Duolu과 노실필弩失畢, Nushibi이라는 두 개의 부족 연맹으로 분열되었다. 이들은 '온 옥On Oq'('열 개의 화살'이라는 뜻)이라는 이름으로 통칭되었다. 서돌궐의 왕족과 부족들은 계속해서 싸움을 벌였고, 그러다 659년에 마지막 카간이 당나라 군대에 패하고 사로잡히면서 결국 당나라의 속국이 되었다.

699년경, 돌육 부족 연맹의 투르게슈Türgesh(돌기시突騎施) 부의 수령 위츠 엘릭Üch Elig은 당나라가 임명한 꼭두각시 카간을 축출하고 투르게슈 카간국Türgesh Qaghanate이라고 알려진 서돌궐의 계승국가를 수립했다. 위츠 엘릭은 옛 톤 야브구의 수도 수야브Suyab를 자신의 도읍지로 삼았다. 그곳은 오늘날의 비슈케크Bishkek 근처다. 투르게슈 카간국은 위츠 엘릭의 후계자 사칼Saqal이 711년경 돌궐 제2제국의 카파간 카간Qapaghan Qaghan에게 패하고 살해되면서 일시적으로 붕괴했으나, 719년 수야브를 탈환한 술루Sulu(소록蘇祿, 사망 738)에 의해 재건되었다. 술루는 당시 당나라 지배하의 타림 분지와 투르판 지역의 오아시스 도시들을 공격했고, 트란스옥시아나 정복을 시도하던 우마이야 칼리프국Umayyad Caliphate(661~750)의 아랍 군대와도 충돌했다. 투르게슈 카간국은 738년에 술루가 경쟁자에게 살해당하면서 멸망했다.

## 돌궐 제2제국의 흥망

시비 카간Shibi Qaghan(재위 608~619)과 일릭 카간(재위 620~630, 사망 634)의 치세에 다시 강성해진 동돌궐은 중국을 약탈하고 공물을 받아냈다. 그러나 서돌궐과 마찬가지로 동돌궐도 수나라를 계승한 당나라에 630년에 정복되었다. 아시나 왕족 사이에서 벌어진 내분, 몇 년간 이어진 폭설과 서리로 인한 기근, 철륵 부족들의 봉기로 동돌궐의 힘이 많이 약해지자 당 태종(재위 626~649)은 630년에 돌궐을 공격해 일릭 카간을 사로잡았다. 그 뒤 동돌궐은 멸망했고, 일부 돌궐 유목민은 중국 북부 변경으로 이주했다.

약 50년 후, 아시나 일가의 일테리슈 카간Ilterish Qaghan(재위 682~691)과 그의 군지휘관 톤유쿡Tonyuquq이 당나라에 반기를 들고 몽골 초원에 돌궐 부흥국가를 세웠다. 역사학계에서는 이 국가를 '돌궐 제2제국'이라고 부른다. 691년, 일테리슈에 이어 카간 자리에 오른 카파간 카간(뵈귀 초르Bögü Chor로도 알려짐, 재위 691~716)은 돌궐 제2제국의 전성기를 이끌었다. 카파간 카간은 철륵, 키르기즈, 타타르를 다시 복속시키고, 당나라에 공세를 펼쳤다. 서쪽에서는 서돌궐의 잔존 세력과 투르게슈 카간국까지 제압했다. 그러나 카파간 카간은 716년에 철륵의 발야고 부를 상대로 펼친 원정을 마치고 귀환하는 길에 발야고의 잔당에게 살해되었다.

카파간 카간의 사망 이후 일테리슈 카간의 아들 빌게 카간Bilge Qaghan(재위 717~734)이 카간이 되었는데 그의 동생 퀼 테긴Kül Tegin과 함께 제국을 공동으로 통치했다. 빌게 카간의 통치기에 돌궐 군대는 서로는 사마르칸드Samarkand 인근의 '철문Iron Gate' 지역까지, 동으로는 중국 산동 인근 지역까지 원정을 펼쳤다. 몽골 중부 오르혼강 유역의 투르크 비문들은 이들 빌게 카간과 퀼 테긴 형제를 기리기 위해 세워진 것이다.•42

빌게 카간이 734년에 사망하자 그의 두 아들이 연이어 카간위를 계승했으나 이 시기의 돌궐 내부 상황에 대한 기록은 많지 않다. 돌궐 제2제국은 744년에 바스밀·카를룩·위구르 연합군의 공격을 받고 멸망했다. 이로써 몽골 초원에서 돌궐인의 통치는 종말을 고했다.••43

---

- 지난 2022년 카자흐스탄의 국제투르크아카데미(International Turkic Academy)와 몽골과학아카데미고고학연구소(Institute of Archaeology at the Mongolian Academy of Sciences) 공동 조사팀은 몽골에서 새로운 비문을 발견했다. 이들은 그 일부만이 해독된 이 비문이 돌궐 제2제국의 초대 카간인 쿠틀룩/일테리슈를 기리기 위해 세워졌다고 주장한다. 그러나 이 주장은 학계에서 인정받지 못하고 있다. 이 비문의 주인공이 카파간 카간이라거나 그 건립 시기도 위구르 시대라고 밝히는 연구들도 존재한다.
- •• 돌궐의 잔존 세력은 10세기까지 몽골 초원의 북부 변방이나 남시베리아에서 거주했을 가능성이 있다. 《신당서》는 '목마돌궐(木馬突厥)', 《신오대사(新五代史)》는 '선우돌궐(單于突厥)'과 '우제돌궐(牛蹄突厥)'이라는 집단을 언급한다. 데니스 사이너(Denis Sinor)는 이들을 "돌궐 국가 바깥에 살았던", 혹은 "돌궐 국가의 지배 계층에 속하지 않았던" 돌궐인으로 보았다.

## 오르혼 비문

오르혼 비문들은 8세기 전반기에 돌궐 제2제국이 일테리슈 카간의 두 아들인 빌게 카간과 퀼 테긴을 기리기 위해 몽골 오르혼강 유역에 세운 두 개의 석조 기념물이다. 돌궐의 군사령관 톤유쿡이 조금 더 이른 시기에 톨라강Tola 상류에 세운 톤유쿡 비문과 함께, 오르혼 비문들은 내륙아시아 유목민이 직접 기록한 최초의 토착 역사 기록물로 여겨진다. 오르혼 비문들은 1889년에 발견되었고, 1893년에 덴마크의 언어학자 빌헬름 톰센Vilhelm Thomsen에 의해 해독되었다. 이 비문들에 사용된 돌궐 문자Old Turkic script는 유목 민족이 만든 최초의 문자로, 고대 중동의 아람문자Aramaic script[44]에서 기원했다.

퀼 테긴 비문에 새겨진 아래 구절은 부민과 이스테미의 돌궐 제국 건국을 기리는 내용이다.

위에서 푸른 하늘이 아래에서 적갈색 땅이 창조되었을 때에, 둘 사이에서 사람이 창조되었다고 한다. 사람의 위에는 나의 조상 부믄 카간(과) 이시태미 카간이 (권좌에) 앉았다고 한다. 그들은 (권좌에) 앉아서 튀르크 백성의 나라를 법을 다스렸다고 한다, 정비했다고 한다. 사방은 모두 적이었다고 한다. 그들은 출정하여 사방에 있는 백성을 모두 얻었다고 한다, 모두 (자신들에게) 예속시켰다고 한다. 그들은 머리 있는 자를 숙이게 했다고 한다, 무릎 있는 자를 꿇게 했다 한다. 그들은 동쪽으로는 흥안령산맥까지, 서쪽으로는 태미르 카프그*까지 (백성을) 자리 잡게 했다고 한다. (이) 두 (경계) 사이에서 그들은 전혀 조직 없는 쾨크 튀르크 사람들을 (조직하며) 그렇게 다스렸다고 한다. 그들은 현명한 카간이었다고 한다, 용감한 카간이었다고 한다. 그들의 지휘관도 현명했다고 한다 분명히, 용감했다고 한다 분명히, 그들의 배그들도 백성도 조화로웠다고 한다. 그 때문에 그들은 나라를 그렇게 다스렸다고 한다 분명히, 그들은 나라를 다스리고 법을 정비했다고 한다. (나중에) 자신들은 그렇게 승하했다고 한다.[45]

퀼 테긴 비문에 새겨진 아래 구절은 돌궐 제국의 붕괴 이후 50년간 이어진 당나라의 지배, 쿠틀룩(일테리슈)의 돌궐 제2제국 건국에 대해 이야기한다.

(그들의 장례식에) 문상객(으로서) 동쪽에서는 해 뜨는 곳으로부터 뵈클리 췰 백성, 중국, 티베트, 아바르Avar, 비잔틴, 크르그즈, 위치 쿠르칸, 오투즈 타타르, 거란, 타타브 이만큼의 백성이 와서 울었다고 한다, 애도했다고 한다. 그들은 그렇게 유명한 카간이었다고 한다. 그 뒤에 그들의 남동생들이 카간이 되었다고 한다 분명히, 그들의 아들들이 카간이 되었다고 한다 분명히, 그 뒤에 그들의 남동생들은 형들처럼 창조되지 못했다고 한다 분명히, 그들

---

* 태미르 카프그(鐵門, Iron Gate)는 발흐(Balkh)와 사마르칸드 사이에 있는 산악 통로다.

의 아들들은 아버지들처럼 창조되지 못했다고 한다 분명히. 어리석은 카간들이 즉위했다고 한다 분명히, 나쁜 카간들이 즉위했다고 한다 분명히. 그들의 지휘관들도 어리석었다고 (한다) 분명히, 나빴다고 한다 분명히. 그들의 배그들과 백성이 조화롭지 않(았)기 때문에, 중국 백성이 잘 속이기 때문에 사기꾼이기 때문에, 남동생들과 형들을 서로 부추겼기 때문에, 배그와 백성을 서로 중상하게 했기 때문에, 튀르크 백성은 자기들이 세운 나라를 잃어버렸다고 한다, 자기들이 즉위시킨 카간을 잃어버렸다고 한다. (이 때문에) 중국 백성에게 배그가 될 만한 그들의 아들은 사내종이 되었다, 귀부인이 될 만한 그들의 딸은 계집종이 되었다. 튀르크 배그들은 튀르크 칭호를 버렸다. 중국 사람들에 봉사하는 (튀르크) 배그들은 중국 칭호를 받아들여 중국 황제에게 예속되었다고 한다. 그들은 50년 동안 봉사했다고 한다. 그들은 동쪽으로는 해 뜨는 곳에서 뵈클리 카간까지 출정했다고 한다, 서쪽으로는 태미르 카프까지 출정했다고 한다. 중국 황제를 위하여 (이렇게) 정복했다고 한다. 튀르크 일반 백성은 이렇게 말했다고 한다. "나는 나라가 있는 백성이었다. 나의 나라는 지금 어디에 있는가? 나는 누구에게 나라를 정복하는가?"라고 말했다고 한다. "나는 카간이 있는 백성이었다. 나의 카간은 어디에 있는가? 나는 어느 카간에게 봉사하는가?"라고 말했다고 한다. 그들은 그렇게 말하고 중국 황제에게 적이 되었다고 한다. 그들은 적이 되었으나 스스로를 (잘) 조직하지 못했다고 한다, 다시 (중국에) 예속되었다고 한다. (중국 백성은 그들이) 이렇게 봉사한 것을 생각하지도 않고 "나는 튀르크 백성을 죽이겠어, 멸종시키겠어"라고 말했다고 한다. (튀르크 백성은) 사라져가고 있었다고 한다. 위에 (있는) 튀르크 신(과) 튀르크의 신성한 땅, 물(의 정령들)이 이렇게 했다고 한다. 그들은 "튀르크 백성이 사라지지 말기를" 하고, "백성이 되기를" 하고 나의 아버지 일테리시 카간을, 나의 어머니 일빌개 카툰을 천정天頂으로부터 잡아서 (더) 위로 올렸다고 한다 분명히. 나의 아버지 카간은 17명의 군사와 함께 반란을 일으켰다고 한다 분명히, "(일테리시가) 반란을 일으키고 있다" 하고 소식을 듣고 도시에 있는 사람은 산에 올라갔다고 한다, 산에 있는 사람은 (도시로) 내려갔다고 한다, 모여서 70명이 되었다고 한다. 신이 힘을 주었으므로 나의 아버지의 군대는 이리 같았다고 한다, 그들의 적은 양 같았다고 한다. 그들은 동쪽으로 서쪽으로 출정하여 (사람을) 모았다고 한다. 모두 700명이 되었다고 한다. 700명이 되어 나라가 없게 된, 카간이 없게 된 백성을, 계집종이 된, 사내종이 된 백성을, 튀르크 풍습을 잃은 백성을 나의 조상의 법에 따라 (또다시) 조직했다고 한다.[46]

퀼 테긴 비문의 다음 구절은 돌궐인들에게 그들의 신성한 고향인 외튀켄에서 번영하며 살 것을 권고하는 동시에 당나라의 영향력에서 벗어나라고 경고한다.

튀르크 카간이 외튀캔 산악 지역에 앉는(다면 그리고 그곳으로부터 통치한)다면 나라에 (아무런) 걱정이 없다. 나는 동쪽으로는 산동 평원까지 출정했다. 나는 바다에 조금 못 미쳐 멈추었다. 나는 남쪽으로는 토쿠즈 애르신까지 출정했다. 나는 티베트에 조금 못 미처 [멈추]었다. 나는 서쪽으로는 엔취강을 지나 태미르 카프그까지 출정했다. 나는 북쪽으로는 이르 바이르쿠 땅까지 출정했다. 나는 이만큼의 땅까지 (나의 군대를) 나아가게 했다(그리고 깨달았다). 외튀캔 산악 지역보다 더 좋은 곳은 전혀 없는 것 같다! 나라를 다스릴 곳은 외튀캔 산악 지역인 것 같다. 나는 이곳에 앉아 중국 백성과 화해했다. (중국 백성은) 금은, 비단을 어려움 없이 그렇게 (우리에게) 준다. 중국 백성의 말은 달콤하고 비단은 부드럽다고 한다. (그들은) 달콤한 말로 부드러운 비단으로 속여 먼(곳에 사는) 백성을 그렇게 (자기들에게) 가까이 오게 한다고 한다. (이 백성이) 가까이 자리 잡은 뒤에 (중국 백성은) 악의를 그때에 생각한다고 한다. (그들은) 좋고 현명한 사람을, 좋고 용감한 사람을 나아가지 못하게 한다고 한다. (한편 그들은) 한 사람이 잘못하면, 그의 부족, 백성, 친척까지 (모두를) 죽이지는 않는다고 한다. (중국 백성의) 달콤한 말에 부드러운 비단에 속아, 튀르크 백성(아!), 너는 많이 죽었다. 튀르크 백성(아!), 너는 분명히 죽을 것이다. "남쪽에 초가이 산악 지역에 (그리고) 퇴귈튄 평원에 나는 자리 잡겠어"라고 말한다면, 튀르크 백성(아!) 너는 분명히 죽을 것이다. 그곳에서는 나쁜 (생각을 가진) 사람들이 이렇게 일깨운다고 한다. "(중국 백성은 어떤 백성이) 멀리 (살고) 있으면, 나쁜 비단을 준다, 가까이 (살고) 있으면, 좋은 비단을 준다"라고 그렇게 일깨운다고 한다. 무지한 사람들(아!) 너희는 그 말을 받고 (중국 백성에게) 가까이 가서 많은 사람이 죽었다. 그곳으로 가면, 튀르크 백성(아!) 너는 죽을 것이다. 외튀캔 땅에 앉아서 (중국 등지로) 카라반을 보낸다면, 너는 전혀 걱정이 없다. 외튀캔 산악 지역에 앉는다면, 너는 영원히 나라를 유지하며 앉을 것이다. 튀르크 백성(아!) 너는 자신을 배부르다고 여긴다. 너는 배고픔(과) 배부름을 생각하지 않는다. 일단 배부르면, 너는 배고픔을 (전혀) 생각하지 않는다. 네가 그러하기 때문에, 너는 (너를) 배부르게 한 너의 카간의 말(을 듣지 않고 승낙)을 받지 않고 어느 곳이나 갔다. (그리고) 너는 모두 그곳에서 궤멸되었다, 소멸되었다. (너희들 중) 그곳에서 (어떻게든 살아)남은 사람들은 모든 곳에서 모두 기진맥진하여 걷고 있었다. 신께서 명령하셨기 때문에, 나 자신이 운이 있기 때문에 나는 카간으로(서 권좌에) 앉았다. 카간으로(서 권좌에) 앉아 나는 가난한 백성을 모두 모았다. 나는 가난한 백성을 부유하게 했다, 적은 백성을 많게 했다. 그렇지 않으면, 나의 이 말에 거짓이 있느냐? 튀르크 배그들(과) 백성(아!) 이것을 들어라! 튀르크 [백성]이 되살아나서 분명히 나라를 다스리라는 것을 나는 여기(비석)에 새겼다.[47]

## 돌궐인의 외모에 대한 기록

《구당서》에 따르면 아시나 일족이었던 사마思摩는 내륙아시아인의 외모가 아니고, 동부 이란어를 사용하던 소그드인의 외모여서 돌궐의 군주들로부터 고위 군사직인 샤드shad, 設에 임명되지 못했다.

이는 돌궐인들이 원래 내륙아시아인의 외모를 가지고 있었다는 사실을 시사한다. 이와 관련된 기록은 다음과 같다.

(아사나)사마는 힐리(가한)의 친척(族人)이었다. 시필(가한)과 처라(가한)는 그의 용모가 호인胡人과 유사하고 돌궐과 같지 않아 아사나(씨)阿史那(氏)의 피를 이어받은 친족의 무리(族類)가 아니라고 의심했기 때문에 처라(가한)와 힐리(가한의 재위) 시기에 늘 협필특근이었음에도 끝내 군대를 관장하는 설設이 되지 못했다.•[48]

한편 1세기의 중국 정사 《한서漢書》에 해설을 덧붙인 7세기의 당나라 역사가 연석구延石九는 소그드인(호인胡人)의 외모에 대해 다음과 같이 기록했다.

오손은 서역의 여러 이민족 가운데에서도 그 외모가 가장 기이하다. 오늘날의 호인들은 눈이 파랗고 수염이 붉어서 그 모습이 마치 원숭이처럼 생겼는데, 본디 그 종족이었다.[49]

그러나 중국 사료에서 돌궐인의 외모를 이와 같이 묘사하는 기록은 찾아볼 수 없다. 돌궐인의 외모는 돌궐 제2제국의 왕자이자 군사령관이었던 퀼 테긴의 두상을 통해 엿볼 수 있다.

---

• 여기서 힐리 가한, 시필 가한, 처라 가한은 각각 일릭 카간, 시비 카간, 카라 카간(Qara Qaghan)을 지칭한다.

**도판 1.4** 돌궐 제2제국의 왕자 퀼 테긴의 두상

## 사타 투르크

사타 투르크인 Shatuo Türk은 10세기에 북중국 지역에 후당(923~936), 후진(936~943), 후한(947~951) 왕조를 세운 투르크계 유목 민족이다. 《신당서》에 따르면 사타沙陀, Shatuo는 "서돌궐西突厥의 별부別部로서 처월處月의 일종"이었으며, 그들이 살고 있는 곳에

2. 돌궐 87

"사타沙陀라는 이름의 대사막이 있었기 때문에 사타돌궐沙陀突厥이라고 일컬었다고 한다."**⁵⁰

후당을 세우기 전, 사타는 당나라에 고용되어 중국 산서성山西省에 주둔하면서 변경 지역의 방어를 담당했다. 12세기에 만리장성에 인접한 몽골 남부의 초원 지역에서 유목 생활을 했던 투르크계 옹구트Önggut 집단은 사타 투르크의 후예로 여겨진다. 《원사元史》에 1204년에 칸에게 자발적으로 복속한 옹구트의 군주 알라쿠스 디깃 쿠리Alaqus Digit Quri, 阿剌兀思剔吉忽里가 사타의 후예라고 기록되어 있기 때문이다.⁵¹

---

• 중국 역사에서 이 시기는 '오대십국 시대(五代十國時代)'(907~960)로 알려졌다.
•• 사타는 돌궐의 후예가 아니라 철륵계 집단이었을 가능성도 있다. 자세한 설명은 미주를 참조할 것.

# 3

# 위구르

## 철륵계 제국을 건설한 유목 민족

위구르는 내륙아시아 유목 세계에서 돌궐을 대체하고 패권을 장악한 철륵계 유목 민족으로, 744년에서 840년까지 몽골 초원을 지배했다. 위구르는 돌궐과 달리 초원 지대에 도시를 건설하고 외래 종교인 마니교를 수용했다. 또한 중국과 우호적 관계를 유지하면서 평화와 무역 특권을 대가로 당나라를 군사적으로 지원했다. 840년 위구르 제국이 붕괴한 이후 위구르 유민들은 투르판 오아시스(고창)와 감숙성(간쑤) 지역에 계승국가들을 수립했다. 투르판 오아시스의 위구르인들은 신장 북동부 지역, 즉 위구리스탄Uyghuristan을 투르크화했다. 이들은 또한 관리나 서기로 등용되어 몽골 제국의 경영과 발전에 기여했다. 현대 신장 지역의 위구르인은 카라한 투르크인과 투르판 위구르인의 후예다.*

## 위구르인의 비돌궐인 정체성

위구르인은 8세기 중반에 돌궐을 대체하고 내륙아시아의 새로운 패권 세력으로 떠올라 9세기 중반까지 몽골 초원을 지배했다. 이로써 위구르인은 몽골 초원에서 투르크계 민족의 지배를 약 한 세기 더 연장했다. 위구르인도 돌궐인이 신성한 고향으로 여긴 외튀켄Ötüken 지역을 정치적 중심지로 삼았으며, 관직명과 문자 등 돌궐의 정치 제도와 문물을 수용했다.[52]

그러나 위구르 제국은 '돌궐 제3제국'이 아니었으며, 위구르인도 돌궐인이 아니었다. 위구르인은 6세기 중반에서 8세기 중반까지 약 200년 동안 돌궐의 지배에 저항하며 끊임없이 봉기를 일으켰던 철륵 유목민의 후예였다. 위구르 제국의 제2대 카간이자 실질적 창시자인 바얀 초르Bayan Chor(재위 747~759)는 자신이 세운 여러 비문에서 돌궐인을 위구르의 동족이 아닌 자신이 멸망시킨 적으로 묘사했다. 예를 들어, 타리야트Taryat 비문에서는 "28세 때인 뱀의 해에 나는 돌궐Türük eli을 흐트러뜨리고 파괴했다"라고 선언했고,[53] 시네-우수Shine-Usu 비문**에서는 "나는 오즈므슈 테긴Ozmïš Tegin이 (돌궐의) 칸이 되었다고 들었다. 양의 해(743년)에 나는 (군대를 이끌고) 행진했다. … 나는 오즈므슈 카간Ozmïš Qayan을 잡았다. … 그 이후로 돌궐Türük 사람들은 멸망했다"라고 선언했다.[54] 위구르 제국이 수립되기 전에 위구르

---

- 위구르(Uyghur)의 올바른 투르크어 발음은 '우이구르'에 가깝다.
- ** 고대 위구르어(Old Uyghur)로 작성된 시네-우수 비문은 759/760년에 위구르 제국의 실질적 창시자인 바얀 초르를 기리기 위해 세워졌다. 이 비문은 20세기 초에 핀란드 언어학자 구스타프 람스테트(Gustaf I. Ramstedt)에 의해 발견되어 해독되었다.

유목민은 '토쿠즈 오구즈Toquz Oghuz'(투르크어로 '아홉 부족'을 의미) 부족 연맹의 일원이었다.• 중국 정사에서는 이들을 '구성철륵九姓鐵勒'이라 칭했다. 위구르인은 자신들이 세운 비문에서 스스로를 '온 위구르 On Uyghur(십+ 위구르)'라고 지칭했는데, 이는 위구르 제국을 건설할 당시 이들이 열 개 씨족으로 이루어졌기 때문으로 보인다. 위구르 제국의 왕족은 야글라카르Yaghlaqar 씨족 출신이었다.《구당서》는 위구르에 대해 다음과 같은 기록을 남겼다.

> 회흘迴紇은 그 선조가 흉노匈奴의 후예인데, 후위後魏 시대에 철륵鐵勒 부락部落이라고 불렸다. (원래) 그 무리는 아주 작았으나 그 습속이 용맹하고 강했는데, (처음에) 고차高車에 의탁했다가 (이후에) 돌궐突厥에 속하게 되면서 근래에는 특륵特勒이라고 한다. (그들은) 군장君長 없이 주거가 일정하지 않게 물과 풀을 따라 옮겨 다니는데, 사람들의 성정이 흉악하고 잔인하나 말을 타고 활을 쏘는 것을 잘했으며 탐욕이 아주 심해 도둑질하는 것을 생업으로 삼았다. 돌궐이 나라를 건국한 이래 동쪽과 서쪽으로 정벌을 할 때 모두 그의 힘을 밑천으로 삼아 북방의 땅(北荒)을 제압할 수 있었다.[55]

### 위구르 제국 수립 이전의 위구르인

위구르인이 사료에 처음 등장한 것은 북위 시대(386~534)로 추정된다. 6세기에 편찬된 중국 정사 《위서》에 따르면, 5세기 말 북위가 중국

---

• 그래서 이슬람 세계에서는 위구르를 토구즈구즈(Toghuzghuz)라 지칭했다.

남조南朝˙를 정복하기 위해 고차(철륵) 유목민을 징집하자, 철륵의 다섯 부족이 반기를 들고 북쪽으로 도주했다. 이들을 이끈 인물은 원흘袁紇,˙˙ 즉 위구르 부의 수자樹者라는 인물이었다.[56] 돌궐 제국 초창기에 위구르 유목민은 몽골의 셀렝가강 유역에 거주하고 있었다. 설연타가 돌궐에 반기를 들었을 때, 위구르의 수장 보살菩薩, Pusa도 이에 가담했다. 그러나 보살의 아들 토미도吐迷度, Tumidu는 646년 당나라가 설연타 카간국을 공격할 때, 동라 부와 발야고 부 등의 철륵 부족과 함께 당나라 편에 섰다. 그 뒤로 위구르는 철륵의 가장 강력한 부족으로 자리 잡았다. 위구르는 당나라가 657~659년에 서돌궐을 복속시킬 때에도 당나라 편에서 함께 싸웠다. 그러나 당나라가 고구려를 침략하기 위해 철륵 유목민을 징집하자, 661년에 다른 철륵 부족들과 함께 당나라에 반기를 들었다.

**위구르 제국의 건국**

744년, 쿠틀룩 보일라Qutlugh Boyla가 이끄는 위구르는 바스밀 및 카를룩과 연합해 돌궐 제2제국을 무너뜨렸다. 이어서 위구르는 바스밀을 물리치고 몽골 초원에 위구르 카간국을 세웠다. 쿠틀룩 보일라는 쿠틀룩 빌게 퀼 카간(재위 744~747)으로 즉위했다. 그의 아들 바얀 초르 카간Bayan Chor Qaghan(재위 747~759)은 몽골 동부의 몽골어 사용 부족

---

˙ 당시 북중국 지역은 타브가츠(탁발선비) 출신의 북위 왕조가 통치했던 반면, 남중국은 중국 토착 왕조들이 지배했다. 후자는 중국 역사에서 남조(420~589)로 불린다.
˙˙ '원흘(袁紇)'은 위구르(Uyghur)의 한문 표기 가운데 하나다.

연맹인 타타르와 시베리아 예니세이 지역의 투르크계 혹은 투르크화한 유목 민족인 키르기즈를 복속했다. 그는 자기 아들들에게 타르두슈Tardush와 툅리스Tölis의 통치를 맡겼다.•57 위구르 제국은 또한 당나라에 군사적 지원을 제공하고 그 대가로 많은 양의 비단과 물품을 얻었다. 특히 755년에 안사의 난安史之亂••이 일어나 당나라가 큰 위기에 빠지자, 위구르는 반란군을 진압하고 당나라 왕조를 구했다.

### 위구르(회흘)와 당 사이의 견마絹馬무역에 대한 중국 측 기록

대력 6년(771) 정월에 홍려시鴻臚寺에 있었던 회흘(사람)이 마음대로 방坊의 저자로 나가 백성의 자녀들을 잡아갔는데, 담당 관리가 (그를) 되찾아 돌아오려고 하자 (회흘이) 화를 내며 (관리를) 구타하고 기병 300명을 이끌고 금광문金光門과 주작문朱雀門을 범하기도 했다. 이날 황성의 여러 대문들은 모두 닫고 황제가 중사 유청담을 시켜 (회흘을) 위무하게 하자 멈추었다. (대력) 7년(772) 칠월에 회흘이 홍려시를 나아가 방의 저자에서 난동을 부려 장안령

---

• 타르두슈와 툅리스는 각각 제국의 우부(서부)와 좌부(동부) 영역을 지칭한다. 한편 앞서 설연타의 이남은 자기 아들들에게 타르두슈와 툅리스의 통치를 맡기고 각각 남부와 북부로 불렀다.

•• 안사의 난(755~763)은 당나라 현종 말기에 당나라 장군 안녹산(安祿山)과 사사명(史思明)이 일으킨 반란으로, 당나라의 인구 감소와 국력 약화를 불러온 중요한 사건이다. 당나라가 전성기에서 쇠퇴기로 접어드는 전환점으로 평가된다.

> 長安令 소열邵說을 함광문含光門이 있는 거리에서 쫓아냈고, (소)열이 타던 말마저 빼앗아 가버렸다. (소)열은 몸만 빠져 도망 왔고 관리들도 제지할 수 없었다.
>
> (대력) 8년(773) 십일월에 회흘 140명이 자기 나라로 돌아가는데, 재물이 천여 대의 수레나 되었다. 회흘이 (자신들의) 공적을 믿고 건원년간(758~759) 이후 여러 번 사신을 보내 말과 비단을 바꾸었고, 매년 와서 거래를 하는데 말 한 필에 비단(絹) 44필을 바꾸었고 거래되는 말이 수만 필에 이르렀다. 그 사자가 홍려시에 계속 머물면서 돌보는 사람이 한둘이 아니었고, 회흘은 비단을 얻어도 만족하지 않았으며 우리도 산 말이 쓸모가 없어 조정에서 몹시 고통스러워했다. 이때 (황제가) 특별히 조칙을 내려 후사해 보내 넓은 은혜를 보여주면서 또한 (그들로 하여금) 부끄러워하게 하고자 했다. 이 달에 회흘이 사자 적심赤心을 시켜 말 1만 필을 이끌고 와 거래하기를 원했는데, 대종이 말 값이 조부租賦에서 나오니 백성들에게 가중한 부담을 주지 않으려고 관리에게 수입을 따져 6000필만 거래하게 했다.[58]

## 위구르 제국의 발전

### 도시의 건설

돌궐인은 강력한 군사력의 원천이 기동성과 유목 생활이라고 믿었기에 성벽 도시를 건설하고 그곳에서 정주하는 것을 피했다. 그러나 위구르인은 그와 달리 도시를 건설했다. 시네-우수 비문에 따르면, 바얀 초르 카간은 중국인과 소그드인을 고용해 셀렝가강 유역에 바이 발릭Bay Baliq이라는 도시를 건설했다.[59] 또한 757년에는 돌궐 제국의 심장부였던 외튀켄 지역에 오르두 발릭Ordu Baliq(투르크어로 '왕실 혹은 군대의 도시'를 의미)이라는 도시를 건설했다. 이 도시는 위구르 제국의 수도 역할을 했다.

### 오르두 발릭에 대해 타밈 이븐 바흐르가 남긴 기록

821년경 위구르 제국의 수도 오르두 발릭을 방문한 아랍인 여행자 타밈 이븐 바흐르Tamīm ibn Baḥr는 이 도시에 대한 생생한 기록을 남겼다. 이는 야쿠트Yāqūt가 지은 《무잠 알불단Muʻjam al-Buldān(나라들의 사전)》이라는 지리학 사전에 수록되어 있다.

타밈 이븐 바흐르 알무타우위이Tamīm b. Baḥr al-Muṭṭawwiʻi는 그들(즉 투르크인)의 거주 지역이 극도로 춥고, 1년 중 (오직) 6개월만 여행이 가능하다고 보고했다. 그는 토구즈구즈[위구르] 카간의 나라로 여행할 당시, 카간이 제공한 역참마를 이용했으며, 가능한 한 빠르게 이동해 하루의 낮과 밤 동안 3개의 역참 구간을 주파했다고 말한다. 그는 20일 동안 초원 지대를 여행했는데 그곳에는 샘과 풀은 있었으나 마을이나 도시는 없었고, 오직 천막에 거주하는 역참 담당자들만 있었다.

그는 20일 치의 식량만 휴대했는데, 이는 그가 이 나라의 사정을 알고 있었고 우물과 목초지만 존재하는 초원 지대를 따라 20일 동안 이동해야 한다는 것도 알고 있었기 때문이다.

그 후 그는 20일 동안 마을이 밀집한 지역과 경작지를 지나갔다. 주민들은 전부 혹은 대부분이 투르크인이었으며, 그들 중에는 불을 숭배하는 조로아스터교도와 이단자도 있었다. 이러한 여정 끝에 그는 국왕의 도성에 도착했다.

그는 이 도시가 거대하며 농업이 번성하고, 비옥한 경작지와 마을들로 둘러싸여 있다고 기록했다. 이 도성에는 12개의 거대한 철제 성문이 있었다. 인구가 많고 붐볐으며, 시장들에서 다양한 상업 활동이 이루어지고 있었다. 이 도성의 주민들 사이에서는 이단 종교가 널리 퍼져 있었다. … 그는 카간의 도성에서 약 5파르사크farsakh[약 27.5킬로미터] 떨어진 곳에서 황금으로 장식된 국왕의 천막을 볼 수 있었다고 기록했다. 이 천막은 그의 성채의 평평한 옥상 위에 세워져 있었으며, 100명을 수용할 수 있는 크기였다. 그는 토구즈구즈의 카간이 중국의 왕과 인척 관계를 맺고 있으며, 중국 쪽에서 매년 50만 필의 비단을 보내 온다고 보고했다. … 그는 도성 근처에서 야영하고 있던 카간을 만났으며, 다른 이들을 논외로 하더라도, 카간의 천막 주변에 주둔한 군대만 1만 2000명에 달한다고 추정했다. 또한 17명의 부족장이 각각 1만 3000명의 군사를 거느렸으며, 두 부족장 사이마다 천막으로 이루어진 관청(혹은 군사 기지)가 있었다고 기록했다.[60]

**마니교 수용**

바얀 초르가 사망한 후, 그와 당나라 공주 사이에서 태어난 뵈귀 Bögü(재위 759~779)가 제위를 승계했다. 뵈귀 카간은 당 왕실의 요청을 받아 762년에 당나라의 수도 낙양洛陽을 점령하고 있던 안녹산의 잔당을 진압했다. 이러한 군사 지원에 대한 대가로 당나라는 위구르 군대가 낙양을 약탈하도록 허용해야 했다.

뵈귀 카간의 치세에 일어난 가장 중요한 사건 중 하나는 그의 마니교 수용이다. 낙양에 머물던 시기인 762년, 뵈귀 카간은 마니교로 개종했다. 마니교는 파르티아의 선지자 마니Mani(사망 274/277)가 조로아스터교, 불교, 그리스도교 등의 교리를 종합해 창시한 종교로, 3세기에 이란의 사산 왕조에서 번성했던 종교다.

### 위구르의 낙양 약탈에 대한 중국 측 기록

이전에 회흘이 동경에 와서 적을 평정했다고 마음대로 행동하면서 잔인하게 굴자 백성들이 두려워하며 모두 성선사聖善寺와 백마사白馬寺의 두 전각에 올라가 대피했다. 회흘이 마음대로 두 전각에 불을 질러 다치고 죽은 사람이 1만을 헤아렸고, 열흘이 지나도록 불이 꺼지지 않았다. 그리고 조정에 들어와 축하하며 또한 마음대로 관리들을 크게 욕보였다. 섬주절도사陝州節度使 곽영예郭英乂가 임시로 지동도유수知東都留守가 되었다. 이때 동도東都가 다

> 시 적의 공격을 받았는데, 삭방군과 곽영예, 어조은魚朝恩의 군대
> 가 포악하게 행동하는 것을 제압하지 못했고, 회흘과 함께 마음대
> 로 마을과 시장, 그리고 여주汝州와 정주鄭州 등을 약탈해 가옥이
> 모두 불타버렸고 사람들은 종이로 옷을 해 입거나, 혹은 경經으로
> 옷을 해 입기도 했다.[61]

## 위구르 제국의 쇠퇴와 몰락

779년, 뵈귀 카간은 대중국 적대 정책을 반대하던 자신의 삼촌 툰 바가 타르칸Tun Bagha Tarqan(재위 779~789)에 의해 살해되었다. 툰 바가 타르칸은 당나라와 선린 관계를 유지하면서 카를룩과 티베트 제국(토번)에 맞서 당나라와 동맹을 맺었다. 당시 티베트 제국은 763년에 당나라 수도 장안을 잠시 점령하는 등, 중국의 변경을 위협하는 강력한 국가였다. 위구르 제국은 티베트와 무역 및 군사적 요충지인 타림 분지의 지배권을 두고 수십 년 동안 서로 전쟁을 벌였다.

789년, 툰 바가 타르칸이 사망한 뒤 그를 이은 두 카간은 짧은 통치 끝에 모두 살해되었다. 위구르 제국의 야글라카르 왕가는 795년에 아철阿啜 카간Achuo Qaghan(재위 790~795)이 후사 없이 사망하면서 단절되었다. 에디즈Ediz 씨족 출신의 알프 쿠틀룩 울룩 빌게 카간Alp Qutlugh Ulugh Bilge Qaghan(재위 795~808)이 아철 카간의 뒤를 이었다. 그는 북으로는 키르기즈를 격파하고 키르기즈의 카간을 살해했으며, 남으로는 카를룩과 티베트를 제압하고 투르판 일대의 지배권을 장악

했다. 이 같은 업적은 몽골의 카라발가순(오르두 발릭의 후대 지명)에서 발견된 〈구성회골가한비문九姓回鶻可汗碑文〉*에 기록되어 있다.[62]

위구르 제국은 830년대부터 내분에 시달리며 크게 쇠약해졌고, 여러 카간이 측근에 의해 살해되었다. 839~840년 겨울, 엄청난 폭설로 가축 떼가 죽고 광범위하게 기근이 발생했다. 이때 위구르 제국과 20여 년 동안 전쟁을 벌여온 키르기즈가 침입해 오르두 발릭을 함락하고 위구르의 마지막 카간을 살해했다.

### 위구르 카간과 당나라 태화 공주의 혼례에 대한 중국 측 기록

이전에 공주가 회흘 아장牙帳에서 여전히 며칠 더 가야 할 만큼 떨어져 있을 때 가한이 수백 기를 보내 공주와 먼저 다른 길을 가겠다고 청했습니다. 호증이 "그렇게 할 수 없다"라고 말했습니다. 회흘 사신이 "이전에 함안 공주가 왔을 때도 화문花門에서 수백 리나 떨어진 곳에서 먼저 갔는데, 지금 어찌 홀로 나의 말에 거부하는가?"라고 했습니다. (호)증이 "우리 천자께서 조칙을 내려 공주를 가한에게 보내드리라고 말씀하셨는데, 어찌 가한을 만나지도 않고 먼저 갈 수 있겠는가?"라고 했습니다. 이에 회흘 사자가 멈추었습니다. 이미 (공주가) 회흘의 아장에 도착하자 바로 좋은 날을

---

* 이 비문은 위구르어, 소그드어, 중국어 세 언어로 기록되어 있다. 위구르의 여덟 번째 카간인 알프 빌게 카간(Alp Bilge Qaghan, 재위 808~821)의 통치기에 세워졌다.

골라 공주를 회골 가돈(可敦)[카툰]으로 책봉했습니다. 가한이 먼저 누대의 동쪽에 올라 앉아 누대 아래에 펠트로 된 천막을 설치하고 공주를 살게 한 다음에 여러 호인의 추장(群胡主)을 시켜 공주에게 회골의 법도(胡法)를 가르쳐주었습니다. 공주가 비로소 당나라 옷을 벗고 돌궐의 옷을 입고 한 명의 부인이 시봉을 받아 누대 앞으로 나아가 서쪽을 향해 절을 했습니다. 가한이 앉아서 보다가 공주가 다시 서쪽으로 향해 절을 한 다음에 다시 펠트 천막 안으로 들어가 이전의 옷을 벗고 가돈의 옷을 입었는데 넓은 소매와 큰 상의가 모두 붉은색이고 금으로 장식한 관은 마치 뿔이 앞을 가리켰고, 그다음에 펠트 천막에서 나와 가한을 향해 처음의 예처럼 절했습니다. 회흘이 먼저 큰 수레를 구부려 전면에 작은 자리를 마련하고, 돕는 사람이 공주를 끌어와서 수레에 태우고 회흘 구성이 서로 그 수레 끄는 것을 맡아 해를 따라 아장에서 오른쪽으로 아홉 바퀴를 돈 다음 공주가 바로 수레를 내려 누대에 올라 가한과 함께 동쪽을 보고 앉았습니다. 이로부터 신하들로부터 알현을 받고 또한 가돈에게 절을 했습니다. 가돈이 자기의 아장을 갖고 2명의 상(相)을 아장 안으로 출입하게 했습니다. (호)증 등이 장차 돌아오려고 할 때 가돈이 아장 안에서 연회를 베풀어주니 머무르면서 하루도 넘게 울었는데, 때문에 가한이 당나라 사신에게 많은 예물을 주었습니다.[63]

## 투르판 오아시스와 감숙 회랑의 위구르 계승국가들

키르기즈가 수도 오르두 발릭을 파괴한 후, 위구르인은 여러 방향으로 흩어졌다. 일부는 외게 카간Öge Qaghan(재위 841~847)을 따랐는데, 그 역시 암살당했다. 또 다른 위구르인들은 훗날 요遼나라(907~1125)를 건국한 거란˙에 합류했으며, 이들은 요나라에서 지배 씨족 집단의 일부가 된다.˙˙⁶⁴ 가장 큰 무리는 남쪽으로 도주해, 오늘날의 중국 감숙(간쑤) 회랑과 투르판 오아시스(후에 위구리스탄으로 알려지게 됨)˙˙˙에 위구르 계승국가들을 세웠다. 투르판 위구르 왕조의 실질적 창시자는 866년에 투르판 오아시스를 정복한 복고준僕固俊이라는 인물이다. 11세기에 감숙의 위구르 왕조는 티베트-버마계 언어 사용 민족인 탕구트인이 세운 서하西夏(1038~1227)에 복속되었다. 현대 중국 소수 민족 중 하나인 서西유구르인˙˙˙˙이 이들의 후예다.

투르판 오아시스의 위구르 국가는 13세기 초 몽골 제국에 통합될 때까지 존속했다. 이 국가의 통치자들은 '이디쿠트idiqut'라는 칭호를 사용했다. 중국 사료에 따르면, 위구르의 이디쿠트들은 겨울에는 투르판에서 거주하고 여름에는 천산산맥의 북쪽으로 이동했다. 투르판

---

- ˙ 거란은 몽골어와 동일하지는 않지만 몽골어족에 속하는 언어(Para-Mongolic)를 사용한 유목 민족이다.
- ˙˙ 거란의 왕실 가문인 야율(耶律) 씨족이 이들과 인척 관계를 맺었다. 또한 《요사(遼史)》에는 위구르 소(蕭) 씨족의 하위 지파인 발리(拔里)와 을실이(乙室己)도 요 왕조의 지배 씨족이라고 기록되어 있다.
- ˙˙˙ 이 지역과 더불어 타림 분지는 19세기 유럽에서는 '동투르키스탄(East Turkistan)'으로 불렸다.
- ˙˙˙˙ 이들의 자명은 '황(黃)유구르'를 의미하는 '사릭 유구르(Sarigh Yughur)'다. 현대 중국에서는 이들을 '유고족(裕固族)'이라고 부른다.

의 위구르 귀족은 말고기를 먹었고, 나머지 주민들은 양, 오리, 기러기를 먹었다. 또한 위구르인은 말 타기와 활쏘기를 좋아하고 불교 사원을 50군데 보유했다고 한다.[65] 위구르의 이디쿠트들은 초원에서 남하한 위구르 유목민뿐만 아니라, 동투르키스탄의 토착민으로 현지의 동東이란어 혹은 토하라어를 사용하던 인도-유럽계 정주민까지 지배했다. 이 집단에는 소그드인도 포함되었다. 시간이 흐르면서 유목민 출신 위구르인과 인도-유럽계 정주민이 섞여서 새로운 융합 민족으로 발전했다. 한편 투르크화한 위구르인은 11세기경까지도 투르크어와 인도-유럽계 언어를 모두 사용했다.•[66] 이들은 옛 위구르 제국의 무역 파트너로 활동했던 소그드인 상인처럼 중국과 지중해 세계를 오가는 대상 무역 상인으로 활약했다.

  투르판의 불교도 위구르인은 모굴 칸국 시대(16~17세기)에 타림 분지의 카라한 투르크인, 그리고 (이들에 의해 투르크화한) 인도-유럽계 주민과 융합되어 카를룩 투르크어를 사용하고 이슬람을 믿는 현대 위구르인으로 발전했다.

---

• 카라한 왕조의 문헌학자 마흐무드 알카슈가리는 저서 《투르크어 사전(Dīwān Luġāt at-Turk)》에서 위구르인들이 '순수한 투르크어'와 자신들만의 언어를 사용하는, 이중언어(bilingual) 사용 집단이라고 기록했다. 후자는 토착 인도-유럽계 주민이 사용하던 동이란어(Eastern Iranic) 또는 토하라어였을 것이다.

## 베제클릭 천불동

위구르인이 남긴 눈부신 문화유산의 한 예는 투르판 오아시스에 있는 베제클릭 천불동이다. '베제클릭'은 문자 그대로 '그림이 있는 장소'를 의미한다. 이 유적은 위구르인이 제작한 벽화로 유명하다. 베제클릭의 동굴은 5~14세기에 조성되었으나, 현존하는 위구르 불교 예술의 정점을 대표하는 동굴은 10~13세기, 투르판 위구르 국가 시대에 건립되었다.

도판 1.5 베제클릭 천불동에 있는 위구르 군주의 벽화
(Tilivay / Wikimedia Commons / CC BY-SA 3.0)

## 몽골 제국과 투르판 위구르인

투르판 오아시스 지역의 위구르인은 몽골 제국의 경영과 발전에 기여했다. 1209년, 위구르의 이디쿠트 바르축 아트 테긴Barchuq Art Tegin은 자발적으로 칸에 복속했고, 이후 위구르인은 몽골인이 정주 지역을 통치하는 데 큰 도움을 주었다. 몽골 제국은 위구르 문자를 공식 몽골 문자로 채택해 제국 전역에서 사용했을 뿐만 아니라 위구르인을 서기나 세금 징수인 등으로 등용했다. 위구르인은 원나라만이 아니라 일칸국, 주치 울루스, 차가타이 칸국에서도 서기로 고용되어 공식 문서 작성과 기록 업무를 수행하는 관리 집단으로 자리 잡았다. 원나라의 관리 집단에서 위구르인은 몽골인과 중국인에 이어 세 번째로 많은 수를 차지했다. 서방 몽골 국가에서 활동한 위구르인 서기는 '박시baqshi'라는 칭호로 불렸는데, 이는 '교사/스승'을 의미한다.

### 몽골 제국이 채택한 위구르 문자

투르판 오아시스의 위구르인은 위구르어를 적기 위해 아람-시리아 문자Aramaeo-Syriac script에서 기원한 소그드 문자를 변형해 도입했다. 몽골 제국을 건설한 칭기스 칸(재위 1206~1227)은 이 위구르 문자를 공식 몽골 문자로 채택했다. 이 문자는 다시 중국, 티베트, 동투르키스탄을 정복한 청 제국(1636~1912)을 세운 퉁구스계 만주인의 문자로 계승되었다.

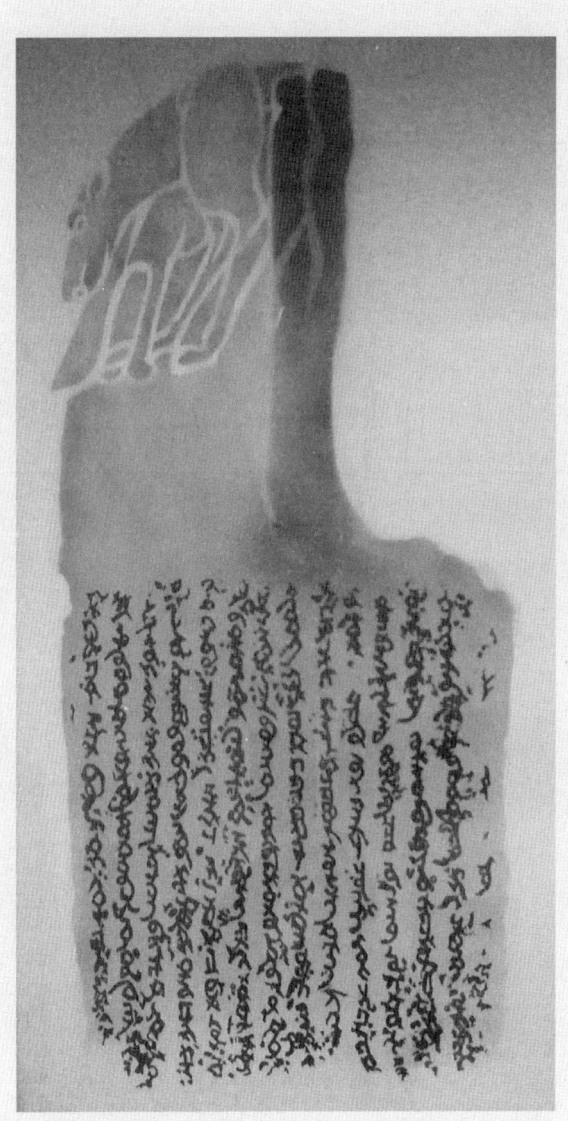

**도판 1.6** 돌궐 제국의 부구트(Bugut) 비문(585년)에 새겨진 소그드 문자
(사진: Pataliputra / Wikimedia Commons / CC BY-SA 3.0)

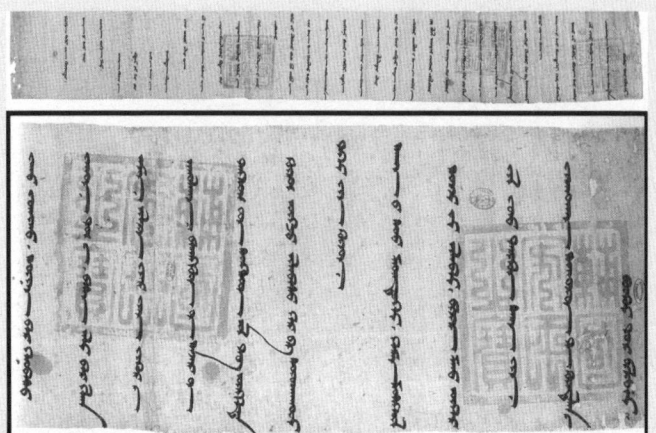

도판 1.7 일칸국의 아르군 칸이 프랑스 국왕 필립 4세에게 보낸 서신(1289년)

제2장

# 남시베리아, 중앙아시아, 킵착 초원의 투르크 민족

키르기즈, 하자르, 불가르, 카라한, 킵착

# 1

# 키르기즈

## 남시베리아의 투르크계 혹은
## 투르크화한 민족

키르기즈는 흉노 시대부터 몽골 제국 시대까지(서기전 3세기~서기 14세기) 시베리아의 예니세이강 유역에 거주하다가, 포스트 몽골 시대에 현대의 키르기스스탄이 위치한 천산산맥 지역으로 남하한 투르크계 혹은 투르크화한 민족이다. 흉노, 돌궐, 위구르와 같은 강력한 유목 제국이 몽골 초원에 등장할 때마다 키르기즈는 이 제국들의 속국이 되었으나 빈번히 반란을 일으키며 저항을 지속했다. 키르기즈는 840년에 위구르 제국을 멸망시키고 몽골 초원에서 일시적으로 패권을 장악했다. 그러나 키르기즈는 내륙아시아 유목 제국들의 전통적인 중심지였던 몽골 초원으로 이주하지 않고 예니세이강 유역에 머물렀기 때문에 이들의 위구르 제국 정복은 몽골 초원에서 투르크인의 지배를 종식했다는 역사적 의의가 있다. 키르기즈인은 현대의 여러 투르크 민족 중에 가장 오랜 역사를 지닌 민족으로 간주될 수 있다.

### 키르기즈인의 기원

키르기즈인은 현대의 투르크 민족 중 가장 오래전에 형성된 민족으로 볼 수 있다. 정령(철륵)을 제외하면, 이들보다 더 이른 시기에 사료에 기록된 투르크 민족은 없다. 이들은 6세기 중반에 유목 제국을 건설한 돌궐보다 훨씬 이전에 사료에 처음 언급되었다. 서기전 91년경에 쓰인 《사기》에는 키르기즈가 서기전 3세기 말에 흉노에 의해 정복된 북방 민족 중 하나로 등장한다.[1]

그런데 키르기즈는 철륵계 민족이 아니었다. 중국 사료들은 키르기즈와 최초의 투르크계 유목민으로 알려진 철륵을 명확히 다른 민족으로 구분했다. 예를 들어, 키르기즈와 여러 철륵 부족에 대한 상세한 정보가 기록된 11세기의 중국 정사《신당서》는 키르기즈를 철륵 집단에 포함하지 않았다.[2] 흥미롭게도 7세기 중반에 편찬된 《주서周書》는 키르기즈(계골契骨)가 돌궐의 왕족이었던 아시나 씨족과 친족 관계였다고 기록했다.[3]

한편 중국 사료들은 키르기즈인이 철륵 부족이나 돌궐인과 달리 유럽계 외모를 가지고 있었다고 묘사한다.《신당서》에 따르면, 키르기즈인은 "모두 키가 크고, 머리털이 붉고, 피부는 하얗고, 눈동자는 푸른색이었다."[4] 이들은 "검은 머리카락을 불길하게 여기며" 검은 눈을 가진 사람들을 과거에 흉노로 망명한 한나라 장군 이릉李陵의 후예로 여겼다고 한다.[5] 키르기즈인의 이 같은 유럽계 체질인류학적 특성은 이슬람 세계의 문헌에서도 확인된다. 11세기 페르시아인 역사가

가르디지Gardīzī는 키르기즈인이 원래 슬라브계Saqlāb 민족이어서 "붉은 머리카락과 흰 피부"를 특징으로 한다고 기록했다.[6] 그런데 9세기 중반 키르기즈가 위구르 제국을 멸망시켰을 당시에는 키르기즈인도 투르크어를 사용했다. 《신당서》는 키르기즈의 문자와 언어가 위구르와 동일하다고 기록했다.[7] 그러나 《신당서》는 또한 박마駁馬, Boma라는 키르기즈의 이웃 부족이 키르기즈와 외모는 대체로 닮았지만 언어가 다르다고 했다.[8] 이러한 사실들을 통해 키르기즈인이 원래는 투르크어를 사용하는 유목 민족이 아니었음을 추정할 수 있다.

키르기즈인은 늦어도 돌궐 시대부터 투르크계 집단과의 혼혈을 통해 투르크화하기 시작했을 것으로 추정된다.[9] 《신당서》는 돌궐이 키르기즈 왕의 신붓감으로 돌궐 여자들을 보냈다고 기록한다. 위구르 제국을 멸망시킨 키르기즈의 군주 아열阿熱(키르기즈 군주의 칭호)은 그 아내가 카를룩 야브구의 딸이었고, 어머니는 투르게슈(돌기시突騎施)인이었다고 한다.[10] 또한 《신당서》에는 키르기즈인이 정령과 섞였다는 기록도 있다.[11] 이러한 혼혈 과정을 통해 유럽계 외모를 가진 비투르크계 민족이었던 키르기즈인이 투르크화 과정을 거쳤을 것으로 추정된다.

키르기즈인의 기원 신화도 철륵이나 돌궐과는 다르다. 즉 키르키즈인의 기원 설화는 늑대 기원 신화가 아니다. 9세기에 당나라의 단성식段成式이 쓴 《유양잡조酉陽雜俎》에 따르면, 키르기즈인들은 자신들을 동굴에서 짝짓기한 신과 소의 자손으로 여겼다며 다음과 같이 기록했다.

견곤堅昆[키르기즈]은 늑대의 후예가 아니다. 이들의 선조는 곡만산曲漫山의 북쪽에 있는 동굴에서 태어났다. 이들은 스스로 고대에 한 신과 소가 이 동굴에서 만나 맺어졌다고 말한다. 이들은 노란 머리카락과 초록 눈과 붉은 수염을 가졌다.[12]

## 《신당서》에 기록된 키르기즈인

새해의 첫날을 무사애茂師哀라 하고 삼애三哀를 한 계절이라고 했으며 열두 가지 동물로 해를 기록했는데, 만약 (새로운) 해가 (세 번째) 인寅에 해당하면 호랑이해(虎年)라고 했다. 날씨는 아주 추워 비록 큰 강이 흘러도 역시 반은 얼어 있었다. 곡식에는 벼禾·조粟·대소맥大小麥·보리(靑稞)가 있었는데, 디딜방아(步磑)로 가루(麵糜)를 만들었다. 기장(穄)은 삼월에 파종을 해 구월에 수확을 했는데, 식량으로 술을 빚는 용도로 썼고, 과일과 채소는 없었다. 가축은 말이 강건하고 컸으며 싸움을 잘하는 것을 우두머리 말(頭馬)로 삼았고, 낙타, 소, 양이 있었는데, 소가 가장 많아서 부유한 농가는 수천 마리에 이르기도 했다.

그 짐승에는 야생마(野馬)·골돌骨咄·황양黃羊·양저羱羝·사슴(鹿)·흑미黑尾가 있었고, 흑미는 노루(麞)와 비슷한데 꼬리가 크고 검었다. 물고기로는 좋지 않은 것의 길이가 7~8척이나 되었는데, 막혼莫痕은 뼈가 없고 입이 턱 아래에 튀어나와 있었다. 새로는 기러기(鴈)·오리(鶩)·까마귀와 까치(烏鵲)·송골매(鷹)·매(隼)가 있었다.

나무에는 소나무(松), 자작나무(樺), 느릅나무(楡), 버드나무(柳), 창포(蒲)가 있었다. 소나무는 큰 것을 우러러 활을 쏴도 꼭대기에 닿지 않을 정도였으며, 자작나무가 특히 많았다. 금金·철鐵·주석(錫) 등이 났는데, 비가 오면 철을 구할 수 있어 (이를) 가사迦沙라고 불렀으며, (그 철로) 만든 무기는 아주 예리해서 늘 돌궐에 수출했다. 그들의 무기는 활과 화살(弓矢), 기치가 있었는데, 그 기병들은 나무를 잘라 방패로 만들어 넓적다리와 다리를 가렸고, 또한 둥그런 방패를 어깨에 달아 칼과 화살을 막았다.

그 임금을 "아열阿熱"이라고 해서 마침내 (군주의) 성이 아열씨阿熱氏가 되어 하나의 독纛을 세웠고, 부하들은 모두 붉은색을 숭상했으며, 나머지는 부락의 이름을 따라 불렀다. 옷은 담비 털을 귀하게 여겨 아열은 겨울에는 담비 모자를 썼고, 여름에는 금테 모자를 썼는데 윗부분이 뾰족하고 끝이 말려 있었으며, 여러 부하들은 모두 하얀 펠트 모자를 쓰고 칼을 가는 숫돌을 차는 것을 좋아했고, 천한 사람은 가죽을 입고 모자를 쓰지 않았으며, 여자들은 옷을 모직물(氎毦)·비단(錦)·융단(罽)·무늬비단(綾)을 입었는데, (이것들은) 대체로 안서安西·북정北庭·대식大食과 교역을 (통해 구득)한 것이었다. 아열은 청산靑山에 아정을 두었는데 주위에 목책을 둘러 울타리를 대신했고, 펠트를 이어 천막을 만든 것을 "밀적지密的支"라고 불렀는데 다른 수령은 작은 천막에서 살았다.

대체로 군대를 징발할 때는 여러 부락에서 역을 담당하는 사람이 모두 실행했다. 내적으로 담비(貂鼠)와 청서靑鼠를 부賦로 내게 했다. 그 관직에는 재상宰相, 도독都督, 직사職使, 장사長史, 장군將軍,

달간達干의 여섯 등급이 있었다. 재상은 7명이 있었고, 도독은 3명, 직사는 10명으로 군무를 담당했다. 장사는 15명, 장군과 달간은 정원이 없었다. 여러 부락은 고기와 말젖을 먹고 오직 아열에게만 뱅어(餅餌)를 대접했다. 악기에는 피리(笛), 북(鼓), 생황(笙), 피리(觱篥), 반령盤鈴이 있었다. 놀이에는 농타弄駝, 사자師子, 마기馬伎, 승기繩伎가 있었다. 제사를 지내는 귀신이 물과 풀을 주관한다고 생각했으며, 제사는 정해진 때가 없었다. 무당(巫)을 "감甘"이라고 했다. 혼인할 때는 양과 말을 혼수로 주었는데, 부자는 백 내지는 천 마리를 헤아렸다. 장례에는 얼굴을 칼로 긋지 않고 시신을 세 번 돌면서 운 다음에 화장을 해 그 뼈를 거두어 일 년 이후에 무덤을 만들고 애도하는데, 절도가 있었다. 겨울에는 집에서 살았는데, 나무와 가죽을 덮었다. 그 문자와 언어는 회골과 정말 같았다. 그 법은 가장 엄격해 싸움에 나서 물러난 사람, 명을 받아 사신을 가는 데 직을 칭하지 않은 사람, 마음대로 국정을 논의한 사람, 도둑질한 사람은 모두 그 머리를 잘랐다. 아들이 도둑질을 하면 (그의) 머리를 아버지의 목에 걸어 죽을 때까지 벗지 못하게 했다.[13]

## '키르기즈 제국' 수립 이전의 키르기즈인

철륵의 초기 역사처럼 '제국' 수립 이전의 키르기즈 역사는 중국 측 사료에 기록된 단편적 정보를 통해 일부만을 파악할 수 있다. 키르기즈는 중국 사료에서 '격곤鬲昆'이라는 이름으로 처음 등장했다.

중국 최초의 정사 《사기》에 따르면, 키르기즈는 서기전 3세기 말에 동호, 월지, 정령(후대의 철륵)과 함께 흉노 제국에 의해 정복되었다.[14] 《한서》는 키르기즈와 정령이 서흉노의 질지 선우(재위 서기전 55~36)에 의해 다시 정복되었다고 기록한다.[15] 키르기즈는 흉노 제국이 멸망한 이후 약 500년 동안 역사 기록에서 사라졌다가 7세기 중반 당나라에 사신을 보내면서 중국 측 사료에 다시 등장했다.《신당서》에 따르면, 648년에 키르기즈는 그 수령이 토산품을 바치며 직접 당나라 궁정을 방문했고 당 태종이 그를 위해 연회를 베풀었다.[16] 그러나 '키르기즈 제국' 이전 시대의 키르기즈의 역사에 대해서는 이들이 6~8세기에 돌궐, 설연타, 위구르에 의해 연이어 정복되어 그 제국들의 지배를 받았다는 사실 말고는 알려진 바가 별로 없다. 8세기의 오르혼 비문에 따르면, 키르기즈는 쾨그멘산맥Kögmen(사얀산맥 또는 탄누-올라산맥)의 북쪽에서 거주했으며 돌궐 카간들의 장례식에 조문단을 보냈다. 오르혼 비문은 키르기즈에 대한 돌궐의 군사 원정을 다음과 같이 기록한다.

퀼 티긴이 (스물여섯) 살 때에 우리는 크르그즈족을 향해 출정했다. 우리는 창이 빠지는 깊이의 눈을 헤치고 쾨그멘산맥을 넘어 나아가서 크르그즈 백성을 잠에서 (있을 때에) 습격했다. 우리는 그들의 카간과 송아산에서 싸웠다. 퀼 티긴은 바이르쿠족(의 흰 종마種馬를) 타고 돌진하며 공격했다. 그는 군사 하나를 화살로 쏘았다, 군사 둘을 뒤쫓아서 창으로 찔렀다. 그 공격에서 그들은 바이르쿠족의 흰 종마種馬를 그 엉덩이를 부수어쳤다. 우리는 크르그즈 카간을 죽였다, 그의 나라를 빼앗았다.[17]

그 후 키르기즈는 위구르에 의해 정복되었다. 중국 사료들은 위구르가 키르기즈군 5만 명을 격파했고,[18] 키르기즈가 위구르에 패배한 이후 중국에 사신을 파견하지 못하게 되었다고 기록했다.[19] 위구르 제국은 이전에 '카간'으로 불렸던 키르기즈 군주에게 '이르킨irkin'이라는 칭호를 쓰도록 했다.[20]

## '키르기즈 제국'의 수립과 오르혼 전통의 단절

키르기즈는 비록 몽골 초원에 기반을 둔 유목 제국들에 종종 복속되었음에도 분명히 지역 강국으로서 존재감이 있었다. 《신당서》는 키르기즈에 대해 다음과 같이 기록한다.

> 견곤堅昆은 본래 강한 나라여서 땅이 돌궐 등과 같아 돌궐이 여인들을 그의 추호酋豪의 아내로 보냈으며, 동쪽으로 골리간에 이르고, 남쪽으로 토번, 서남쪽으로 갈라록에 (이르렀다). 처음에는 설연타에 속해 있었는데, (설)연타가 힐리발頡利發 한 사람을 시켜 감국監國으로 삼았다. 그 추장은 세 사람인데, 흘실배訖悉輩라고 했고, 거사파배居沙波輩라 했으며 아미배阿米輩라고 했는데, 더불어 그 나라를 다스리면서 중국과 교통한 적이 없었다.[21]

키르기즈는 840년에 역사의 전면에 등장했다. 위구르가 내분에 휘말리고 한 위구르 장수가 망명해 오자 키르기즈는 10만 군사를 이끌고 위구르 제국을 침공했다. 키르기즈는 빠르게 위구르의 수도 오르두 발릭을 함락하고 위구르의 카간을 살해했다. 그리고 여러 방향으로 흩어진 위구르 유민들을 제압했다. 키르기즈는 몽골계 유목 집단이었던 실위室韋를 공격해 격파하고, 이들에게 의탁했던 위구르인들을 데려와 귀환했다.²² 키르기즈는 다른 유목민 집단들도 복속시키며 동부 내륙아시아의 새로운 패자가 되었다. 이렇게 등장한 '키르기즈 제국'의 영역은 동쪽으로는 만주에 이르고, 서쪽으로는 이르티슈강Irtysh에 이르렀다. 그러나 오르혼강 유역을 국가의 중심지로 삼았던 돌궐이나 유연, 위구르와 달리 키르기즈는 몽골 초원에 새로운 유목 제국을 세우지 않았다. 키르기즈는 위구르 제국의 수도 오르두 발릭을 약탈한 뒤 예니세이강 상류 지역으로 되돌아갔다. 그리고 서방이나 중국 방면으로는 더 이상 정복 활동을 전개하지 않았다.

키르기즈가 오르혼강 유역을 중심으로 몽골 초원을 지배한 유목 제국들의 오랜 정치적 전통을 따르지 않은 이유는 분명하지 않다. 키르기즈인에게는 유목 제국을 건설하고 운영할 의지나 관심이 부족했을 뿐만 아니라 경험과 능력도 부족했을 가능성이 있다.²³ 우선 키르기즈인은 순수한 목축 유목민이 아니었다. 이들은 기장과 보리와 밀을 재배했고, 도시에서 거주하기도 했다. 따라서 이들은 몽골 초원의 혹독한 자연환경을 선호하지 않았을 가능성이 있다. 결국 키르기즈는 몽골 초원을 오랫동안 그리고 실질적으로 지배하지 못했다.²⁴ 사료가 부족해 10~12세기 키르기즈 역사에 대해서는 알려진 바가 거의 없다.

**키르기즈와 몽골 제국**

키르기즈는 13세기 초 몽골 제국에 정복되면서 다시 역사에 등장했다. 1207년, 키르기즈는 자발적으로 칭기스 칸에 복속했으나 1218년에 반란을 일으켰다. 이에 칭기스 칸은 장남 주치(사망 1225/1227)를 보내 키르기즈를 다시 굴복시켰다. 일칸국의 궁정 역사가 라시드 알딘Rashīd al-Dīn•(사망 1318)은 저서 《집사集史, Jāmiʿ al-tavārikh》에서 키르기즈를 다음과 같이 묘사한다. "[키르기즈] 지역에는 도시와 마을이 많고 유목민도 많다. 그들의 군주는 '이날inal'이라고 불리는데, 다른 명칭도 많다."²⁵ 또한 그는 키르기즈인을 "몽골 제국에 정복되기 이전에는 독자적인 군주를 가졌고, 외모와 언어가 몽골인과 유사한 내륙아시아 유목민 집단"으로 분류한다.²⁶ 몽골 제국 시대의 키르기즈인에 대해 알려진 사실은 이들이 몽골 제국에 징집되어 여러 곳으로 파견되었다는 점 외에는 거의 없다.

**포스트 몽골 시대의 키르기즈**

### 예니세이 키르기즈인의 남방 이주

키르기즈인은 15세기 말과 16세기 초 천산산맥 일대에서 거주하는 유목민으로 다시 역사에 등장했다. 이들이 고대 키르기즈인의 후예인지 아닌지는 학자들 사이에서 논란의 대상이다.²⁷ 그러나 DNA 연구 결과는 현대 키르기즈인이 예니세이 키르기즈인의 후예

---

• 고전 아랍어의 음운 규칙을 엄밀히 적용하면 'Rashīd al-Dīn'은 '라시드 웃딘' 혹은 '라시듯딘'으로 전사될 수 있다. 그러나 이러한 방식으로 전사할 경우, 페르시아 시인 '알-루미(al-Rūmī)' 역시 '아르-루미(ar-Rūmī)'로 표기해야 하는 문제가 발생한다. 따라서 이 책에서는 편의상 영어 학술 문헌에서 널리 사용되는 표기인 'Rashīd al-Dīn'을 기준으로 삼아, 이를 우리말로 '라시드 알딘'으로 표기한다.

일 가능성을 강력히 시사한다. 현대 키르기즈인은 60퍼센트 이상이 Y-DNA 하플로그룹 R1a1, 더 구체적으로는 (돌연변이 Z93으로 정의되는) R1a1a1b2에 속한다.*28 이는 청동기 시대에 인도-유럽계 목축민이 유라시아 초원 지대로 확산시킨 Y-DNA 하플로그룹(R1a-Z93)이다. 당연히, 현대 키르기즈인은 유럽계 외모를 지녔던 예니세이 키르기즈인에게서 이 부계 혈통 하플로그룹을 물려받았을 것이다.

그렇지만 예니세이 지역에서 거주하던 키르기즈인이 남방으로 이주한 과정과 그 계기에 대해서는 명확한 역사적 기록이 존재하지 않는다. 이들의 이동이 포스트 몽골 시대에 이루어졌다는 점만 분명히 알 수 있을 뿐이다. 이 시기에 내륙아시아의 새로운 강자로 부상한 오이라트Oirat 유목민이 이에 영향을 미쳤을 가능성도 있다.[29]

### 16~17세기 모굴 칸국과 카자흐 칸국 지배하의 키르기즈인

천산산맥 일대의 키르기즈 유목민은 1876년에 러시아 제국에 합병되기 전까지 연이어 모굴 칸국, 카자흐 칸국, 준가르 제국, 코칸드 칸국의 지배를 받았다. 무함마드 하이다르 두글라트Muḥammad Ḥaidar Dughlāt(1499~1551)가 저술한 모굴 칸국의 역사서 《타리히 라시디 Tārīkh-i Rashīdī(라시드사史)》가 알려주듯, 키르기즈 유목민은 16세기 초까지 모굴 칸국의 지배를 받았다. 모굴 군주인 술탄 아흐마드 칸

---

• 현대 키르기즈인의 내륙아시아인 외모는 동아시아계 미토콘드리아 DNA 하플로그룹이 이들에게서 70퍼센트 이상의 높은 빈도로 나타나는 점으로 설명될 수 있다. 모계를 통해 유전되는 미토콘드리아 DNA 하플로그룹은 공통의 모계 조상을 공유하는 인구 집단을 의미하기도 한다.

Sulṭān Aḥmad Khan(재위 1487~1503)은 자신의 아들 술탄 할릴Sulṭān Khalīl을 키르기즈인의 총독으로 임명했다.³⁰ 그러나 1504년에 아흐마드 칸이 티무르 제국을 정복한 우즈벡 칸국의 무함마드 시바니 칸Muḥammad Shībanī Khan(재위 1500~1510)에게 패하자 키르기즈인은 반란을 일으키기 시작했다.³¹《타리히 라시디》는 모굴인과 키르기즈인의 관계에 대해 다음과 같이 기록했다.

> 모굴리스탄은 우즈벡인[여기서는 카자흐인을 의미함]과 키르기즈인의 차지가 되었다. 원래 키르기즈인은 모굴의 한 부족이었지만 칸에게 계속해서 반기를 들다가 결국 독립했다. 모굴인은 모두 무슬림이 되어 이슬람의 세계에 속하게 되었지만, 키르기즈인은 여전히 이교도로 남아 있어 모굴인과 구별된다.³²

우즈벡 칸국에 패한 후 크게 쇠약해진 모굴 칸국은 16세기 들어 동부 킵착 초원(오늘날의 카자흐 초원)을 장악한 카자흐 칸국에 키르기즈 유목민에 대한 지배권을 빼앗겼다. 카자흐 칸국은 키르기즈 유목민에게 세금을 부과하고 이들을 우즈벡 칸국과의 전쟁에 동원했다. 1만 2000호에 달하는 키르기즈 유목민은 1635/1636년에 남쪽으로 이주해 우즈벡 칸국의 이맘 쿨리 칸Imām Qulī Khan(재위 1611~1641)의 승인으로 발흐 지역에 정착했다. 현대 아프가니스탄의 키르기즈인은 이들의 후예다.

### 18~19세기 준가르 제국, 코칸드 칸국, 러시아 지배하의 키르기즈인

17세기 후반에서 18세기 중반 사이, 키르기즈 유목민은 오이라트인*이 세운 준가르 제국(1634~1758)의 지배를 받았다. 이 시기, 많은 키르기즈 유목민이 페르가나 지방을 비롯해 다른 지역들로 도주했다. 이들은 18세기 중반에 만주인의 청 제국(1636~1912)이 준가르 제국을 멸망시킨 후에야 자신들의 땅으로 되돌아왔다.

19세기 전반기에 키르기즈인은 19세기 초부터 페르가나 지방을 중심으로 중앙아시아의 지역 강국으로 부상한 우즈벡 국가인 코칸드 칸국(1709~1876)의 지배를 받았다. 그러나 1876년에 러시아 제국이 코칸드 칸국을 합병하면서 이들은 러시아의 지배하에 놓였다. 1991년, 키르기즈인은 소련의 붕괴로 마침내 독립을 되찾았다.

### 마나스 서사시

마나스 서사시The Epic of Manas(키르기즈어로는 'Manas dastany')는 18세기경부터 낭송되기 시작한 키르기즈인의 서사시로, 주인공 마나스 칸과 그의 아들 세메테이Semetei와 손자 세이텍Seitek의 삶과 모험을 다룬다. 이 서사시에서 마나스는 분열된 키르기즈 부족민을 통합하고, 국가 건설을 위해 노력하는 용감하고 정의로운 지

---

• 이슬람 세계의 투르크어 사용 유목민은 오이라트인을 '칼막(Qalmaq)'이라고 불렀다.

도자로 그려진다.* 마나스는 아름답고 지혜로운 사마르칸드의 공주 카니케이Kanykei와 결혼한다. 그러나 마나스가 죽은 후, 카니케이와 그녀의 아기 세메테이는 추방되어 사마르칸드로 되돌아간다. 훗날 세메테이의 아들 세이텍이 키르기즈인을 재통합한다. 마나스 서사시는 키르기즈인이 준가르 제국에 맞서 벌인 투쟁도 그린다.

이 서사시는 여러 세대를 거쳐 마나스치manaschi(서사시 낭독자)에 의해 구전되다가 1850년대에 처음으로 채록되기 시작했고, 1920년대에 첫 완결본이 출판되었다. 약 50만 행으로 구성된 이 서사시는 세계적으로 매우 긴 서사시 중 하나로 알려져 있다. 키르기스스탄 정부는 1995년에 '마나스 1000주년'을 기념하며 마나스 서사시의 문화적 중요성을 기렸다. 마나스 서사시는 2009년에 유네스코에 의해 인류무형문화유산으로 지정되었다.

---

- 19세기에 처음 채록된 이 서사시의 판본들에서는 마나스가 키르기즈인이 아닌 노가이(망기트)인 등으로 묘사되었다.

# 2

# 하자르

## 유대교로 개종한 돌궐의 후예

하자르인은 서돌궐의 계승국가인 하자르 제국(7세기 중반~968/969)을 세운 투르크계 유목 민족이다. 8세기에 흑해·카스피해 북안 초원 지대의 지배 세력으로 부상한 하자르인은 북쪽으로는 볼가 불가르인과 우그리아계Ugric 주민, 서쪽으로는 여러 슬라브 부족으로부터 공물을 받았다. 하자르 제국은 러시아 북부 삼림 지대와 동로마(비잔티움) 및 이슬람 세계 사이의 무역로를 통제하면서 번영했다. 하자르 제국은 동유럽으로 이슬람 세력이 침투하는 것을 저지한 것으로도 유명하다. 그러나 10세기에 서서히 쇠퇴를 겪으면서 965년 루스Rus'와 오구즈Oghuz 연합군의 공격을 받고 붕괴했다. 하자르 제국의 지배층은 8세기 말 혹은 9세기 초에 유대교로 개종한 것으로도 유명하다.

### 하자르인의 기원

하자르 왕조는 돌궐 제국의 왕가인 아시나 씨족의 후예로 추정된다.[33] 10세기 페르시아어 지리서《후두드 알알람Hudūd al-ʿĀlam(세계의 경계)》에 따르면, 하자르 카간들은 '안사Ansā'의 후손'인데, 일부 역사학자들은 안사를 돌궐의 시조 아시나와 동일시한다.[34] 하자르 제국은 돌궐 제국 황실의 전통을 계승했다. 특히 새로 즉위한 카간을 질식시키는 의식이 돌궐 제국의 의식과 유사했다. 또한 중국 정사《신당서》는 하자르인이 호레즘의 북서부 지역에 거주하는 '돌궐갈살突厥曷薩, Tujue Hesa'이라고 기록했는데,[35] 이는 이들이 돌궐의 후예였음을 시사한다.

일반 하자르 유목민은 혼혈 집단으로, 지배층을 이룬 서돌궐인, 6세기 초부터 볼가 및 북코카서스 지방에서 거주한 투르크계 유목민 사비르Sabir, 후자의 지배 아래 있던 오구르계 유목민 등으로 이루어졌다. 하자르인의 언어가 공통 투르크어Common Turkic에 속했는지, 아니면 오구르 투르크어Oghur Turkic에 속했는지는 명확히 밝혀지지 않았다.[36] 한편 하자르 지배층의 외모는 피지배층보다 더 강하게 내륙아시아인의 특징을 보였다.[37]

### 하자르 카간국의 성립과 발전

하자르 제국은 7세기에 서돌궐의 세력권이었던 북코카서스 지방에서 기원했다. 서돌궐이 630~650년에 분열되자 하자르인은 독립적인 국가를 형성했다. 하자르 제국의 역사는 두 시기로 나눌 수 있다. 첫 번째 시기에 속하는 670년대 후반에 하자르 제국은 흑해 초원의 오구르 투르크계 유목민인 불가르를 몰아내고 흑해·카스피해 초원의 패권을 장악했다(이때 불가르 유목민의 일부는 발칸반도로 이주해 현대 불가리아인의 조상이 되었다). 7세기 후반에서 8세기까지 약 100년 동안 하자르 제국은 북코카서스 지방의 지배권을 놓고 남코카서스 지방을 정복한 아랍인의 우마이야 제국과 충돌했다. 737년, 아르메니아의 총독으로서 훗날 우마이야 제국의 칼리프가 되는 마르완Marwān(재위 744~750)이 하자르 제국을 기습해 하자르 카간을 생포했다. 하자르 카간은 마르완의 종주권을 인정하고 이슬람으로 개종한 뒤 풀려났다.

그러나 이 사건 이후에도 하자르 제국과 우마이야 제국 간의 전쟁은 지속적으로 재발했다. 이슬람 군대는 하자르 제국을 굴복시키지 못했고, 결국 북코카서스의 다게스탄Daghestan 지역을 중심으로 양 제국 간의 국경선이 형성되었다.* 이는 세계사적으로도 중요한 의미가 있다. 서유럽의 프랑크인이 732년 투르-푸아티에 전투에서 우마이야 제국의 이슬람 군대를 격파해 이슬람 세력의 서유럽 진출을 막아낸 것처럼, 하자르인도 이슬람이 동유럽으로 침투하는 것을 저지하는 중요한 역할을 했기 때문이다.

하자르인은 동로마 제국과는 때때로 크림반도를 차지하기 위해 충돌하기도 했으나, 대체로 동맹 관계를 유지했다. 732년, 하자르 제국과 동로마 제국은 치첵이라는 하자르 공주와 동로마 황제 레온 3세의 아들(훗날의 콘스탄티노스 5세, 재위 741~775) 사이의 혼인 동맹을 체결했다. 하자르 제국은 또한 여러 유목 집단의 침입으로부터 동로마 제

---

• 이 지역에 위치한 데르벤드는 주요 국경 도시가 되었다. 데르벤드의 아랍어 지명은 '출입문 중의 출입문'을 의미하는 '바브 알아브와브(Bāb al-Abwāb)'이다.

국의 북쪽 변방을 보호하는 역할을 했다. 838년, 동로마 제국은 하자르인들이 돈강Don의 좌안(동쪽)에 사르켈Sarkel 요새를 건설하는 것을 지원했다.

하자르인은 8세기에 볼가강 삼각주 지역Volga Delta에 아틸Atil, Itil* 이라는 수도를 건설했다. 아틸은 볼가강을 사이에 두고 두 주요 구역으로 나뉘었는데, 한쪽은 하자르의 카간과 군대가 거주하는 공공 구역이었고, 다른 한쪽은 상업 구역이었다. 하자르의 카간들은 초원 지대에서 유목 생활을 했지만, 겨울에는 도시에서 거주했다. 아틸은 발트해 지역, 러시아의 북부 삼림 지대와 이슬람 세계를 연결하는 중요한 무역 중심지로 번창했다.

**'팍스 하자리카'**

하자르 역사의 제2기는 '팍스 하자리카Pax Khazarica(하자르인의 평화)'로 불리는 시대다. 이 시기에 하자르 제국은 북코카서스 지방과 흑해·카스피해 초원 지역을 지배하는 유목 제국으로 발전했다. 중세에 하자르 제국은 유라시아 대륙에서 가장 큰 국가 중 하나로, 북쪽으로는 볼가 불가르와 우그리아계 주민, 서쪽으로는 여러 슬라브계 부족으로부터 공물을 받았다. 하자르 제국은 투르크계, 이란계, 우그리아계, 슬라브계, 코카서스계 등 약 25개 종족 집단을 지배하는 다민족 제국이었으며, 제국의 주민들은 유목민, 농경민, 수렵채집민 등 다양한 계층으로 구성되었다.

---

- 아틸/이틸(Atil/Itil)은 볼가강의 투르크어 명칭이기도 하다.

이 시기에 하자르 제국은 볼가강 무역로를 통제하면서 러시아 북부 삼림 지대와 동로마 및 이슬람 세계 사이의 무역을 보호하고 촉진하는 중요한 역할을 했다. 아울러 '팍스 하자리카'가 보장한 정치적·경제적 안정 덕분에 750년경부터 흑해 초원 인근의 돈강과 도네츠강Donets 일대로 동슬라브계 정주민이 이주해 농경 활동을 할 수 있었다. 그 결과 900년경이 되면 이들이 거주하는 지역은 내륙유라시아에서 인구 밀도가 매우 높은 지역 중 하나가 되었다.[38]

### 하자르 제국의 붕괴

하자르 제국은 10세기 초부터 서서히 쇠퇴하기 시작했다. 그렇게 된 주요 원인 중 하나는 동슬라브 주민을 통합한 루스 공국*[39]과 투르크계인 페체네그Pecheneg 유목민의 침략이었다. '볼가 불가르 루트'라는 경쟁 무역로의 성장에 따라 무역 수입이 감소한 것도 또 다른 요인으로 작용했다. 하자르 제국에 결정적 타격을 입힌 것은 루스와 오구즈 연합군의 침공이었다. 965년, 루스의 스뱌토슬라프 1세Sviatoslav I(재위 945~972)와 서부 오구즈 유목민이 동맹을 맺고 하자르 제국을 침공해 사르켈과 수도 아틸을 파괴했다. 968~969년경 재차 침략을 받고 하자르 제국은 역사 속으로 사라졌다.

### 하자르 지배층의 유대교 개종

하자르 유목민 대다수는 원래 샤머니즘을 신앙으로 삼았다. 그러다

---

* 초기 루스인들은 스칸디나비아계·슬라브계·핀계 주민의 혼합 집단이었다.

8세기 말 혹은 9세기 초, 카간을 포함한 지배층과 핵심 부족이 유대교로 개종했다.[40] 하자르인이 그리스도교나 이슬람교가 아니라 유대교를 선택한 이유는, 그리스 정교회의 수장이었던 동로마 황제나 이슬람 세계의 영적 지도자였던 압바스 왕조 칼리프의 영향력 아래에 놓이는 것을 피하기 위함이었을 것으로 추정된다.[41] 하지만 하자르 제국은 지배층이 유대교를 수용한 이후에도 종교적으로 관용적인 국가로 남았다. 하자르 제국의 신민들은 유대교뿐만 아니라 이슬람교, 그리스도교, 샤머니즘 신앙을 유지할 수 있었으며, 각자의 종교에 따라 법의 적용을 받았다.

### 하자르 제국과 아슈케나지 유대인

유대인은 크게 '아슈케나지 유대인Ashkenazi Jews'과 '세파르디 유대인Sephardi Jews'으로 나뉜다. 아슈케나지 유대인은 중세 이후 중부 유럽과 동유럽(특히 독일, 폴란드 등)에서 거주한 유대인으로, 독일어 기반의 이디시어Yiddish를 사용했다. 이들은 오늘날 전체 유대인 인구의 대다수를 차지하고 있다. 세파르디 유대인은 주로 이베리아반도(스페인, 포르투갈)에서 거주했던 유대인 집단으로, '세파르디'는 이베리아를 의미하는 히브리어 단어 Sepharad에서 유래했다. 이들은 스페인어에 바탕을 둔 라디노어Ladino를 사용했다.

하자르 제국의 멸망 이후 제국 내 유대교도의 운명에 대해서는 알려진 바가 거의 없다. 헝가리계 유대인 출신 영국 작가 아서 쾨슬러Arthur Koestler는 1976년에 출간된《열세 번째 부족The Thirteenth Tribe》이라는 저서에서 하자르 제국이 10세기에 멸망한 후 유대교도 하자르인이 동유럽으로 이주해 아슈케나지 유대인이 되었다는 가설을 내세웠다.[42] 아슈케나지 유대인 대다수가 고대 이스라엘과 유다 왕국의 후예가 아니라, 유대교로 개종한 투르크계 하자르인의 후예라는 가설이었다. 그러나 이 가설은 주류 학계에서는 받아들여지지 않으며, 아슈케나지 유대인의 유전자 조사 결과도 이를 뒷받침하지 않는다.

## 하자르인에 대한 이븐 파들란의 기록

10세기 아랍인 여행가 이븐 파들란Ibn Faḍlān은 압바스 왕조의 칼리프 알무크타디르al-Muqtadir(재위 908~932)가 파견한 사절단의 일원으로서 볼가 불가르 지역을 방문했다. 그는 바그다드Baghdad로 돌아온 후 그 경험을 기록한 여행기인《리살라Risāla(서한)》를 집필했다. 이 여행기에서 그는 하자르인에 대해 다음과 같이 기록했다.

하자르의 왕은 '카간khāqān'이라는 칭호를 사용하며 넉 달에 단지 한 번만 모습을 드러낸다. 그는 '대大카간Great Khāqān'이라 불리며, 부副카간은 '카간 벡khāqān beg'으로 알려져 있다. 군대를 이끌고, 왕국의 사무를 지휘하고, 사람들 앞에 나타나 주변국들 왕의 충성 서약을 받는 일은 카간 벡이 한다. 그는 매일 복종과 겸손을 나타내는 언행으로 대카간을 알현한다. 그는 장작 한 조각을 손에 들고 신발을 벗은 채로 왕을 만난다. 그는 대카간에게 인사를 올린 다음 그 나무조각에 불을 붙인다. 그것이 모두 타면 옥좌의 오른편에 앉는다. 대카간의 부사령관은 '쿤두르 카간kündür khâqân'이라 불리는 자인데, 그 또한 '자우쉬기르jawshīghīr'라는 부관을 두고 있다. 대카간은 절대로 대중 앞에 나서거나 백성과 이야기하지 않는 것이 관례다.[43]

앞에서 언급된 이들 외에는 그 누구도 그를 만날 수 없다. 모든 관리의 임명, 형벌의 집행, 정부의 운영은 그의 부관인 카간 벡의 소관이다. … 대카간이 말을 탈 때마다 전군이 그를 호위하는데 그와 약 1마일의 거리를 유지한다. 그의 신하들은 반드시 땅에 머리를 대고 절을 하지 않고서는 그를 볼 수 없으며, 그가 지나간 후에야 비로소 고개를 든다. 대카간의 통치 기간은 40년이다. 만약 그 기간을 하루라도 넘기면, 신하들은 "그의 이성이 약해지고 판단력이 흐려졌다"라고 말하며 그를 죽인다.[44] (하자르 군주에 대한 묘사)

대카간이 사망하면, 스무 개의 방으로 이루어진 집을 짓는 것이 관례다. 그리고 각 방마다 그를 위한 무덤을 파 놓는다. 그들은 돌을 안티몬 가루처럼 될 때까지 부순다. 그 가루를 뿌린 다음 시신을 석회물로 덮는다. 이 집 아래에는 빠르게 흐르는 큰 강이 있는데 그 흐름을 바꾸어 무덤 위로 흐르게 만든다. 그들은 이렇게 말한다. "이는 악령이나 사람 또는 구더기나 파충류가 접근하지 못하게 하기 위함이다." 왕이 매장된 후, 그를 묻은 자들의 목을 벤다. 어느 묘실에 왕이 묻혀 있는지 아무도 모르게 하기 위함이다. 그들은 그의 무덤을 "천국"이라 부르며, "그는 천국에 갔다"라고 말한다. 모든 묘실은 금실로 짠 비단으로 장식되어 있다.[45] (하자르 군주의 무덤에 대한 묘사)

왕이 원정에 그의 군대를 파견하면 어떤 경우에도, 어떤 이유로든 그들은 도망치지 않는다. 만약 그들이 패주하면, 왕이 있는 방향으로 도망친 자들은 처형된다. 왕의 부관이나 군 지휘관이 패주하면, 왕은 그들의 아내와 자식들을 데려와 그들이 보는 앞에서 다른 이들에게 나누어 준다. 그들의 말, 재산, 무기, 집도 마찬가지로 처분된다. 때로는 그들을 두 동강 내거나 십자가에 못 박는다. 때로는 나무에 목매달아 죽인다. 때로는 왕이 자비를 베풀어 그들을 마부로 삼는다.[46] (하자르 군사 규율에 대한 묘사)

하자르 왕은 아틸강의 양쪽 기슭에 거대한 도시를 가지고 있다. 한쪽 기슭에는 무슬림이 거주하고, 다른 한쪽에는 왕과 그의 신하들이 산다. 무슬림 공동체의 지도자는 왕의 관리가 맡는데 '카즈khaz'라 불리며 그는 무슬림이다. 하자르 땅에 거주하거나 교역 때문에 그곳을 방문하는 무슬림에 대한 모든 법적 결정은 이 무슬림 관리가 맡는다. 그는 무슬림과 관련된 일들을 조사하거나 다툼을 판결할 수 있는 유일한 권한을 가진 자다.[47] (하자르 수도 아틸에 대한 묘사)

## 하자르 제국의 군주 요셉의 서신

하자르인에 대한 정보는 아랍어, 페르시아어, 히브리어, 그리스어, 슬라브어, 라틴어 등 다양한 언어로 쓰인 문헌들에서 찾아볼 수 있다. 그러나 하자르인 스스로 남긴 기록물은 거의 없다. 10세기 중반에 히브리어로 쓰인 다음의 서신은 아주 드문 예외다. 이는 하자르 제국의 마지막 카간이었던 요셉Joseph이 하스다이 이븐 샤프루트 Ḥasdāi ibn Shaprūṭ(사망 970?)라는, 스페인 코르도바의 우마이야 왕조의 유대인 궁정 신하에게 보낸 답신이다.

… 나는 당신이 쓴 아름다운 편지가 독일 땅의 유대인 엘리에저의 아들 이삭에 의해 우리에게 전해졌음을 알려드립니다. (이삭이 이 서신을 독일, 헝가리, [루스]를 거쳐 하자리아로 가져갔다.) 당신은 우리를 기쁘게 해주었습니다. 우리는 당신의 이해와 지혜에 감탄했습니다. … 그러니 우리는 우리의 조상들 사이에 존재했던 외교 관계를 다시 맺고 이 유산을 우리의 자손에게 전하도록 합시다. (요셉은 하자르인이 한때 스페인의 아랍인과 외교 관계를 맺었다고 믿었다.)

당신은 또한 당신의 서한에서 이렇게 물었습니다. "당신은 어느 민족, 어느 가문, 어느 부족에 속합니까?" 우리는 야벳의 아들 토가르마Togarmah의 후손입니다. (유대 문헌에서 토가르마는 모든 투르크인의 조상으로 여겨진다.) 나는 조상들의 계보서에서 토가르마에게 아들이 열 명 있었다는 기록을 찾았습니다. 그들의 이름은 다음과 같습니다. 첫째는 우주르Ujur, 둘째는 타우리스Tauris, 셋째는 아바르Avar, 넷째는 우아우즈Uauz, 다섯째는 비잘Bizal, 여섯째는 타르나Tarna, 일곱째는 하자르Khazar, 여덟째는 자누르Janur, 아홉째는 불가르Bulgar, 열째는 사위르Sawir입니다. (이들은 한때 흑해와 카스피해 인근에서 거주하던 부족들의 신화적 시조다.) 나는 일곱째 아들 하자르의 후손입니다.

나는 우리 조상들이 수는 적었지만 성스러운 분께서, 그분께 축복이 있기를, 힘과 권능을 주셔서 더 강하고 더 수가 많던 여러 민족과 연이은 전쟁을 벌일 수 있었다는 기록을 가지고 있습니다. 신의 도우심으로 그들을 몰아내고 그들의 땅을 차지했습니다. 그들 일부에게는 지금까지도 강제 노동을 시키고 있습니다. 내가 지금 살고 있는 (볼가강변의) 땅은 이전에는 불가르인이 차지하고 있었습니다. 우리 조상인 하자르인이 와서 그들과 싸웠고, 비록 불가르인이 바다의 모래알처럼 많았지만, 하자르인을 물리칠 수 없었습니다. 그래서 그들은 자기 나라를 떠나 도망갔고, 하자르인은 그들을 다뉴브강까지 추격했습니다. 오늘날까지 불가르인은 다뉴브강 근처에서 거주하며 콘스탄티노플Constantinople [오늘날의 이스탄불] 가까이에 있습니다. 하자르인은 지금까지 그들의 땅을 차지하고 있습니다. ([7]세기 이래로 알려진 하자르인은 중세 초기에 남부 러시아[와 우크라이나]를 지배했습니다.)

그 후 여러 세대가 지나고 불란Bulan이라는 이름의 왕이 등극했습니다. 그는 지혜롭고 신을 두려워하는 사람이었고, 마음을 다해 창조주를 신뢰했습니다. 그는 마법사들과 우상 숭배자들을 나라에서 몰아내고, 하느님의 날개 아래에서 보호를 받았습니다. … 그 후 그의 명성이 널리 퍼졌습니다. (불란은 아마 740년경에 왕이 되었을 것이다. 그는 최초의 유대교도 하자르 군주다.) 그의 소문을 들은 비잔티움[동로마] 제국의 왕과 아랍인이 그에게 사절단과 함께 많은 보물과 선물과 현자를 보내 자기네 종교로 개종시키려 했습니다. (비잔티움인과 아랍인은 하자르인의 침공을 막기 위해 그들을 개종시키려 했다.)

그러나 지혜로웠던 그 왕은, 그의 영혼이 생명의 묶음 안에서 주님과 함께 평안히 있기를, 이스라엘인 학자를 초청했습니다. 그 왕은 세심하게 탐구하고 묻고 조사했습니다. 그리고 각자의 종교에 대해 설파할 수 있는 현자들을 불러들였습니다. 그렇지만 그들 각각은 상대방의 주장을 반박하고 서로 합의에 이르지 못했습니다. 왕은 이를 보고 그들에게 말했습니다. "집으로 돌아가시오. 그러나 사흘 후에 다시 나에게 돌아오시오. …"

사흘 후, 왕은 현자들을 전부 불러 모아 말했습니다. "서로 이야기하고 논의하시오. 그리고 어느 종교가 가장 우월한지 내게 분명히 밝히시오." 그들은 서로 논쟁을 벌이기 시작했으나 결론에 이르지 못했습니다. 왕은 그리스도교 사제에게 물었습니다. "그대는 어떻게 생각하오? 유대인과 무슬림의 종교 중 어느 것이 더 낫소?" 사제는 대답했습니다. "이스라엘인의 종교가 무슬림의 종교보다 더 낫습니다."

그다음 왕은 카디(이슬람의 판관이자 학자)에게 물었습니다. "그대는 어떻게 생각하오? 이스라엘인의 종교와 그리스도교인의 종교

중 어느 것이 더 낫소?" 카디는 대답했습니다. "이스라엘인의 종교가 더 낫습니다."

이에 왕은 말했습니다. "그렇다면, 그대들 모두 자신의 입으로 이스라엘인의 종교가 더 낫다고 인정했소. 그러므로 나는 전능하신 하느님의 자비와 힘을 믿으며 이스라엘인의 종교, 즉 아브라함의 종교를 선택하겠소. 만일 내가 신뢰하고 보호를 구하는 그 하느님께서 도와주신다면, 그분께서는 당신들이 약속한 돈, 금, 은을 아무런 수고 없이 내게 주실 수 있을 것이오. 그대들은 이제 평안히 집으로 돌아가시오." (불란의 개종에 관한 이 이야기는 분명 전설이다. 다른 히브리어 사료에 따르면, 하자르인은 한 유대인 장군이 왕이 되었을 때 유대교를 받아들였다. 콘스탄티노플에서 도망쳐 나온 유대인도 하자리아에서 많은 사람을 개종시켰다.)

그때부터 전능하신 하느님은 불란을 돕고 그에게 힘을 주셨습니다. 불란은 자신과 종들, 수행원들, 그리고 모든 백성에게 할례를 행했습니다. (아랍 사료에 따르면, 왕족과 귀족이 유대교로 개종했고 일반 백성은 일부만 개종했다.) 그런 후 불란은 모든 곳에서 지혜로운 이스라엘인을 초청해 토라를 해석하게 하고 규례를 정리하게 했으며, 오늘날까지 우리는 이 종교에 속해 있습니다. 주님의 이름이 찬미 받기를, 그리고 그분의 기억이 영원토록 높아지기를!

그날(740년경) 이후, 저의 조상들이 이 종교를 믿게 된 이래, 이스라엘의 하느님은 그들의 모든 적을 굴복시키고, 그들 주변의 모든 민족을 종속시키셨습니다. 오늘날(960년경)까지 그들에게 저항할 수 있는 자는 아무도 없었습니다. 그들 모두는 공물을 바쳤습니다.

(그러나 불과 10년 뒤인 969년에 요셉은 [루스의] 침공을 받고 패했다.)
불란의 치세 이후 그의 후손인 오바디아Obadiah가 왕이 되어 왕국을 재정비하고 유대교를 올바르게 세웠습니다. 그는 회당과 학교를 세우고, 유대인 학자들을 불러들여 그들에게 금과 은을 주었습니다. (이 유대인 학자들은 바그다드와 콘스탄티노플에서 왔을 가능성이 있다.) 그들은 그에게 성경, 미슈나, 탈무드, 신성한 예배 절차에 대해 설명했습니다. 왕은 토라를 존중하고 사랑하는 사람이었습니다. 그는 진정한 하느님의 종이었습니다. 신성한 영께서 그의 영혼에 안식을 주시기를!

그의 아들 헤제키야Hezekiah가 그에 이어 왕위에 올랐고, 그 후에는 그의 아들 마나세Manasseh가 왕이 되었으며, 또 그 후에는 오바디아의 형제 하눅카Hanukkah가 왕이 되었습니다. 그 후 그의 아들 이삭Isaac, 그 후에는 그의 아들 제불룬Zebulun, 그리고 그 후에는 그의 아들 모세Moses, 그 후에는 그의 아들 니시Nissi, 그 후에는 그의 아들 아론Aaron, 그 후에는 그의 아들 메나헴Menahem, 그 후에는 그의 아들 벤자민Benjamin, 그 후에는 그의 아들이 즉위해 아론 2세Aaron II가 되었습니다. 그리고 아론 왕의 아들인 저 요셉은 왕의 아들, 왕들의 후손입니다. (이 왕들에게는 히브리 이름뿐만 아니라 투르크식 이름도 있었을 것이다.) 제 조상들의 왕좌는 외부인이 차지할 수 없습니다. 아들이 아버지를 계승합니다. 이는 우리가 존재하기 시작한 이래로 우리와 우리 조상들의 관습입니다. 저의 왕국이 영원히 지속되는 것이 모든 왕을 임명하시는 그분의 자비로운 뜻이기를 바랍니다.

당신은 또한 우리나라의 정무와 제국의 범위에 대해 물었습니다. 이는 아틸강(볼가강) 강변이라고 할 수 있습니다. 아틸강의 입구에는 카스피해가 있습니다. 강의 발원지는 동쪽으로 걸어서 넉 달 걸리는 위치에 있습니다.

여러 부족이 강을 따라 요새화된 도시나 그렇지 않은 도시와 마을에서 거주합니다. … 저는 아틸강의 삼각주 지대에서 살고 있으며, 하느님의 도우심으로 강의 입구를 지키며, [루스] 사람들이 배를 타고 카스피해로 들어가 무슬림들에게 접근하는 것을 막고 있습니다. 또한 (무슬림의) 적들이 육로로 데르벤드(아랍인의 도시로, 북코카서스 지방의 유목민이 소아시아의 부유한 마을들을 약탈하기 위해 통과해야 하는 관문이었다)까지 침투하는 것을 막고 있습니다. 나는 그들과 싸워야 합니다. 왜냐하면 제가 조금이라도 기회를 주면 그들은 바그다드에 이르는 이슬람 세계 전체를 파괴할 것이기 때문입니다. …

당신은 제가 사는 곳에 대해서도 물었습니다. 저는 하느님의 은총으로 세 개의 수도가 있는 이 강변에서 살고 있다고 말씀드립니다. 그중 한 곳에서는 왕비가 살고 있는데 그곳은 제가 태어난 곳입니다. 그 도시는 매우 크고 원형으로 지어졌으며, 그 지름은 50파르상parasang입니다. (왕은 볼가강에 있는 섬에서 살았다. 이 강의 양안에도 도시들이 있었다.)

두 번째 도시에서는 유대인, 그리스도교인, 무슬림 들이 거주합니다. 이들 외에도 모든 민족 출신의 노예가 그곳에서 많이 거주합니다. 이 도시는 중간 크기로, 길이와 너비가 각각 8파르상입니다.

세 번째 도시에서는 저와 왕자들, 관리들, 종들, 술 시중드는 신하들, 그리고 저와 가까운 이들이 살고 있습니다. 이 도시는 원형으로 지어졌으며, 그 지름은 3파르상입니다. 아틸강은 성벽 안으로 흐릅니다. 이곳에서 저는 겨울을 보냅니다. 니산Nisan 달(3~4월)에 우리는 각자 도시를 떠나 포도밭과 들판과 일터로 갑니다. …

당신은 서한에서 제 얼굴을 보고 싶다고 하셨습니다. 저도 당신의 기쁜 얼굴과 당신의 지혜와 위대함의 드문 아름다움을 보고 싶습니다. 당신의 말대로 된다면 좋으련만. 만일 기회가 주어져 제가 당신과 만나고, 당신의 고귀하고 매력적이고 기쁜 얼굴을 볼 수 있다면, 당신은 제 아버지가 되고 저는 당신의 아들이 될 것입니다. 당신의 명령에 따라 제 모든 백성이 다스려질 것이며, 당신의 말과 신중한 조언에 따라 저는 모든 일을 처리할 것입니다. 작별 인사를 전합니다.[48]

# 3

# 불가르

## 오구르 투르크 민족

불가르인은 오구르 투르크어Oghur Turkic를 사용하던 유목민으로, 5세기 말에 흑해·카스피해 초원에 처음 등장했다. 7세기에 흑해 초원에 대大불가리아(라틴어 이름은 마그나 불가리아Magna Bulgaria)라는 국가를 건설했으나 하자르 제국의 공격을 받고 멸망했다. 그 뒤로 불가르인의 일부는 서쪽으로 이주해 발칸반도에 다뉴브 불가리아Danubian Bulgharia를 세웠으나 토착 슬라브계 주민에게 동화되었다. '불가리아'라는 국가 명칭은 이들의 유산이다. 또 다른 불가르인 집단은 북쪽으로 이주해 볼가-카마 지역에 볼가 불가리아Volga Bulgharia를 세웠다. 10세기 초 이슬람을 국교로 받아들인 볼가 불가리아는 13세기 중엽에 몽골 제국에 병합되었다. 현대 러시아의 볼가 타타르인과 추바슈인은 이들의 후예다.

## 불가르인의 기원

공통 투르크어Common Turkic*를 사용했던 몽골 초원의 돌궐이나 위구르와 달리, 볼가-카마 지역에서 거주했던 볼가 불가르인은 오구르 투르크어를 사용한 유목민이었다. 현재 오구르 투르크어를 사용하는 투르크계 민족은 러시아의 추바슈인이 유일하다. 오구르 투르크어 사용 유목민은 아마도 중국 사료에서 '철륵'으로 통칭된 내륙아시아 유목민의 서부 집단에서 기원한 것으로 보인다.[49] 불가르 유목민이 동부 내륙아시아에서 흑해·카스피해 초원 지역으로 이주한 시점은 명확하지 않지만, 이 지역으로 이주한 후 이들은 또 다른 오구르어 및 공통 투르크어를 사용하던 유목민과 섞였다.

불가르 유목민이 흑해·카스피해 초원에 세운 유목 국가가 하자르 제국에 의해 멸망한 후, 일부 불가르인은 679년경에 발칸반도로 이주해 현지의 슬라브계 주민을 정복했다. 시간이 흐르면서, 이들은 수적으로 우세한 슬라브계 주민에게 동화되었다. 현대의 불가리아인은 후자의 후예다.

또 다른 불가르 유목민 집단은 8세기에 북쪽의 볼가-카마 지역으로 이주해 현지의 핀-우그리아계 주민과 융합되었다. 이들이 바로 볼가 불가르인Volga Bulghars이다. 이들은 15세기 중반에 볼가-카마 지역에 카잔 칸국Kazan Khanate을 수립한 주치 울루스의 킵착 투르크어 사

---

• 공통 투르크어는 투르크어 분류 체계에서 오구르어(Oghuric)를 제외한 모든 투르크계 언어를 포함하는 분류군이다. 공통 투르크어의 š, z는 오구르어의 l, r과 각각 음운 대응 현상을 보인다. 예를 들어, '부족'을 의미하는 공통 투르크어 어휘 '오구즈(Oghuz)'는 오구르어에서 '오구르(Oghur)'로 발음된다.

용 유목민과 융합해 현대의 볼가 타타르인Volga Tatars으로 발전했다.[50] 이슬람으로 개종하지 않은 볼가 불가르인은 현대 러시아 추바슈인의 조상이 되었다.

## 오구르 유목민

오구르Oghur는 463년경에 서부 시베리아와 카자흐 초원에서 흑해·카스피해 초원으로 이주한 투르크계 유목 집단이다. 이들은 현재는 소멸된 불가르어와 현대의 추바슈어를 비롯한 투르크어족인 오구르 투르크어를 사용했다. '오구르'는 '부족 집단' 또는 '부족 연맹'을 의미하는 '오구즈Oghuz'라는 단어의 오구르 투르크어 형태다. 오구르 유목민은 다른 투르크계 유목민인 사비르에 의해 원 거주지에서 쫓겨나기 전까지 중국 사료에서 '철륵'으로 통칭된 유목민의 서부 집단에 속했을 것으로 추정된다.[51] 그 이후 불가르, 쿠트리구르Kutrigur, 우티구르Utigur 등과 같은 오구르 투르크어 사용 부족이 흑해·카스피해 초원에서 지배 세력으로 부상했다. 이들은 동로마 제국과 동맹을 맺기도 했으며, 때로는 동로마 제국을 약탈하

---

- 한편 현대 볼가 타타르인이 옛 볼가 불가르인의 후예가 아니라 주치 울루스의 킵착 투르크어 사용 유목민의 후예라는 주장도 있다. 볼가(카잔) 타타르계 미국인 역사학자인 율라이 샤밀오울루(Uli Schamiloglu)는 흑사병으로 볼가 불가르 인구가 거의 절멸했기 때문에 현대의 볼가 타타르인은 카잔 칸국을 수립한 주치 울루스 유목민의 후예일 것으로 추정한다.

기도 했다. 이들 중 가장 강력한 부족은 불가르였다. 불가르는 5세기 말, 오노구르Onoghur와 같은 오구르 투르크어 사용 유목민과 일부 훈계 유목민과 연합해 새로운 부족 연맹을 형성했다.

**불가르 유목민이 세운 국가: 대大불가리아, 다뉴브 불가리아, 볼가 불가리아**
불가르 유목민은 480년경에 흑해·카스피해 초원에 처음 등장했다. 불가르의 수장 쿠브라트Qubrat(재위 632~650/665?)는 632년경에 대大불가리아라는 유목 국가를 수립했다. 쿠브라트는 그리스 정교회로 개종하는 등 동로마 제국과 긴밀한 관계를 유지했다. 그러나 그가 사망한 뒤 대불가리아는 650~670년에 그 아들들의 불화로 분열되었다.

670년대에 대불가리아는 흑해·카스피해 초원의 패권을 놓고 하자르 제국과 충돌했다. 그러나 679년경 하자르에 크게 패했고, 쿠브라트의 아들 아스파루크Asparukh가 이끄는 불가르 유목민은 다뉴브강을 건너 발칸반도로 이주했다. 그들은 현지의 슬라브계 주민을 복속시키고 다뉴브 불가리아를 건설했다. 이 국가는 크룸Krum(재위 803~814)의 통치 시기에 전성기에 이르렀다. 811년에는 플리스카Pliska 전투에서 동로마를 격파하고 동로마 황제 니케포로스Nikephoros(재위 802~811)를 살해하기까지 했다. 보리스Boris(재위 852~889)가 통치하던 864년, 발칸반도의 불가르인은 그리스 정교회로 개종했다.

대불가리아의 붕괴 이후 또 다른 불가르인 집단이 볼가강을 따라 북상해 볼가-카마 지역에 볼가 불가리아를 세웠다.[52] 이 국가는 965년에 루스-오구즈 연합군이 하자르 제국을 멸망시킬 때까지 하자르 제국의 종주권을 수용했다. 이븐 파들란이 압바스 왕조의 칼리프 알무크타디르가 파견한 사절단의 일원으로서 볼가 불가리아를 방문했던 921~922년 당시, 불가르 군주 알무슈Almush는 '엘테베르elteber'라는 칭호를 사용하고 있었는데, 이는 속국의 군주가 사용하는 투르크어 칭호다. 다시 말해 볼가 불가리아가 하자르 제국의 속국이었다는 뜻이다. 알무슈는 하자르 제국의 수도 아틸에 볼모를 보내야 했다. 그가 이슬람교를 적극적으로 받아들인 목적 중 하나는 하자르 제국으로부터 독립을 확보하기 위함이었다.

볼가 불가리아는 북유럽과 이슬람권 중앙아시아 사이의 중개 무역을 통해 번영했다. 10세기 아랍인 지리학자 알무까닷시Al-Muqaddasī에 따르면, 호레즘 지역을 통해 볼가 불가리아가 수출한 물품에는 검은 담비, 다람쥐, 담비, 여우 및 비버 가죽, 토끼 가죽, 염소 가죽, 밀랍, 화살, 모자, 어교魚膠, 물고기 이빨, 피마자, 호박, 노예, 양, 소 등이 포함되어 있었다.[53]

볼가 불가리아에는 무역을 통해 축적된 부를 바탕으로 크고 작은 도시가 형성되었다. 가장 중요한 도시는 불가르Bulghar와 수와르Suwār 였다. 볼가 불가리아의 지형은 삼림-초원 지대와 삼림 지대로 나뉘었다. 볼가 불가르인은 유목민이었지만 겨울철에는 도시에서 거주하고 봄과 여름에는 초원 지대에서 유목 생활을 이어갔다. 정주민은 밀, 보

---

• 불가르인은 8~9세기와 9세기 말/10세기 초 두 차례에 걸쳐 볼가-카마 지역으로 이주한 것으로 보인다.

리, 기장 등의 곡물을 재배하기도 했다.

볼가 불가리아는 985년에 루스-오구즈 연합군의 약탈 공격을 받은 이후 13세기 초까지 삼림 지대의 핀-우그리아계 주민들에 대한 지배권을 놓고 루스 공국과 지속적으로 충돌했다. 양측의 대립은 볼가 불가리아가 1236~1237년경 몽골 제국에 의해 정복되고 주치 울루스의 일부가 되면서 끝났다. 볼가 불가리아의 수도 불가르는 몽골 원정군에 의해 파괴되었으나, 곧 복구되어 다시 번성했다. 그러나 시간이 흐르면서 몽골인이 건설한 새로운 도시인 카잔Kazan(때때로 '새 불가르'라고도 불림)이 불가르를 대신해 볼가 불가리아의 새로운 중심지가 되었다. 15세기 중반에 주치 울루스의 칸위 계승 전쟁에서 패한 칭기스 일족 울루 무함마드Ulu Muḥammad(사망 1446)는 자신의 군대와 함께 북상해 볼가-카마 지역에 칸국을 세웠다.

### 볼가 불가르인에 대한 이븐 파들란의 기록

10세기 아랍인 여행가 이븐 파들란은 압바스 왕조가 파견한 사절단의 일원으로서 921~922년에 볼가 불가리아 지역을 방문했다. 그는 자신의 여행기인 《리살라》에서 볼가 불가르인에 대해 다음과 같이 기록했다.

그들의 식단은 주로 기장과 말고기로 구성되어 있다. 밀과 보리도 풍부하게 있지만 …[54] (볼가 불가르인의 식단에 대한 기록)

왕의 유르트는 거대해서 1천 명이 넘는 인원을 수용할 수 있다. 그 안에는 아르메니아 양탄자가 깔려 있으며, 가운데에는 비잔티움 비단으로 꾸민 옥좌가 있다.[55] (볼가 불가르 왕의 유르트에 대한 기록)

여성은 고인을 위해 울지 않고, 남성만 운다. 그들은 고인의 사망 당일에 와서 유르트 입구에 서서 몹시 추하고 격렬하게 울부짖고 흐느낀다. … 고인의 유르트 입구에 기를 세우고, 그의 무기를 가져와 무덤 주위에 놓아두어야 한다. 그들은 2년 동안 울고 난 뒤에 기를 내리고 머리카락을 자른다. 고인의 친척들은 애도의 끝을 알리는 연회를 연다. 고인에게 아내가 있었다면, 그녀는 이제 새 남편을 맞이한다. 이는 그들의 족장을 위한 관습이다. 일반인들은 고인을 위해 이렇게까지 장례를 치르지는 않는다.[56] (볼가 불가르 장례 의식에 대한 기록)

사칼리바[볼가 불가리아]의 왕은 자신의 왕국에 있는 모든 유르트마다 담비 가죽 한 장을 하자르의 왕에게 공물로 바쳐야 한다. … 하자르의 왕은 사칼리바 왕의 아들을 볼모로 데리고 있다. 하자르의 왕은 사칼리바 왕의 딸이 아름답다는 소식을 듣고 청혼했으나 거절당했다. 그는 유대인이고 그녀는 무슬림이지만 그는 군대를 보내 그녀를 강제로 데려갔다. … 사칼리바의 왕이 칼리프에게 서신을 보내 요새를 건설해달라고 요청한 것은 하자르 왕에 대한 두려움 때문이었다.[57] (하자르 제국과 볼가 불가리아의 종속 관계에 대한 기록)

# 4

# 카라한 투르크

## 중앙아시아 최초의 무슬림 투르크인

10세기 후반, 서돌궐의 후예는 중앙아시아 최초의 투르크계 무슬림 국가인 카라한Qarakhan 왕조(10세기 중후반~1212)를 세웠다.• 카라한 왕조는 사툭 부그라 칸의 통치 아래 이슬람을 수용했다. 그의 증손자 아르슬란 일릭 나스르 이븐 알리 칸은 트란스옥시아나를 지배하던 이란계 사만 왕조를 정복했다. 이로써 이란계 국가의 중앙아시아 지배는 완전히 종식되었다. 카라한 왕조는 1041년경 트란스옥시아나와

---

• 학계에서 사용하는 '카라한 왕조(Qarakhanid)'라는 용어는 이 왕조가 사용했던 '카라 칸(Qara Khān)' 또는 '카라 카간(Qara Khāqān)'이라는 칭호에서 유래했다. 이는 '검은 칸/카간' 또는 '위대한 칸/카간'을 의미한다. 이런 까닭에 중국 정사 《송사》에서는 카라한 왕조의 군주를 '흑한왕(黑韓王)'이라 지칭하기도 했다(《宋史》, 권490, p. 14107). 또한 'Qara(검은)'는 '북방'을 의미하기도 하므로, '카라 칸(Qara Khān)'은 '북방의 군주'를 의미할 수도 있다. 일부 학자들은 이 왕조를 '일렉한 왕조(Ilek-khanid)'라고도 부른다.

카슈가리아(서부 타림 분지)에 각각 기반을 둔 두 국가로 분열되었다. 인도-유럽계 언어권에 속한 이 두 중앙아시아 오아시스 지역의 투르크화가 본격적으로 시작된 것은 카라한 왕조 시대다. 19세기 유럽에서는 이 두 지역을 각각 '서투르키스탄'과 '동투르키스탄'으로 구분해서 불렀다. 현대 우즈벡인과 현대 위구르인이 사용하는 카를룩 투르크어Qarluq Turkic는 카라한 투르크인의 유산이다.

**카라한 투르크인의 기원**

카라한 왕조의 기원 문제는 여전히 논쟁의 대상이다.[58] 카라한 왕조의 유목민은 카를룩Qarluq, 투흐시Tukhsi, 치길Chigil, 야그마Yaghma 등 서돌궐계와 기타 투르크계 부족으로 구성되었다. 이들은 투르판 오아시스의 위구르인과 달리 스스로를 투르크인Türk이라 칭했는데, 이는 이들이 돌궐 후예로서의 정체성을 갖고 있었음을 의미한다.

그러나 카라한 왕조가 돌궐 아시나 가문의 후예였을 가능성은 매우 낮다. 카라한 왕조의 지배층에 속했던 문헌학자 마흐무드 알카슈가리는 저서 《투르크어 사전》에서 투르크인의 선조에 대해 논할 때 아시나 씨족을 전혀 언급하지 않았다.•[59] 그는 다만 '야벳의 아들 투르크'와 '알프 에르 통가Alp Er Tonga'라는 인물만 언급했다. 또한 알프 에르 통가를 이란 서사시 《샤나마Shāh-nāma(왕의 책)》에 등장하는 투란인 영웅 아프라시얍Afrāsiyāb과 동일 인물로 보았다.[60] 중요한 점은 그가

---

• 마흐무드 알카슈가리는 돌궐 제국의 중심지였던 외튀켄에 대한 기술에서 이곳을 단지 "위구르 인근, 타타르인의 사막에 있는 한 장소"라고만 썼다. 돌궐 제국이나 아시나 가문에 대해서는 전혀 언급하지 않았다.

돌궐 제국의 역사적 인물이나 사건에 대해서는 전혀 언급하지 않았다는 것이다.

더욱이 카라한 왕조는 타림 분지의 호탄Khotan을 정복한 1006년 이후 중국 송나라(960~1279)에 사신을 파견했는데, 이때도 아시나 혈통을 내세우지 않았다.[61] 만일 카라한 왕조가 아시나 씨족의 후예였다면 반드시 그 점을 강조했을 것이다. 중국 정사 《송사宋史》 역시 카라한 왕조를 돌궐의 아시나 씨족과 연관 짓지 않았다. 단지 이들을 키르기즈에 의해 멸망한 후 서방으로 도주한 위구르의 후예라고 간략히 기록했을 뿐이다.[62] 일부 중국 및 일본 학자들은 이를 근거로 카라한 왕조가 위구르에서 기원했다고 주장하기도 한다. 그러나 마흐무드 알카슈가리에 따르면, 카라한 왕조의 핵심 부족이었던 야그마 부족민과 투흐시 부족민은 투르판 오아시스의 위구르인을 '타트Tat'라고 불렀다.[63] 타트는 이란계 정주민의 비칭卑稱이었다. 이는 카라한 왕조의 투르크인들이 위구르인을 자신들의 선조나 동족으로 인식하지 않았음을 의미한다.*[64]

한편 카라한 투르크인은 모굴 칸국 시기(16~17세기)에 투르판 오아시스의 불교도 위구르인과 융합되었다. 그 결과 카라한 투르크인이 사용하던 카를룩 투르크어를 사용하고 이슬람교를 믿는 현대 위구르인이 탄생했다.

---

* 한편 10세기 지리서 《후두드 알알람(세계의 경계)》은 야그마의 지배층이 '토쿠즈 오구즈(Toquz Oghuz)', 즉 위구르 왕실의 후손이라고 기록했다. 그러나 카라한 왕조 출신인 카슈가리는 야그마 부족민이 위구르인을 동족으로 여기지 않았다는 사실을 알려준다.

4. 카라한 투르크 149

## 카를룩 유목민

서돌궐의 후예인 카를룩은 카라한 왕조의 성립에 중요한 역할을 한 부족이다. 744년, 바스밀이 돌궐 제2제국에 반란을 일으켰을 당시, 알타이산맥 서부에서 거주하던 카를룩도 위구르와 함께 이에 가담했다. 2년 후, 위구르가 바스밀을 격파할 때는 이를 도왔다. 그 뒤로 '엘테베르eltebe'라는 칭호를 사용하던 카를룩의 수장은 돌궐 제국에서 제2인자가 사용하던 칭호인 '야브구yabghu'를 사용하기 시작했다. 그러나 카를룩 또한 곧이어 위구르에 의해 서쪽으로 밀려나 발하슈호와 천산산맥 사이의 초원 지역으로 근거지를 옮겨야 했다.

751년, 카를룩은 아랍군과 연합해 탈라스 전투에서 고선지 장군이 이끈 당나라 군대를 격파했다. 766년에는 서돌궐의 또 다른 후예인 투르게슈를 제압한 뒤, 옛 서돌궐의 땅을 차지했다. 이들은 추Chu 강변에 위치한 수얍Sūyāb에 수도를 세우고, 동이란계 언어인 소그드어를 사용하는 현지 정주민을 지배했다. 카를룩은 치길, 투흐시, 야그마 부족과 함께 카라한 왕조의 핵심 구성원이 되었으나, 카라한 왕조와는 별개의 독립적인 집단으로 존재했다.[65] 12세기 들어 카를룩은 카라한 왕조와 함께 카라 키타이(서요)의 속민이 되었다. 몽골 제국이 등장한 이후인 1211년, 카를룩의 수장 아르슬란은 칭기스 칸에게 자발적으로 복속했다. 그 후 카를룩의 땅은 칭기스 칸의 둘째 아들인 차가타이 칸Chaghatay Khan에게 주어졌는데, 그곳이 차가타이 칸국의 중심이 되었다. 카를룩 유목민의 일부는 페르가나 지방과 트란스옥시아나로 이주했다. 오늘날의 아프가니스탄 북서부에 거주하는 카를룩 부족은 이들의 후예다.

## 카라한 왕조의 이슬람교 수용과 트란스옥시아나 정복

카라한 왕조의 초기 역사는 사료가 부족해서 알려진 내용이 거의 없다. 그러나 고전학古錢學 증거를 통해 카라한 왕조가 10세기 후반에 성립되었음을 알 수 있다. 이 시기의 가장 중요한 카라한 군주는 이슬람을 국교로 삼은 사툭 부그라 칸Satuq Bughrā Khan(사망 955?)이다. 그의 개종으로 이슬람교가 카자흐 초원의 유목민에게도 전파되기 시작했다.

999년, 사툭 부그라 칸의 증손자 아르슬란 일릭 나스르 이븐 알리Arslan Ilig Naṣr b. 'Ali는 가즈나 왕조Ghaznavid Dynasty(977~1186)와 동맹을 맺고, 당시 바그다드의 압바스 칼리프를 명목상의 주군으로 섬기며 트란스옥시아나와 호라산을 지배하던 이란계 사만 왕조Samanid Dynasty(819~999)를 멸망시켰다. 가즈나 왕조는 사만 왕조 출신의 투르크계 노예 군인(굴람ghulām)이 아프가니스탄에 세운 국가였다. 카라한 왕조와 가즈나 왕조는 아무다리야강의 이북 지역(트란스옥시아나)과 이남 지역(호라산)을 각각 차지했다. 이로써 이란계 국가의 중앙아시아 지배는 종식되었다. 카라한 왕조는 1006년에 타림 분지의 호탄을 점령한 데 이어, 11세기 중반에는 쿠차Kucha도 정복하며 동쪽으로도 영토를 확장했다.

## 이슬람 세계의 '투르크-페르시아 이중 사회'

카라한 왕조가 트란스옥시아나를 정복한 이후 이 지역에는 '투르크-페르시아Turko-Persianate 이중 사회'가 형성되었다. 이는 군사 부문과 민간 부문이 각각 투르크계와 페르시아계로 양분된 사회 구조로, 차가타이 칸국을 포함해 카라한 왕조에 이어 트란스옥시아나를 지배한 후속 국가들로까지 이어졌다. 투르크-몽골계 유목민 지배층이 정치권력을 독점했고, 페르시아어를 사용하는 정주민은 관리, 상인, 장인, 농민, 성직자 등으로 활약하며 사회를 운영했다. 후자는 타트인Tat, 사르트인Sart, 타직인Tajik으로도 불렸다. 이 같은 사회 체제는 셀주크·칭기스·티무르 왕조와 같은 유목민 정복자들에 의해 이란과 인도로까지 확산되었다. 카라한 왕조 지배 하의 카슈가리아 지방에 퍼져 있던 아래의 고대 투르크어 속담에는 중세 중앙아시아의 유목민과 정착민 사이의 공생 관계가 잘 드러나 있다.

> 머리 없는 모자가 있을 수 없듯이, 타트인 없이는 투르크인도 있을 수 없다tatsiz türk bolmas bashsiz bürk bolmas.[66]

### 동카라한과 서카라한 왕조

카라한 왕조는 옛 돌궐 제국과 마찬가지로 영토를 동서로 분할해 통치했다. 동부의 중심지는 타림 분지(동투르키스탄)의 카슈가르와 옛 소그드인이 건설한 도시 발라사군Balāsāyūn이었다. 서부의 중심지는 사마르칸드를 수도로 하는 트란스옥시아나(서투르키스탄)였다. 11세기 중반, 카라한 왕조는 사툭 부그라 칸의 두 손자의 후예가 통치하는 두 카간국으로 완전히 분열되었다. 동카라한 왕조는 하산 가문Hasanids이, 서카라한 왕조는 알리 가문'Alids이 각각 통치했다.

### 카라한 왕조의 문화적 유산

카라한 왕조는 트란스옥시아나를 정복한 이후 사만 왕조의 페르시아-이슬람 문화를 수용하고 이를 발전시켰다. 또한 제국 곳곳에 미나레트minaret(첨탑), 모스크, 카라반세라이caravanserai(상인 숙소)를 건설했다. 현존하는 카라한 왕조 시대의 건축물 중 상당수는 옛 사만 왕조의 수도였던 부하라Bukhara에 남아 있다. 그중 가장 대표적인 예는 1127년에 완공된 칼리얀 미나레트Kalyan Minaret다. 예배 시간을 알리는 데 사용된 이 첨탑은 높이가 약 48미터에 달하며, 밑부분의 지름은 9미터에 이른다.

카라한 왕조는 이슬람 투르크 문학의 탄생에도 중요한 역할을 했다. 1069~1070년에 발라사군의 유수프 하스 하집Yūsuf Khāṣṣ Ḥājib은《쿠타드구 빌릭Kutadgu Bilig(행복을 가져다주는 지혜)》을 저술해 카슈가르의 카라한 군주에게 헌상했다.《쿠타드구 빌릭》은 군주의 행동 원칙을 다룬 정치 서적으로, '군주들을 위한 거울mirror for princes'이라고 불리는 조언 문학 장르에 속한다. 이 책은 교훈적인 시의 형식, 즉 조언자가 군주에게 정의롭게 통치할 것을 요구하는 대화 형식을 취한다. 투르크 문학사에서 이 책이 지닌 중요성은 이란 문학사에서 페르시아어 서사시인 《샤나마》가 지닌 중요성에 비견된다.

카라한 왕조가 남긴 또 다른 중요한 문학적 유산은 카슈가리아 출신인 마흐무드 알카슈가리가 1072~1077년에 바그다드에서 저

도판 2.1 칼리얀 미나레트 (사진 제공: Anatoly Terentiev)

술한 투르크어-아랍어 사전인 《투르크어 사전》이다. 아랍어로 쓰인 이 책은 최초의 투르크어 백과사전이라 할 수 있다. 각 어휘 항목마다 아랍어로 쓰인 설명과 함께 시와 속담 같은 예문을 수록하고 있어, 투르크어 연구에 귀중한 자료로 평가된다.

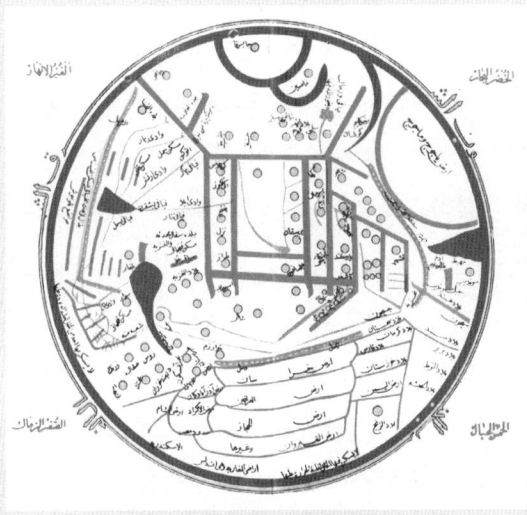

**도판 2.2** 《투르크어 사전》에 수록된 〈세계 지도〉. 11세기 투르크 민족들의 분포를 보여준다.

## 셀주크 제국과 카라 키타이(서요)의 지배

11세기 하반기에 동카라한과 서카라한 왕조는 셀주크 제국에 복속되었다. 셀주크 제국은 오구즈 유목민이 세운 수니파 무슬림 국가로, 11세기와 12세기에 중동과 중앙아시아의 상당 부분을 지배했다. 셀주크 제국의 군주 말릭 샤Malik Shāh(재위 1072~1092)는 1089년에 트란스옥시아나로 진격해 부하라와 사마르칸드를 점령한 다음, 서카라한 왕조의 아흐마드 칸Aḥmad Khan(재위 1081~1089)을 폐위시켰다. 그런 뒤에 동쪽으로 계속 진군해 동카라한 왕조까지 복속시켰다.

동카라한과 서카라한 왕조는 약 50년 후에 카라 키타이Qara Khitai 제국, 즉 서요西遼*에 의해 정복되었다. 카라 키타이는 1134년에 동카라한 왕조에게서 발라사군을 빼앗아 그곳을 수도로 삼았다. 1141년에는 서카라한 왕조의 마흐무드 2세Maḥmūd II와 그를 돕기 위해 온 셀주크 제국의 산자르Sanjar(재위 1118~1157) 술탄이 이끄는 연합군을 사마르칸드의 북쪽 카트완Qatwan에서 치른 전투에서 대파했다. 이로써 카라 키타이의 속국이 된 카라한 왕조는 점차 쇠퇴하기 시작했다.

**카라한 왕조의 멸망**

동카라한과 서카라한 왕조는 13세기 초에 모두 멸망했다. 먼저 동카라한 왕조는 1211년에 카라 키타이의 정권을 찬탈한 나이만Naiman 부의 수장 퀴츨뤽Küchlüg(사망 1218)에 의해 멸망했다. 약 1년 후, 서카라한 왕조는 호레즘 제국에 합병되었다. 호레즘 제국(1077~1231)은 셀주크 제국이 호레즘 지방의 총독으로 임명한 투르크계 노예 군사 출신의 아누슈테긴Anūshtegin(사망 1097)이 세운 투르크-페르시아계 국가다. 이 제국의 중심부인 호레즘 지방은 중요한 무역 중심지였으

---

• 서요는 거란인의 요나라(907~1125)가 여진인의 금나라(1115~1234)에 의해 멸망한 후, 야율대석(耶律大石)이 이끄는 거란 유민들이 중앙아시아에 세운 계승국가다. 이 국가는 중앙아시아에서 카라 키타이('검은 거란')로 불렸다.

며, 그 주민들은 옛 소그드인과 마찬가지로 동이란계 언어를 사용했다. 호레즘 제국은 몽골 제국에 정복되기 전까지 중앙아시아의 지배적 이슬람 세력으로 군림했다.

## 동투르키스탄의 불교도 위구르인과 무슬림 투르크인의 대립 관계

11세기에 동투르키스탄은 불교도 위구르인이 거주하는 동북부의 투르판 오아시스(위구리스탄)와 카라한 왕조의 무슬림 투르크인이 거주하는 남부의 타림 분지(카슈가리아)라는 두 개의 상이한 문화-정치권으로 구분되었다. 투르판 오아시스의 불교도 위구르인은 철륵계 유목민인 위구르의 후예였으며, 카라한 왕조의 무슬림 투르크인은 카를룩을 비롯한 서돌궐 유목민의 후예였다. 카를룩은 8세기 중반에 위구르 유목민에 의해 원 거주지인 준가르 초원에서 쫓겨난 바 있다. 이 두 집단은 적대적 관계가 지속되었는데, 이는 어떤 의미에서 옛 돌궐과 철륵 유목민 사이의 대립 관계가 동투르키스탄에서 재현된 양상이었다고 볼 수 있다.

그러다 16세기 들어 몽골 제국의 계승국가인 모굴 칸국이 불교도 위구르인을 정복하고 이슬람화하면서 이들은 하나로 통합되었다. 그 결과 카라한 투르크인의 언어였던 카를룩 투르크어를 사용하는 현대 위구르인의 조상이 형성되었다. 즉 현대 위구르인은 투르판 오아시스의 불교도 위구르인과 카라한 왕조의 무슬림 투르크인, 그리고 이 두 집단이 투르크화한 동투르키스탄 현지의 인도-유럽계 주민의 융합으로 탄생한 민족이다.•67 이들은 1923년에 '위구르'라는 이름을 자신들의 집단 명칭으로 채택했다. 현재 중국으로부터 독립을 추구하는 위구르인은 자국을 '동투르키스탄'이라 부른다. 카라한 투르크인이 이들의 선조 중 일부였다는 역사적 사실을 고려하면 '투르키스탄'과 '투르크인'은 위구르라는 명칭과 더불어 이들에게 잘 어울리는 국가명과 집단명이라 할 수 있다.

- 따라서 고대 위구르인의 직계 후예인 서(西)유구르인과 신장 위구르인의 주요 Y-DNA 하플로그룹은 서로 다르다.

# 5

# 킵착 유목민

## 킵착 초원을 지배한 유목민 집단

킵착은 11세기 중반에서 13세기 초까지, 서로는 흑해 초원에서 동으로는 카자흐 초원에 이르는 광활한 지역을 지배했던 부족 연맹이다. 이들이 장악한 초원 지대는 이슬람 세계에서 '킵착 초원'을 의미하는 '다슈티 킵착Dasht-i Qipchāq'으로 통칭되었다. 또한 킵착 유목민은 이슬람 세계에서 '맘룩' 또는 '굴람'으로 불린 노예 군인으로 활약했으며, 이집트와 시리아를 지배한 맘룩 술탄국을 비롯한 여러 노예 군인 왕조를 세웠다. 13세기 몽골 제국에 의해 정복된 후 일부 킵착 유목민은 원나라의 외인부대에 편입되었다. 킵착 초원의 유목민 대다수는 주치 울루스 내에서 몽골인과 융합해 15세기와 16세기에 크림 타타르인, 우즈벡인, 카자흐인과 같은 여러 투르크-몽골계 민족으로 발전했다.

## 킵착 유목민의 기원

킵착 유목민의 기원은 명확하지 않다.[58] 이들은 카라한 투르크인과 달리 스스로를 '투르크인(돌궐인)'이라 부르지 않았다. 사료를 통해 확인할 수 있는 사실은, 킵착 유목민이 키멕Kimek 부족 연맹에서 유래했다는 점이다. 키멕은 9세기와 10세기에 카자흐스탄 북부와 서부 시베리아에서 거주하던 유목민 집단으로, 투르크계뿐만 아니라 몽골어 사용 유목민도 일부 포함하는 부족 연맹이었다. 11세기 페르시아인 역사가 가르디지에 따르면, 키멕 부족 연맹의 핵심 부족은 타타르였으며, 킵착 유목민도 이 부족 연맹의 일원이었다.●[69]

킵착 유목민은 10세기경에 키멕 부족 연맹과는 별개의 집단이 되었으나, 여전히 그들의 종주권을 인정했던 것으로 보인다. 10세기 페르시아어 지리서 《후두드 알알람》은 킵착에 대해 다음과 같이 기술했다. "킵착은 키멕에서 떨어져 나온 뒤에 이 지역들에서 거주했다. 그러나 킵착인은 키멕보다 더 사악하다. 키멕은 그들의 왕을 임명한다."[70] 11세기 카라한 왕조 출신의 문헌학자 마흐무드 알카슈가리는 저서 《투르크어 사전》에서 킵착과 키멕에 대해 이렇게 서술했다. "우리는 키멕을 킵착과 동일시하지만, 킵착 투르크인은 스스로를 다른 집단으로 여긴다."[71]

키멕과 마찬가지로, 킵착은 투르크계뿐만 아니라 비투르크계 유목민이 포괄된 부족 연맹이었다. 그 구성원이었던 카이Qay[해奚], 톡소바Toqsoba, 거란Khitan 등은 본래 몽골계 언어를 사용한 유목민이었

---

● 여기서 가르디지가 언급한 타타르는 몽골 초원의 몽골어 사용 부족 연맹을 지칭한다.

다.[72] 13세기 중반에 인도의 델리 술탄국에서 권력을 장악했던 욀베를리Ölberli 부족도 마찬가지였다.[73] 킵착 부족 연맹에는 이란계 유목민도 포함되었다. 그래서 킵착 부족 연맹은 '유라시아 유목 세계의 축소판'으로 규정되기도 한다.[74]

### 키멕 및 킵착 유목민의 기원에 대한 가르디지의 기록

11세기 가즈나 왕조의 페르시아인 역사가 가르디지는 키멕 유목민과 킵착 유목민의 기원에 대해서 다음과 같은 기록을 남겼다.

키멕의 기원은 다음과 같다. 타타르의 수장이 두 아들을 남기고 죽었다. 맏아들이 왕위를 차지하자 둘째 아들이 그를 질시했다. 이 둘째 아들의 이름은 샤드Shad다. 그는 형을 죽이려 했으나 실패했다. 불안해진 그는 자신의 노예이자 연인이었던 한 소녀와 함께 형을 피해 도주했다. 그들은 큰 강이 흐르고, 나무가 많고, 사냥감이 풍부한 어느 지역에 도달했다. 그는 그곳에 천막을 치고 자리를 잡았다. 그와 그 소녀는 매일 함께 사냥해서 사냥감의 고기를 먹고, 담비, 회색 다람쥐, 흰담비의 가죽으로 의복을 만들었다. 그러던 중 동족 일곱 명이 그들 가까이에 왔다.
그 일곱 사람의 이름은 이미Īmī, 이막Imāk, 타타르Tatār, 바얀두르Bayāndur, 키프착Khifchāq, 라니카즈Lanīqāz, 아즐라드Ajlād였다. 그들이 이곳에 온 목적은 자신들의 군주의 말을 방목시키기 위함이었다. 원래 말들이 있던 곳에는 초지가 남아 있지 않아서 풀을 찾아 샤드가 사는 지역까지 온 것이었다. 소녀는 그들을 보고 "이르티슈Irtish"라고 외쳤는데, 이는 "내려라"라는 뜻이다. 이르티슈 강의 이름은 그렇게 붙여졌다. 이 남자들의 무리가 소녀를 알아보고 모두 말에서 내려 천막을 쳤다. 샤드는 많은 사냥감을 가지고 돌아와 그들을 환대했다. 그들은 그곳에서 겨울이 될 때까지 머물렀는데 눈이 많이 내려서 돌아갈 수 없었다. 그 지역에는 풀이 풍부했고, 모두 그곳에 머물렀다. 봄이 오고 눈이 녹자, 그들은 부족의 소식을 듣고자 타타르인의 땅으로 사람을 보냈다.

그 사람이 그곳에 도착했을 때 그 지역은 텅 비어 있었다. 적들이 쳐들어와 약탈하고 주민을 모두 살해했기 때문이다. 살아남은 자들이 산기슭에 있다가 그에게 다가왔다. 그는 샤드와 자신의 동료들에 대해 이야기해주었다. 모든 이가 이르티슈로 향했다. 그곳에 도착한 뒤 그들은 샤드를 지배자로 추대하고 공경했다. 이 소식을 듣고 다른 사람들도 오기 시작했다. 700명이 모였다. 그들은 오랫동안 샤드를 섬기며 머물렀다. 훗날 그들의 수가 불어나자 그들은 흩어져서 일곱 부족을 이루었다. 각 부족은 앞서 언급한 일곱 사람의 이름을 부족명으로 삼았다.[75]

## '킵착 초원'의 탄생

킵착 유목민은 역사적으로 하나의 통일 국가를 이루지 못하고 느슨한 부족 연맹을 형성했다. 그럼에도 그들은 11세기 중반부터 몽골 제국이 등장한 시점까지 흑해 초원에서 카자흐 초원에 이르는 드넓은 초원 지대에서 지배 세력으로 군림했다. 그 결과 이 초원 지대는 이슬람 세계에서 페르시아어로 '다슈티 킵착', 즉 킵착 초원으로 불리게 되었다. 훗날 킵착 초원을 지배한 몽골 국가인 주치 울루스는 자국의 영역을 '다슈티 킵착'으로 지칭했다. 일부 역사가들이 사용하는 '킵착 칸국'이라는 국가 명칭은 여기에서 유래했다.

## 유라시아 역사 속 킵착 유목민

11세기 중반에 킵착 유목민은 아랄해·카스피해 북안의 초원 지대에서 거주하던 오구즈 유목민을 그 지역에서 몰아내고 흑해 초원까지 진출했다. 그러고 나서 그곳에서 거주하던 페체네그 유목민까지 몰아내고 키이우 루스 공국 Kyivan Rus'(879~1242)과 접촉하기 시작했다. 루스인은 킵착 유목민을 '폴로브치Polovtzi'라고 불렀다.* 킵착 유목민은 루스인의 땅을 약탈하기도 했고 때로는 루스인과 동맹을 맺었다. 킵착인과 루스 공국의 지배층 사이에서는 혼인 동맹이 드물지 않게 일어났다.

킵착 유목민은 또한 동로마 제국, 발칸반도의 불가리아, 헝가리, 조지아, 호레즘 제국 등지에서 용병이나 외인부대의 일원으로서 활약했다. 이슬람 세계에서 맘룩 또는 굴람으로 불린 노예 군인으로도 중요한 역할을 수행했다. 특히 몽골 제국의 북아프리카 진출을 저지하고, 레반트Levant(동지중해 연안 지역)에서 유럽 십자군을 완전히 몰아낸 바흐리 맘룩 술탄국Baḥrī Mamluk sultanate(1250~1382)의 주축을 이루었던

---

• 서유럽인들은 킵착 유목민을 '쿠만(Cuman)'이라 지칭했다.

세력도 이들 킵착계 맘룩이었다. 킵착 유목민은 13세기 중반에 인도의 델리 술탄국\*에서도 정권을 장악했다. 킵착계 월베를리 부 출신인 기야스 알딘 발반Ghiyās al-Dīn Balban(재위 1266~1287)은 몽골 제국의 북인도 침공을 여러 차례 격퇴했다.

### 투르크인의 외모에 대한 중세 이슬람 문인들의 시각

종말의 시간은 너희가 투르크인들과 싸우기 전까지는 도래하지 않을 것이다. 그들은 눈이 작고, 얼굴빛이 붉으며, 코가 납작한 자들이다. 그들의 얼굴은 가죽으로 덮인 방패처럼 보일 것이다.
— 무함마드 알부하리Muḥammad al-Bukhārī(사망 870)가 기록한 예언자 무함마드의 언행록(하디스) 2928번

함은 검은 피부와 곱슬머리를 가진 모든 이들의 조상이다. 반면, 야벳은 둥근 얼굴과 작은 눈을 가진 모든 이들의 조상이며, 셈은 준수한 외모와 아름다운 머리카락을 지닌 모든 사람들의 조상이다. … 노아의 아들 셈은 아랍인·페르시아인·그리스인의 조상이고, 함은 아프리카 흑인의 조상이며, 야벳은 투르크인과 투르크인의 동족인 고그와 마고그의 조상이다.
— 9-10세기 이란의 이슬람 학자 알타바리al-Ṭabarī

---

• 인도의 델리 술탄국은 13세기 초에서 16세기 초까지 북인도 지역을 지배한 일련의 투르크계 및 아프간계 이슬람 왕조를 지칭한다.

> [투르크인들은] 큰 머리, 넓은 얼굴, 좁은 눈, 납작한 코, 보기 좋지 않은 입술과 치아를 지니고 있다. … 그들 가운데 가장 성질이 거친 자들은 오구즈인과 킵착인이며, 가장 온화하고 잘 따르는 자들은 호탄인과 카를룩인과 티베트인이다. 가장 용감하고 대담한 자들은 투르가이인[Qay, 해奚]이며, 힘든 일과 역경에 가장 익숙하고 활동적인 자들은 타타르인과 야그마인이다. 반면, 가장 게으른 자들은 치길인이다.
>
> — 11세기 이란 지야르 왕조Ziyarid의 군주 카이 카우스Kai Kā'ūs

## 몽골 제국과 킵착 유목민

킵착 유목민의 대다수는 13세기 전반기에 몽골 제국에 정복되었다. 시르다리야강 북안의 초원 지대(카자흐 초원)에서 거주하던 킵착계 유목민인 캉글리Qangli는 칭기스 칸의 장남 주치에게 복속되었고, 흑해 초원의 킵착 유목민은 1237~1242년에 몽골 제국의 동유럽 원정군에 의해 정복되었다. 이들은 킵착 초원을 지배한 주치 울루스 내에서 몽골 초원 출신의 유목민과 융합해 15~16세기에 크림 타타르인, 우즈벡인, 카자흐인의 형성에 기여했다.

킵착 유목민은 또한 원나라(1271~1368)에서 외인부대를 구성했다. 욀베를리 부 출신의 원나라 장군 투투하土土哈, Tutuha와 그의 손자 엘 테무르El-Temür를 비롯한 킵착-캉글리인은 14세기 중반에 원나라 조정에서 강력한 파벌을 이루었다. 원나라가 1368년에 명나라(1368~

1644)에 의해 중국에서 축출되자 킵착인은 몽골인과 함께 몽골 초원으로 이주해 하라친Kharachin이라는 이름의 부족을 형성했다.

## 킵착 유목민 후예의 DNA

옛 킵착 초원의 동반부에 해당하는 오늘날의 카자흐스탄에 거주하는 킵착 및 캉글리 부족민은 킵착 유목민의 직계 후예다. 킵착 부족은 카자흐 오르타 쥬즈Orta Jüz(중中쥬즈)에 속하고, 캉글리 부족은 울루 쥬즈Ulu Jüz(대大쥬즈)에 속한다.* DNA 검사 결과에 따르면, 킵착과 캉글리는 서로 다른 부계 혈통에 속한다. 킵착 부족민의 대다수(63.6퍼센트)는 R1b 하위 그룹인 R1b1a1a1(R1b-M73)이라는 Y-DNA 하플로그룹에 속한다. 이는 카자흐스탄의 킵착 부족과 알타이산맥 지역의 일부 투르크 유목민과 일부 바슈키르인에게서만 보통 이상의 빈도로 나타나는 희귀한 부계 라인이다. 반면 캉글리 부족민의 대다수(67.5퍼센트)는 유라시아의 일부 종족 집단과 아메리카 대륙의 원주민에게서 높은 빈도로 발견되는 Y-DNA 하플로그룹 Q에 속한다. 이는 오구즈계 투르크멘인의 대표적인 부계 혈통이기도 하다.

---

• 카자흐인은 전통적으로 울루 쥬즈, 오르타 쥬즈, 키시 쥬즈(Kish Jüz, 소小쥬즈)라는 세 개의 쥬즈(부족 연맹)에 속해왔다.

## 제3장

# 서아시아와 중동의
# 오구즈계 투르크 민족

오구즈, 셀주크, 오스만, 투르크멘

# 1
# 오구즈

## 페르시아-이슬람 세계의 투르크 민족

오구즈는 9세기에서 10세기에 걸쳐 아랄해·카스피해 북방 초원 지대에서 유목하던 투르크계 부족 연맹이다. 이 지역으로 이주해 오기 이전, 오구즈는 중국 사료에서 철륵으로 통칭되던 유목민 집단에 속했던 것으로 추정된다. 9세기 말 오구즈는 페체네그를 축출하고 아랄해·카스피해 초원 지대의 지배 세력으로 부상했다. 965년, 이들은 키이우 루스와 함께 하자르 제국을 침공해 그 수도를 파괴했다. 11세기 들어 오구즈 유목민은 킵착이 세력을 확장하자 트란스옥시아나 지역으로 남하했다. 이 과정에서 오구즈인은 현지의 이란어 사용 주민들과 섞이면서 외모와 언어가 점차 변했다. 이들은 내륙아시아인의 외모를 상실하고 이란계 정주민을 닮아갔으며, 이들이 사용한 오구즈 투르크어는 카슈가리아 지역에서 사용되던 카를룩 투르크어나 투르판 지역의 위구르인이 구사하던 고대 위구르어와 달리 페르시아어의 영향을 많이 받았다. 오구즈인은 10세기 후반부터 점진적으로 이슬람교로 개종했으며, 이 시기부터 이슬람 세계에서는 이들을 투르크멘Turkmen이라 칭하기 시작했다. 오구즈인의 역사적 중요성은 이들의 후예가 셀주크, 오스만, 사파비 왕조와 같은 강대한 투르크계 제국을 건설했다는 데 있다. 현대 튀르키예인, 아제리인, 투르크멘인은 모두 오구즈인의 후예다.

### 오구즈 유목민의 기원

오구즈인의 기원은 명확하지 않다. 아랄해·카스피해 초원 지대로 이주하기 이전, 오구즈 유목민은 중국 사료에서 철륵이라 통칭되던 유목민 집단에 속했을 것으로 추정될 뿐이다. 또한 이들이 8세기 중반 몽골 초원에서 위구르 제국을 건설한 철륵 집단인 토쿠즈 오구즈와 어떠한 관계였는지도 불분명하다. 다만, 오구즈 부족 연맹의 지배 부족과 씨족은 철륵계였을 가능성이 있다.[1]

그러나 오구즈는 돌궐의 후예는 아니었다. 오구즈 부족 연맹은 22개 혹은 24개 부족으로 구성되었는데, 여기에는 카라한 투르크인과 달리 돌궐계 부족이 포함되지 않았다. 또한 오구즈인은 이슬람 세계로 이동하기 전까지 스스로를 '투르크(돌궐)'라 칭하지 않았다.[2] 11세기 당시 투르크계 집단에 정통했던 카라한 왕조 출신의 문헌학자 마흐무드 알카슈가리도 저서 《투르크어 사전》에서 '투르크'라는 명칭을 광의로 사용하는 경우에만, 즉 내륙아시아 유목민의 총칭으로 사용하는 경우에만 오구즈 유목민을 '투르크'라 지칭했다.*[3]

11세기 들어 오구즈 유목민은 킵착의 세력 확장 탓에 트란스옥시아나 지역으로 남하하게 되었다. 이 과정에서 오구즈인은 현지의 이란계 주민과 섞이면서 언어와 외모가 영향을 받았다. 마흐무드 알카슈가리는 《투르크어 사전》에서 오구즈 투르크어와 카라한 왕조에서 사용된 투르크어\*\*를 명확히 구분하면서 전자가 페르시아어의 영향을 많이 받았다며 다음과 같이 썼다. "오구즈인이 페르시아인과 섞이면서 투르크어 어휘를 잊어버리고 페르시아어 어휘를 사용했다."[4]

   이란계 주민과의 혼혈은 오구즈인의 외모에도 영향을 미쳤다. 10세기 아랍인 역사가이자 지리학자 알마수디al-Masʿūdī(896~956)는 시르다리야강 유역의 양기켄트Yangikent에서 거주하던 오구즈인을 묘사하면서 "특히 용맹하고, 찢어진 눈과 작은 키를 가졌다"라고 기록했다.[5] 이는 이들이 원래 내륙아시아인의 체질인류학적 특징을 지녔음을 시사한다. 그러나 14세기 초 일칸국의 궁정 역사가 라시드 알딘은 저서 《집사》에서 트란스옥시아나로 이주한 오구즈인의 외모가 (당시에 타직인으로 통칭된) 이란계 정주민처럼 변했다며 다음과 같이 서술했다. "기후적 환경 탓에 그들의 외모가 점차 타직인Tajik과 유사하게 변화했다. 그러나 이들은 본래 타직인이 아니었으므로, 현지의 타직인들은 이들을 '투르크만Turkman'이라 불렀다. 이는 페르시아어로 '투르크인과 비슷하다Turk mānand'를 의미한다."[6] 16세기 초 우즈벡 칸

---

- 마흐무드 알카슈가리는 '투르크'라는 명칭을 협의로 사용할 때는 카라한 왕조의 투르크인만을 지칭했다. 예를 들어, 오구즈인과 카라한 왕조의 유목민을 병칭하는 경우, 후자만 '투르크인'이라 불렀다.
- \*\* 이 언어는 현대 학계에서 '카를룩 투르크어(Qarluq Turkic)'로 불린다.

국의 궁정 역사가 하피즈 타니슈 미르 무함마드 부하리Ḥāfiẓ Tanīsh Mīr Muḥammad Bukhārī(사망 1549)의 저서 《압달라나마 'Abdallāh-nāma(압달라의 책)》에서도 오구즈인이 "투르크인의 외모를 상실했다"라고 서술되어 있다.⁷ 또한 17세기 우즈벡 히바 칸국Khanate of Khiva의 칭기즈 혈통 군주이자 역사가 아불가지 바하두르 칸Abū al-Ghāzī Bahādur Khan(재위 1644~1663)도 저서 《투르크멘인의 계보Shajara-yi Tarākima》에서 오구즈인이 트란스옥시아나 지역으로 이주한 후 타직인과 혼혈이 이루어지면서 "턱이 가늘어지고, 눈이 커졌으며, 얼굴이 작아졌다. 또한 코는 더 커졌다"라고 기록했다.⁸

---

### 투르크멘 명칭의 기원에 대한 몇 가지 설명

투르크멘Turkmen은 중세 이슬람 세계에서 주로 이슬람으로 개종한 오구즈인을 지칭하는 명칭으로 처음 사용되기 시작했다.* 이슬람 세계의 여러 학자가 이 명칭의 어원에 대해 설명했는데, 카라한 왕조의 문헌학자 마흐무드 알카슈가리는 투르크멘이 알렉산드로스 대왕(재위 서기전 336~323)이 22명의 오구즈인을 "투르크 마난드Turk mānand"라고 부른 데서 유래했다고 보았다. 페르시아어로 이는 "투르크인과 비슷하다"를 의미한다.

---

• 이슬람 세계에서 '투르크멘' 명칭은 무슬림 투르크 민족이었던 카를룩 유목민을 지칭하는 데 사용된 경우도 있었다.

그들은 오구즈인이다. 그들이 투르크만türkman으로 불리게 된 일화는 다음과 같다. 알렉산드로스 대왕Du-l-Qarnayn이 사마르칸드를 지나 투르크인의 영토로 진군하고 있었다. 당시 투르크의 왕은 슈Shu라는 이름의 젊은 왕이었다. 그는 대군을 보유하고 있었다. 그는 발라사군 인근의 수압 요새를 건설하기 시작한 인물이기도 하다. … 누군가 그에게 알렉산드로스가 접근하고 있다는 소식을 전했다. "그와 싸워야 합니까, 아니면 어떤 명령을 내리실 것입니까?" 이때 슈는 장군 40명을 선발대로 호젠드 강변으로 보내 알렉산드로스가 강을 건너면 보고하라고 했다. … 알렉산드로스가 강을 건너자 선발대는 밤에 와서 그 사실을 보고했다. 그러자 슈는 그날 밤 비상 신호를 울리고 동쪽으로 도주했다. 그러나 왕의 예고 없는 퇴각으로 백성들은 큰 혼란에 빠졌다. … 슈가 군대와 함께 철수할 때 남자들 스물두 명과 그 가족들이 뒤에 남겨졌다. 이들은 그날 밤 제때 가축을 모아 짐을 싣고 떠날 기회를 놓친 자들이었다. … 이제 이들은 도보로 이동할지, 아니면 그곳에 남을지를 두고 고민했다. 그때 이들은 등에 짐을 짊어지고 가족과 함께 군대의 이동 경로를 따라가는 두 사람을 보았다. 지쳐서 땀을 흘리던 이 두 사람은 이 무리와 마주치자, 어떻게 해야 할지 상의하기 위해 멈추어 섰다. … 알렉산드로스가 와서 식별 가능한 특징과 투르크인의 상징을 가진 이 사람들을 보자, 누구인지 묻기도 전에 "투르크 마난드"라고 말했다. 이는 페르시아어로 "투르크인과 비슷하다"라는 뜻이다. 그 이후로 오늘날까지 이들은 '투르크만'이라고 불리게 되었다.[9]

일칸국의 궁정 역사가 라시드 알딘은 저서 《집사》에서 '투르크멘' 명칭의 어원과 투르크멘인의 기원에 대해 다음과 같이 썼다.

과거에는 '투르크멘'이라는 명칭이 존재하지 않았다. 초원 지대에서 거주하며 투르크인을 닮은 모든 부족은 단순히 '투르크Turk'로 불렸으며 각 부족은 저마다의 고유한 별칭을 가지고 있었을 뿐이다. 오구즈 부족이 본래의 거주지를 떠나 트란스옥시아나 이란 지역으로 이주해 자손을 퍼뜨리고 번성했는데, 그 지역의 기후적 환경 탓에 그들의 외모가 점차 타직인Tajik과 유사하게 변화했다. 그러나 이들은 본래 타직인이 아니었으므로, 현지의 타직인들은 이들을 '투르크만Turkman'이라 불렀다. 이는 페르시아어로 '투르크인과 비슷하다Turk mānand'를 의미한다.[10]

인도의 티무르 왕조인 무굴 제국의 궁정 역사가 아불 파즐Abū al-Fażl(사망 1602)은 제3대 무굴 황제 악바르Akbar(재위 1556~1605)에게 헌정한 《악바르나마Akbarnāma(악바르의 책)》에서 이렇게 썼다.

과거에는 '투르크만Turcoman'이라는 명칭이 존재하지 않았다. 이들의 후손이 이란으로 이주해 번성함에 따라 점차 그들의 외모가 타직인Tājik과 비슷하게 변했다. 그러나 그들은 본래 페르시아인이 아니었으므로, 페르시아인들은 투르크인과 유사한 그들을 '투르크만Turk-mān'이라 불렀다. 어떤 이들은 투르크만인을 투르크인과 무관한 별개의 민족으로 보기도 한다.[11]

**오구즈 야브구 국가**

오구즈 유목민은 10세기경 아랄해·카스피해 북안의 초원 지대에서 새로운 강자로 부상한 유목민이다. 압바스 왕조의 사절로서 볼가 불가리아로 향하던 아랍인 여행가 이븐 파들란은 921년경 오구즈인의 땅을 방문했는데, 그의 기록에 따르면 당시 오구즈 유목민의 지배자는 '야브구yabghu'라는 칭호를 사용했다. 그러나 오구즈의 야브구는 강력한 중앙집권적 국가의 통치자라기보다 느슨한 부족 연합체를 대표하는 명목상의 우두머리에 불과했다. 페르시아어 지리서 《후두드 알 알람》은 오구즈인에 대해 다음과 같이 서술했다. "오구즈인Ghūz은 그 생김새가 투박하며, 싸우기를 즐기고, 사악하며, 악의적이다. … 이들은 부족 간 불화가 심해 각 부족마다 별도의 우두머리가 존재한다."[12] 오구즈인의 정치적 중심지는 시르다리야강 하류에 위치한 양기켄트('새로운 도시'라는 의미)로, 오구즈 야브구는 이곳에서 겨울을 보냈다.

오구즈 유목민은 서부 카자흐 초원 지대에 정착하는 과정에서 페체네그라는 또 다른 투르크계 유목 민족과 오랫동안 전쟁을 치렀다. 페체네그 유목민은 오구즈의 압박으로 9세기 후반에 볼가강을 건너 흑해 북안의 초원 지대로 이주했다. 그러자 원래 그곳에서 거주하던 마자르인Magyar(현대 헝가리인의 선조)은 페체네그의 서진에 밀려 판노니아Pannonia(현대 헝가리의 서부) 지방으로 이주했다. 한편 시르다리야강 북안의 초원 지역, 즉 오늘날의 카자흐 초원은 당시 오구즈 유목민의 패권을 반영해 이슬람 세계에서 '오구즈 초원Ghuzz Steppe'('Ghuzz'는 'Oghuz'의 아랍어 표기)으로 불리게 되었다.

965년, 서부 오구즈 유목민은 루스 공국과 연합해 하자르 제국의 수도 아틸을 공격하고 완전히 파괴했다. 그 결과 하자르 제국은 흑해·카스피해 초원 지역에서의 지배권을 상실하고 몰락했다. 985년, 오구즈는 다시금 루스와 동맹을 맺고 볼가 불가리아를 침공했다. 같은 해, 셀주크라는 이름의 오구즈인 군사 지휘관이 이끄는 오구즈 유목민 집단이 시르다리야강 연안의 잔드Jand 지역으로 이주했다. 그의 후손들은 훗날 셀주크 제국Seljuk Empire을 건국했다. 오구즈 유목민은 10세기 후반부터 점진적으로 이슬람교로 개종하기 시작했으며, 이 시기부터 이들은 이슬람 세계에서 '투르크멘'이라는 명칭으로 불리기 시작했다.

11세기 중반, 시르다리야강 북안의 초원 지대에서는 킵착 유목민이 새로운 강자로 부상했다. 이로 인해 이슬람 세계에서 해당 지역은 이제 '오구즈 초원'이 아닌 '킵착 초원'으로 불리게 되었다. 이러한 변동 과정에서 오구즈 부족 연맹은 붕괴했으며, 오구즈 유목민은 각기 다른 방향으로 이주했다. 일부는 서쪽의 흑해 초원으로 이동했고, 대다수는 남쪽의 호레즘, 호라산, 중근동 지역으로 이동했다. 이 과정에서 상당수의 오구즈 유목민은 셀주크 집단에 합류했다. 한편 호레즘과 호라산 지역에 정착한 오구즈 유목민은 나중에 몽골 제국 및 그 계승국가인 우즈벡 칸국의 속민이 되었다. 몽골 제국 시대와 그 이전부터 오구즈 유목민은 아제르바이잔과 아나톨리아 방면으로도 이동했다. 1299년경 오스만 1세Osman I(재위 1299~1323/1324)라는 이름의 오구즈계 군사 지휘관이 이들 중 일부를 이끌고 아나톨리아 서북부 지역에서 새로운 국가를 건설하는데, 이 나라는 훗날 오스만 제국으로 발전한다.

## 페체네그 유목민

페체네그Pecheneg는 9세기 말에서 11세기 중반까지 흑해 초원 지역에 거주한 투르크계 유목 민족 집단이다.[13] 페체네그의 기원에 대해서는 사료의 부족으로 알려진 바가 거의 없다.[14] 다만, 학자들은 페체네그가 오구르 투르크어가 아닌 공통 투르크어를 사용한 집단이었다는 데 대체로 의견의 일치를 보인다.*[15]

9세기 전반기에 카자흐 초원에서 거주하던 페체네그는 오구즈 등 다른 유목 집단들의 압박을 받아, 야익강Yayiq(오늘날의 우랄강Ural) 일대의 초원 지대로 이주했다. 9세기 말, 페체네그는 하자르 제국과 오구즈의 동맹군에게 패배한 후 다시 서방으로 이주해야 했다. 이들은 볼가강을 건너 흑해 초원에 도달해 그곳에서 거주하던 마자르Magyar를 격파했다. 페체네그에게서 밀려난 마자르 유목민은 카르파티아 분지Carpathian Basin로 이주해 현대 헝가리인의 조상이 되었다.

그 이후 약 100년 동안 페체네그는 흑해 초원을 지배했다. 이에 따라 동로마 제국은 페체네그와 동맹을 맺어 키이우 루스를 견제하려 했다. 968년, 페체네그는 키이우 루스의 대공 스뱌토슬라프 1세가 발칸반도 원정에 나선 틈을 타서 키이우를 포위하기도 했

---

• 그러나 공통 투르크어 중 킵착 투르크어를 사용했는지, 아니면 오구즈 투르크어를 사용했는지는 명확히 밝혀지지 않았다. 피터 골든은 페체네그가 킵착 투르크어를 사용했을 가능성이 더 크다고 본다.

다. 972년에는 또 다른 발칸반도 원정에서 귀환하던 스뱌토슬라프의 군대를 공격해 몰살시켰다. 페체네그와 키이우 루스의 충돌은 10세기 말과 11세기 초에 특히 격해졌는데, 1036년에 키이우 인근에서 패배한 이후로 페체네그는 더 이상 키이우 루스에 위협이 되지 못했다. 이와 동시에, 페체네그는 11세기 들어 오구즈의 압박으로 흑해 초원의 서부로 밀려나기 시작했다.●[16] 결국 동로마 제국령이었던 다뉴브 방면으로 남하하던 페체네그는 11세기 중엽에 흑해 초원에서 완전히 축출되었다. 그러다 1091년에 레부니온Lebounion 전투에서 동로마와 킵착 연합군에게 패배하면서 페체네그 유목민 집단은 사실상 와해되었다.

- 오랜 전쟁 과정을 거치면서 페체네그 유목민 중 일부는 오구즈 부족 연맹에 흡수되었다. 마흐무드 알카슈가리가 기록한 오구즈의 22개 부족 목록에서 페체네그는 열아홉 번째 부족으로 등장한다.

## 오구즈에 대한 이븐 파들란의 기록

아랍인 여행가 이븐 파들란은 10세기 초 압바스 왕조가 볼가 불가리아에 파견한 사절단의 일원으로서 바그다드에서 오구즈인의 땅을 거쳐 볼가 불가르 지역을 방문했다. 자신의 여행기 《리살라》에서 그는 오구즈인에 대해 다음과 같이 썼다.

우리는 산을 넘어 구지야Ghuzziyyah라고 알려진 투르크 부족의 땅에 도달했다. 놀랍게도 이들은 동물의 털로 만든 천막을 정기적으로 세우고 치우며 사는 유목민이었다. 그들의 천막은 한 곳에 일부가 세워져 있고, 다른 곳에 같은 수가 세워져 있었다. 이는 유목민의 관행이다. 그들은 아주 초라한 삶을 살고 있다.[17] (오구즈 유목민에 대한 첫인상)

여자들은 가족이든 아니든 남자 앞에서 자기 몸을 가리지 않는다. 어떤 여자는 그 누구 앞에서도 자기 몸의 어느 부분도 가리지 않을 것이다. 어느 날 우리는 한 천막에 들러 그 안에 앉았다. 그 남자의 아내는 우리와 함께 앉았다. 대화 중에 그녀는 갑자기 자신의 음부를 드러내고 바로 우리 앞에서 그것을 긁었다. 우리는 얼굴을 가리고 "하느님, 우리를 용서하소서!"라고 외쳤지만, 그녀의 남편은 단지 웃으며 통역자에게 이렇게 말했다. "우리는 당신들 앞에서 그것을 드러낼 수 있고 당신들이 볼 수 있지만, 그녀는 그것을 안전하게 지키고 있어서 다른 사람들이 접근할 수 없다. 이는 그것을 가리고 다른 사람들이 접근하도록 허용하는 것보다 더 낫다."[18] (오구즈 여성에 대한 묘사)

한 남자가 일정한 개수의 호레즘산 의복을 주는 대가로 다른 남자에게 그의 딸이나 누이, 혹은 다른 여자를 요구한다. 대가가 다 지불되면 신붓감을 넘겨받는다. 어떤 때는 지참금으로 낙타나 말 따위를 주기도 한다. 신부의 보호자와 합의한 지참금을 모두 지급하기 전까지는 미래의 아내에게 접근할 수 없다. 지참금을 다 지불하면 당당하게 신부의 집에 들어가 바로 그곳에서 그녀를 차지한다. 그녀의 아버지, 어머니, 형제들이 있는 앞에서도 그렇게 한다. 아무도 그를 막지 않는다. 한 남자가 아내와 아들들을 남기고 죽으면, 맏아들은 고인의 아내가 그의 생모가 아니라면 그녀와 결혼한다.[19] (오구즈의 결혼 풍습에 대한 묘사)

투르크인은 죽은 이를 위해 방처럼 생긴 큰 도랑을 판다. 그들은 고인을 데려와 튜닉과 허리띠를 입히고, 활을 준다. 술이 담긴 나무 술잔을 그의 손에 쥐여주고, 나무로 된 술통을 그의 앞에 놓는다. 고인의 모든 재산을 묘실로 가져와 그의 옆에 놓는다. 고인을 앉은 자세로 두고 그 위에 지붕을 만든다. 지붕 위에는 진흙으로 유르트처럼 생긴 구조물을 세운다. 고인이 소유했던 말들을 데려와 도살한다. 그 수가 한 마리에서 일이백 마리에 이를 수도 있다. 그들은 말고기를 먹고, 그 말의 머리, 다리, 가죽, 꼬리를 나무 조각들에 못을 박아 걸어놓고는 "그가 천국으로 타고 가는 말들"이라고 말한다. 만일 고인이 용맹한 자로서 누군가를 죽인 적이 있다면, 그가 죽인 사람의 수만큼 나무로 된 인형을 조각해 고인의 무덤 위에 놓고 "천국에서 그를 섬기는 하인들"이라고 말한다.[20] (오구즈의 장례 풍습에 대한 묘사)

# 2

# 셀주크

## 수니파 이슬람 제국을 건설한
## 오구즈 집단

셀주크인은 10세기 후반, '셀주크'라는 인물을 따라 오구즈 부족 연맹에서 갈라져 나온 투르크인 집단이다. 11세기 중엽, 셀주크의 손자 토그릴 벡과 차그리 벡은 이들을 이끌고 이란과 호라산 지역을 지배하는 새로운 수니파 이슬람 제국을 건설했다. 셀주크 제국은 말릭 샤의 치세에 전성기를 맞았으며, 카라한 왕조를 속국으로 삼고 중앙아시아까지 세력권을 확장했다. 셀주크 제국은 시아파 국가인 부와이 왕조 지배하에 있던 수니파 이슬람 세계의 상징적 지도자인 칼리프를 해방하고, 제국 전역에 이슬람 고등 교육 기관을 설립해 수니파 이슬람 사상과 법을 보급하는 등 수니파 이슬람의 부흥에 기여했다. 셀주크 왕조의 한 분파는 1077년에 아나톨리아반도에서 룸 셀주크 술탄국을 수립했는데, 그 결과 이 지역의 투르크화가 시작되었다.

## 셀주크 투르크인의 기원

셀주크인은 10~11세기에 아랄해·카스피해 북방 초원 지대에서 트란스옥시아나와 호라산 지역으로 남하한 오구즈 유목민 집단에서 기원했다. 이들을 이끈 인물은 오구즈 야브구 또는 하자르 카간의 군사 지휘관이었던 셀주크였는데, 그는 주군과의 불화로 시르다리야강 유역의 도시 잔드로 망명했다.[21] 그 뒤로 셀주크의 후예는 '셀주크'로 불렸다. 11세기 초에 호라산 일대에서 용병으로 활동하며 세력을 키우던 셀주크의 손자 토그릴 벡Toghril Beg(사망 1063)과 차그리 벡Chaghri Beg(사망 1060)은 11세기 중반에 셀주크 제국을 수립했다.

오구즈의 후예였던 셀주크 유목민은 돌궐 제국의 후예가 아니었다. 사실 셀주크 왕조는 옛 돌궐 제국이나 돌궐 아시나 왕가에 대한 어떠한 기억도 없었다.[22] 셀주크 왕가는 22개 혹은 24개 부족으로 구성된 오구즈 부족 연맹에서 키닉Qiniq 부 출신이었다. 이들이 오구즈 유목민의 신화적 시조인 오구즈 칸을 자신들의 선조로 여겼는지는 명확하지 않다. 오히려 셀주크 왕가가 하자르 제국과의 연관성을 정통성의 근거로 삼았을 가능성도 있다.[23]

## 셀주크 제국

셀주크 제국은 셀주크의 두 손자 토그릴 벡과 차그리 벡에 의해 건설된 수니파 이슬람 제국이다. 이들은 초기에 카라한 왕조나 가즈나 왕조의 용병으로 활동하면서 세력을 키우다가 1040년에 단단칸Dandānqān 전투에서 가즈나 군대를 대파하면서 이슬람 세계의 새로운 강자로 부상했다. 이란 동부, 아프가니스탄, 인도 북서부를 지배하던 투르크-페르시아계 국가였던 가즈나 왕조는 이 전투에서 패배해 이란 동부 지역을 셀주크 집단에 넘겨준 이후 쇠퇴하기 시작했다.

토그릴 벡은 차그리 벡에게 호라산 지역의 통치를 맡기고 자신은 이란 지역에서 정복 활동을 전개했다. 1051년, 토그릴 벡은 이스파한Isfahan을 점령해 그곳을 제국의 수도로 삼았으며, 1055년에는 압바스 칼리프의 요청에 따라 바그다드로 진군했다. 당시 바그다드를 장악하고 있던 시아파 부와이 왕조Buyid Dynasty(934~1062)를 축출하고, 수니파 이슬람 세계의 상징적 지도자인 칼리프를 해방했다. 이에 대한 보답으로 압바스 칼리프는 토그릴 벡에게 아랍어로 '정치 지도자'를 의미하는 '술탄Sulṭān'이라는 칭호를 하사했다. 이로써 셀주크 제국의 영역은 호라산에서 이란을 거쳐 아제르바이잔까지 확장되었다.

토그릴 벡 사후, 차그리 벡의 아들 알프 아르슬란Alp Arslān(재위 1063~1072/1073)이 제국의 새 술탄으로 즉위했다. 그는 아르메니아, 조지아, 아나톨리아 지역으로 정복 활동을 확대했다. 1071년, 만지케르트Manzikert 전투에서는 동로마 제국의 황제 로마누스 4세 디오게네스Romanos IV Diogenes(재위 1068~1071)가 이끄는 군대를 격파하고 황제를 포로로 삼았다. 이 전투의 결과로 투르크멘 유목민은 아나톨리아로 자유롭게 진입할 수 있었으며, 동로마 제국은 급격한 쇠퇴의 길을 걷게 되었다.

셀주크 제국은 알프 아르슬란의 아들 말릭 샤Malik Shāh(재위 1072~1092)의 통치기에 절정에 도달했다. 그는 중앙아시아 방면으로 영토를 확장해, 당시 카슈가리아와 트란스옥시아나 지역을 지배하던 동서 카라한 왕조를 속국으로 삼았다. 셀주크 제국의 영역은 이제 동쪽으로 카슈가리아에서 서쪽으로 아나톨리아 중부까지 확장되었다. 말릭 샤의 치세에 제국의 행정은 알프 아르슬란 치세부터 재상을 지낸 니잠 알물크Niẓām al-Mulk(사망 1092)가 담당했다. 이란 출신인 니잠 알물크는 페르시아 군주제 전통을 바탕으로 통치 이념과 행정 기법을 정리한 《시야사트나마Siyāsat-nāma(정치의 책)》의 저자로도 널리 알려진 인물이다. 또한 수니파 이슬람 사상과 법을 보급하고, 시아파 이슬람 국가였던 이집트 파티마 왕조Fāṭimid Caliphate의 시아파 확산 정책에 대응하기 위해 제국 전역에 '니자미야Niẓāmiyya'로 알려진 이슬람 고등 교육 기관(마드라사)들을 설립했다. 니잠 알물크는 예술과 과학의 후원자로도 활동했으며, 그가 재상으로 있는 동안 이슬람 건축에서 '네 이완 모스크'의 고전적 형태가 정착되었다.

### 셀주크 건축의 두 가지 예

이란은 셀주크 시대에 건축과 문예의 번영기를 누렸다. 제국 전역에 걸쳐 '니자미야'로 알려진 수많은 마드라사가 건설되었다. '네 이완 모스크'의 고전적 형태도 셀주크 시대에 등장했다. '네 이완 모스크'는 4개의 이완iwan(아치형의 문)이 중앙의 안뜰을 둘러싼 형태의 모스크다. 그 전형적인 예는 이란의 대표적 셀주크 시대 건축물 중 하나로 여겨지는 이스파한의 '금요일 모스크Jāmeh Mosque'다. 이 '네 이완 모스크'는 뒷날 일칸국과 티무르 제국 등지에서 발달한 이슬람 사원 설계의 본보기가 된다. 또 다른 유명한 셀주크 건축물은 마리Mary에 있는 술탄 산자르 영묘다. 이 영묘는 모스크와 궁전을 포함한 복합 건물 단지의 일부로, 술탄 산자르를 위해 지어졌다. 이 영묘는 1999년에 유네스코 세계문화유산으로 지정되었다.

**도판 3.1** 이스파한의 '금요일 모스크' (사진: Hamidespanani / Wikimedia Commons / CC BY-SA 4.0)

**도판 3.2** 술탄 산자르의 영묘 (사진: Hergit / Wikimedia Commons / CC BY-SA 3.0)

니잠 알물크는 1092년에 시아파 이슬람의 한 분파인 이스마일리파Ismāʿīlī(서방에서 '아사신Assassin'으로 알려짐)의 암살자에 의해 살해되었다. 같은 해에 말릭 샤 역시 사망하면서, 유능한 군주와 명재상을 동시에 잃은 셀주크 제국은 내분에 휩싸였다. 그 뒤로 말릭 샤의 여러 아들 사이에서 왕위 다툼이 벌어졌으며, 이러한 혼란은 1118년 산자르가 제위에 올라 제국을 재통합할 때까지 지속되었다.

산자르는 즉위 후 가즈나 왕조를 복속시켰으며, 수도인 메르브Merv(오늘날의 마리)를 학문과 예술의 중심지로 발전시킴으로써 셀주크 제국의 전성기를 다시금 회복했다. 그러나 셀주크 제국은 중앙아시아에서 새롭게 부상한 카라 키타이(서요)와의 대결에서 패하며 몰락하기 시작했다. 금나라에 의해 멸망한 요나라의 유민들이 중앙아시아로 이주해 세운 국가인 카라 키타이는 1141년에 서카라한 왕조를 침략했다. 이에 산자르는 카라한 왕조를 지원하고자 원정을 감행했으나, 사마르칸드 인근 카트완에서 벌어진 전투에서 셀주크-카라한 연합군은 카라 키타이 군에 대패했다. 이로써 동서 카라한 왕조는 모두 카라 키타이의 종속국이 되었으며, 셀주크 제국의 군사적·정치적 권위는 급격히 약해졌다.

그 뒤 셀주크 제국은 내부에서도 심각한 위기에 직면했다. 카트완 전투에서의 패배로 권위를 상실한 산자르는 곧이어 오구즈 유목민의 반란에 직면했으며, 결국 이들에게 패배해 포로로 잡혔다. 반란군은 제국의 핵심 지역인 호라산을 약탈하고 파괴하면서 셀주크 제국의 붕괴를 가속화했다. 산자르는 석방된 직후인 1157년에 사망했으며, 그의 사망과 함께 셀주크 제국은 사실상 몰락했다.

셀주크 왕조의 마지막 군주인 토그릴 3세Toghril III(재위 1176~1194)는 1194년에 호레즘 제국과의 전투에서 패배하고 살해되었다. 이로써 셀주크 제국은 완전히 소멸했으며, 호레즘 제국이 이슬람 세계의 새로운 패자로 부상했다.

## 룸 셀주크 술탄국

룸 셀주크 술탄국Sultanate of Rūm(1077~1308)은 11세기 후반에서 14세기 초까지 아나톨리아반도의 대부분을 지배한 셀주크 왕조다. '룸Rūm'이라는 명칭은 아랍어와 페르시아어에서 '로마'를 의미하는 단어로, 이슬람 세계에서 동로마 제국(비잔티움 제국)을 지칭하는 용어로 사용되었다. 또 아나톨리아 지역을 가리키는 지명이기도 했다. 따라서 룸 셀주크 술탄국이라는 명칭은 아나톨리아에 기반을 둔 셀주크 왕조를 의미한다.

룸 셀주크 술탄국은 말릭 샤의 친척 술레이만Süleyman(재위 1077~1086)이 1077년에 수립했다. 이 국가는 1071년 만지케르트 전투에서 알프 아르슬란이 동로마 군을 대파한 이후 아나톨리아로 이주한 투르크멘 유목민이 주축을 이루었다. 룸 셀주크 술탄국은 알라 알딘 카이쿠바드 1세'Alā' al-Dīn Kayqubād I(재위 1219~1237)의 치세에 전성기를 구가했으며, 이 시기에 정치적 안정과 경제적 번영이 이루어졌다. 그러나 1243년에 쾨세 다그Köse Dağ 전투에서 몽골군에게 결정적으로 패배한 이후 몽골 제국의 종속국으로 전락했다. 그러다 1308년에 마지막 술탄이 암살당하면서 단절되었으며, 그 뒤 아나톨리아는 몽골 일칸국의 속주가 되었다. 룸 셀주크 술탄국의 몰락 이후 아나톨리아에는 여러 투르크멘 공국Beylik이 등장했다. 그중 하나였던 오스만 공국 Ottoman Beylik은 15세기 중반에 강력한 세계 제국으로 성장한다.

    룸 셀주크 술탄국이 지닌 중요한 역사적 의의는 아나톨리아반도의 투르크화의 시작에 있다. 아울러 룸 셀주크의 서진을 저지하려던 동로마 제국의 황제 알렉시오스 1세 콤네노스Alexsios I Komnenos(재위 1081~1118)가 가톨릭 교황에게 군사적 지원을 요청하면서 서유럽 그리스도교 세력이 예루살렘의 탈환을 위해 조직한 십자군 운동Crusades이 촉발된 점도 또 다른 역사적 유산으로 평가된다.

# 3

# 오스만

## 세계 제국을 건설한 투르크멘 민족

오스만인은 세계사에서 가장 크고 강력한 제국 중 하나로 평가받는 오스만 제국(1299~1922)을 건설한 오구즈계 투르크인(투르크멘인)과 이들에 의해 투르크화한 다양한 민족 집단이 융합되어 형성된 집단이다. 오스만인의 기원은 13세기 말 아나톨리아 북서부 지역에서 오스만 1세를 중심으로 형성된 투르크멘인 집단으로 거슬러 올라간다. 이들은 오스만 공국을 건설한 이후 점진적으로 세력을 확장하면서, 14세기에서 17세기에 걸쳐 동남 유럽, 중동, 북아프리카 지역 대부분을 정복했다. 이러한 확장 과정에서 오스만인은 아나톨리아와 발칸반도 등지의 다양한 비투르크계 토착 민족을 투르크화하고 이들을 융합했으며, 그 결과 중앙유라시아 투르크 민족들과는 구분되는 독자적인 오스만인 또는 룸인Rum 정체성을 형성했다.*

## 오스만인의 기원과 형성

오스만 제국은 13세기 후반에 투르크멘 부족장 오스만(즉위 후에는 오스만 1세, 재위 1299~1323/1324)이 아나톨리아 북서부에 건설한 작은 공국에서 기원했다. 15세기 오스만 제국의 역사가들은 오스만이 오구즈 유목민의 신화적 시조인 오구즈 칸의 맏손자 카이Qayı의 후예라고 주장하기 시작했다. 현대 역사학계에서는 오스만의 선조가 몽골 제국 시대 혹은 그 이전인 셀주크 시대에 중앙아시아에서 아나톨리아로 이주한 집단에 속했을 것으로 본다.

오스만을 따르던 전사 집단은 투르크멘 부족민뿐만 아니라 이슬람으로 개종한 아나톨리아의 비투르크멘계 토착민까지 포괄했다.[24] 사실 13세기 중반에도 아나톨리아반도의 인구 대다수는 비투르크멘계 주민이었다. 이를 뒷받침하는 사료는 1255년 몽골 제국의 수도를 방문하고 돌아오는 길에 아나톨리아를 지나갔던 프란체스코회 수도승 윌리엄 루브룩William of Rubruck이 쓴 여행기인데, 그는 이 여행기에서 이렇게 썼다. "투르키아에는 사라센인(무슬림)이 인구의 10분의 1도 되지 않는다. 이곳 주민의 대다수는 아르메니아인과 그리스인이다."**[25] 또한 14세기에 아시아를 광범위하게 여행한 모로코 출신 여행가 이븐 바투타Ibn Baṭūṭah(사망 1377)도 1332년에 아나톨리아를

---

* 셀주크 왕조처럼 오스만 왕조도 (그리고 당대의 다른 모든 투르크 민족들도) 돌궐 제국이나 아시나 왕가에 대한 역사적 기억을 가지고 있지 않았다. 제2천년기 들어 투르크 민족들이 남긴 문헌들이나 구전들은 돌궐과 아시나를 전혀 언급하지 않는다.
** 근대 이전 유럽에서 '투르키아(Turkia)'와 '투르크인'은 주로 아나톨리아반도의 투르크멘 국가와 그곳에서 거주하던 셀주크인과 오스만인을 지칭했다. 중앙유라시아의 다양한 투르크계 집단은 '투르크인'으로 호칭되지 않았다.

방문한 뒤 자신의 여행기에서 "현재 많은 수의 그리스도교 주민이 무슬림 투르크멘의 보호 아래 있다"라고 기술했다.²⁶

오랜 세월 아나톨리아와 발칸반도에서 거주해온 토착민은 오스만 제국이 통치하는 동안 점차 투르크화되었다(이 과정은 20세기까지도 지속되었다). 오스만 제국은 '데브시르메devshirme'라 불리는 그리스도교도 징집 제도를 운용했는데, 이를 통해서도 비투르크계 주민을 투르크화했다.• 오스만 제국은 매년 주로 발칸반도 출신의 "건강하고, 체격이 좋으며, 총명하고 정직해 보이는" 소년들을 선발해 이슬람교로 개종시킨 후 투르크어를 가르치고 군인과 관료로 양성했다. 이 과정에서 다수의 비무슬림 출신 소년이 투르크인이 되었다.²⁷

요컨대 오스만인은 투르크멘인, 그리스인, 불가리아인, 세르비아인 등 다양한 비투르크계 주민과의 융합을 통해 형성된 혼혈 집단이었다.••²⁸ 이에 대해 16세기 오스만 제국의 역사가 무스타파 알리Muṣṭafā 'Alī(1541~1600)는 아랍 칼리프 국가들, 투르크계 및 칭기스 왕조, 오스

---

• 데브시르메('징집'이라는 뜻)는 오스만 제국의 군대와 행정에 필요한 인적 자원을 확보하기 위해 시행되었던 군인·관료 양성 제도였다. 오스만 제국은 주로 발칸반도에서 (주로 7세에서 20세 사이의) 그리스도교 가정의 소년을 모집해 이슬람교로 개종시킨 후 투르크어를 가르치고 군인 또는 관료로 양성했다. 예니체리 정예 보병 군단은 이렇게 양성된 군인으로 구성되었다. 이들은 신분상으로는 술탄의 노예(kul)였으나, 오스만 제국 내에서 지배층의 지위를 누렸다. 오스만 술탄은 이 제도를 통해 양성된 군인과 관료를 등용해 투르크멘 귀족층을 견제하고 중앙집권화를 달성할 수 있었다. 특히 16세기 이후 대재상(grand vezir) 자리는 투르크멘 귀족 출신이 아닌 데브시르메 출신이 독식했다.

•• 현대 튀르키예인의 Y 염색체 변이를 대상으로 한 광범위한 연구에 따르면, 이들 중 중앙아시아 투르크계 민족의 후예는 20퍼센트 미만으로 추정된다. 현대 튀르키예인의 주요 Y-DNA 하플로타입은 근동 및 유럽에서 일반적으로 발견되는 유형과 일치한다.

만 제국의 역사를 다룬 저서 《퀸휠아흐바르Künhü'l-aḫbār(역사의 핵심)》에서 오스만인의 다양한 민족적 배경에 대해 다음과 같이 기록했다. "룸[오스만 제국]의 주민 대다수는 복잡한 민족적 배경을 지니고 있다. 제국의 저명인사 대다수가 이슬람교로 개종한 이들의 후손이다."²⁹

이처럼 투르크멘 집단과 이슬람화와 투르크화를 거친 다양한 민족적 배경을 지닌 집단의 융합의 결과로 형성된 오스만인은 스스로를 중앙유라시아의 투르크인과 구분하는 독자적인 '오스만 정체성'을 발전시켰다.•³⁰ 오스만 문인 중에는 '투르크'라는 명칭을 '무식한' 또는 '부정직한'과 같은 부정적 수식어와 함께 경멸적 의미로 사용하는 사례가 많았다.³¹ 예를 들어, 오스만 제국의 저명한 여행가 에블리야 첼레비Evliya Çelebi(1611~1682)는 자신의 여행기 《세야하트나메Seyâhatnâme(여행기)》에서 아나톨리아의 투르크인을 "교양 없는 시골 뜨기"로 묘사했다.³² 오스만 제국에서 오랜 기간 거주한 아르메니아계 동양학자이자 스웨덴 외교관이었던 이그나티우스 무라드자 도송Ignatius Mouradgea d'Ohsson(1740~1807)••도 1785년에 저술한 《오스만 제국에 대한 총괄적 서술Tableau général de l'Empire othoman》이라는 저서에서 다음과 같이 기록했다.

---

• 역사학자 버나드 루이스(Bernard Lewis, 1916~2018)에 따르면, 오스만 제국의 투르크 정체성은 15세기 중반부터 점차 희미해지기 시작했다.
•• 이그나티우스 무라드자 도송은 《칭기즈 칸에서 티무르까지의 몽골사(Histoire des Mongols depuis Tchinguis-Khan jusqu'à Timour)》라는 유명한 몽골 제국사를 쓴 아브라함 도송(Abraham Constantine Mouradgea d'Ohsson)의 아버지다.

오스만인들은 야만적이고 천한 사람을 지칭할 때 '투르크'라는 명칭을 사용한다. 이들에 따르면, '투르크'라는 명칭은 투르키스탄의 여러 민족, 그리고 마와라알나흐르, 마잔다란, 호라산 등지의 초원 지역에서 낙후한 삶을 영위하는 방랑 집단을 지칭한다. 오스만 제국의 모든 신민은 오스만 왕조의 건국자인 오스만의 이름을 따라 '오스만인Osmanlı'이라 불린다. 따라서 이들은 유럽인들이 자신들을 '투르크인'이라 부르는 이유를 이해하지 못한다. 오스만인은 '투르크'라는 명칭에 가장 모욕적인 의미를 부여하므로, 오스만 제국에 거주하는 외국인들은 이 명칭을 입 밖에 꺼내는 것조차 꺼린다.[33]

오스만인은 서유럽의 애국주의와 민족주의 사상의 영향을 받아 20세기 초가 되어서야 현대적 의미의 투르크인 정체성을 받아들였다.[34]

### 오스만의 꿈

15세기 오스만 제국의 역사가인 아식파샤자데Âşıkpaşazâde(사망 1484?)가 남긴 오스만 왕조의 건국 신화에 따르면, 제국의 창시자인 오스만은 자신의 배꼽에서 거대한 나무가 돋아나 그 그림자가 온 세상을 뒤덮는 꿈을 꾸었는데 이는 그의 후손들이 대제국을 건설할 운명이라고 해석되었다.

오스만 가지 Osman Ghazi는 기도를 드리며 한동안 흐느꼈다. 그는 극심한 졸음을 이기지 못하고 누워서 잠이 들었다. 근처에는 에데 발리라는 성스러운 샤이흐가 살고 있었다. 그는 분명 성스러운 존재였으며, 모든 사람이 그를 믿고 따랐다. 그는 명목상으로는 수도승dervish이었으나, 그의 성스러움은 내면에 감추어져 있었다. 그는 세속적인 재물과 부를 많이 소유했으며, 횃불과 깃발을 가지고 있었다. 그의 숙소는 비어 있는 적이 없었고, 오스만 가지도 가끔 그곳을 방문해 이 성인의 손님이 되기도 했다. 오스만 가지가 자는 동안 그의 꿈속에서, 이 성인의 가슴에서 달이 떠올라 자신의 가슴속으로 들어왔다. 그리고 나서 오스만 가지의 배꼽에서 나무가 자라나 그 그림자가 온 세상을 덮었다. 그 그늘 속에는 산들이 있었고, 모든 산의 기슭에서 저마다 강물이 흘러나왔다. 그리고 어떤 사람들은 그 흐르는 강물을 마셨고, 그 강물의 일부는 정원들을 적셨으며, 또 다른 일부는 샘물이 흐르게 만들었다.

잠에서 깬 오스만 가지가 샤이흐에게 가서 이 꿈을 이야기하자 샤이흐는 이렇게 말했다. "오스만, 내 아들! 왕국이 너와 너의 후손에게 주어졌다. 내 딸 말훈Malkhun이 너의 아내가 될 것이다." 그는 즉시 딸을 오스만 가지에게 주어 그들을 결혼시켰다. 오스만 가지의 꿈을 해석하고 그와 그의 후손이 군주가 될 것이라고 예언한 샤이흐 에데발리에게는 제자가 한 사람 있었다. 그는 두르디Durdi라는 탁발 수도승의 아들 쿰랄 데데Kumral Dede였다. 이제 그 수도승이 말했다.

"오스만, 너에게 왕국이 주어졌으니, 우리에게 감사의 표시를 하는 것이 마땅하다." 오스만 가지는 대답했다. "제가 언제 왕이 되든

> 지 도시를 하나 드리겠습니다." 수도승이 말했다. "우리는 이 작은 마을이면 충분하다. 우리는 도시를 떠났다." 오스만 가지는 이에 동의했다. 수도승이 말했다. "그에 대한 문서를 써주게." 오스만 가지는 대답했다. "제가 문서를 작성한다고 생각하십니까? 그래서 제게 문서를 원하시는 것입니까? 여기, 제 칼이 있습니다. 이것은 제 아버지와 할아버지께서 물려주신 것입니다. 이것을 드리겠습니다. 또한 이 잔도 드리겠습니다. 이 두 가지를 보관하십시오. 이 표식을 간직하십시오. 만일 신께서 저를 섬기게 해주신다면, 제 후손이 이 징표를 알아보고 당신들의 권리를 인정할 것입니다."[35]

## 오스만 제국

### 오스만 제국의 성립

오스만 제국은 13세기 후반 오스만 1세가 아나톨리아반도 북서부의 쇠위트(소구트)Söğüt 지역에 세운 작은 공국beylik에서 기원했다. 오스만은 소구트를 전진 기지로 삼아 동로마 제국의 여러 도시와 요새를 차례차례 정복했다. 그의 아들 오르한Orhan(재위 1326~1362?)은 부르사Bursa를 점령하고 오스만 제국의 수도로 삼았다. 1354년, 오르한은 다르다넬스 해협의 유럽 쪽에 자리한 갈리폴리Gallipoli를 점령해 전략 거점으로 활용하기 시작했다. 오스만 제국은 오르한의 아들 무라드 1세Murad I(재위 1362~1389)의 치세에 발칸반도로 영토를 확장하며 트라키아Thracia 지역의 동로마 제국 도시인 아드리아노플

Adrianople(오늘날의 에디르네Edirne)을 점령했다.

14세기 후반기에 오스만 제국은 발칸반도에서 그리스도교 소년들을 모집하는 데브시르메 제도를 통해 육성한 노예 병사들로 예니체리 yenicheri(투르크어로 '새로운 군대'라는 뜻) 군대를 창설했다. 이 군대를 동원해 오스만 제국은 1389년에 코소보 전투에서 세르비아를 격파하고 발칸반도 대부분을 정복했다. 무라드 1세의 후계자인 바예지드 1세 Bayezid I(재위 1389~1402)는 1394년에 콘스탄티노플을 포위하기 시작했으며, 1395년에는 헝가리를 침공했다. 이에 헝가리 왕은 십자군을 조직해 대응했고, 양측은 1396년에 오늘날의 불가리아 니코폴리스 Nicopolis에서 격돌했다. 오스만 군은 유럽 연합군을 상대로 큰 승리를 거두었으며, 그 뒤로 불가리아는 수 세기 동안 오스만 제국의 일부가 되었다.

바예지드 1세 치세에는 아나톨리아의 여러 투르크멘 공국도 합병했는데, 이 과정에서 바예지드는 중앙유라시아에 광대한 제국을 건설한 차가타이 몽골인 정복자 티무르Temür(재위 1370~1405)와 충돌했다. 1402년, 앙카라Ankara 전투에서 오스만 제국군은 티무르의 차가타이 몽골군에 완패했으며, 바예지드는 포로로 잡혀 이듬해에 사망했다. 바예지드의 사망 이후 그의 네 아들은 왕좌를 두고 10년간 내전을 벌였다. 이 내전이 끝난 뒤 메흐메드 1세Meḥmed I(재위 1413~1421)와 무라드 2세Murad II(재위 1421~1451)의 치세에 오스만 제국은 세력을 회복했다. 메흐메드 1세는 오스만 제국을 재통합했고, 무라드 2세는 1444년 바르나Varna 전투, 1448년 제2차 코소보 전투에서 유럽 연합군을 격파했다. 그 결과 오스만 제국은 발칸반도에서 영토를 확장하고 콘스탄티노플을 다시 포위했다.

### 전성기의 오스만 제국

무라드 2세의 사후, '정복왕 메흐메드'로 널리 알려진 그의 아들 메흐메드 2세Meḥmed II(재위 1444~1446, 1451~1481)가 제위에 올랐다. 그는 1453년 53일간의 공성전 끝에 콘스탄티노플을 함락하고 동로마 제국(비잔티움)을 멸망시켰다. 이로써 오스만 제국은 지중해 동부 및 유럽 남동부에서 최강국으로 부상했다. 1473년, 메흐메드 2세는 오틀룩벨리Otlukbeli 전투에서 우준 하산Uzun Ḥasan(재위 1453~1478)이 이끄는 악 코윤루Aq Qoyunlu(백양조) 투르크멘 군대를 격파하고 동방으로 영토를 확장했다. 또한 오스만 제국은 함대를 파견해 흑해 연안에 위치한 제노바 공화국의 항구들을 점령해 나갔는데, 1475년에는 크림반도 남부 해안까지 진출했다. 이 과정에서 주치 울루스의 계승 국가인 크림 칸국은 오스만 제국의 종주권을 받아들였다.

메흐메드 2세의 뒤를 이어 즉위한 그의 장남 바예지드 2세Bayezid II(재위 1481~1512)는 1484년 다뉴브강과 드네스트르강 하구에 자리한 킬리아Kilia 항구와 아케르만Akkerman 항구를 정복함으로써 흑해를 사실상 "오스만 제국의 내해"로 삼았다. 오스만 제국의 흑해 지배는 17세기 슬라브 코사크Cossack 세력의 약탈 전쟁이 시작되기 전까지 확고하게 지속되었다. 바예지드 2세는 1492년 스페인에서 추방된 세파르디 유대인과 무슬림을 오스만 제국 전역에 정착시킨 정책으로도 잘 알려졌다. 그러나 그는 아들 셀림 1세Selim I(재위 1512~1520)에 의해 폐위되었다.

셀림 1세의 치세에 오스만 제국은 영토를 대대적으로 확장했다. 1514년, 화기로 무장한 오스만 제국의 정예 보병 군단 예니체리는 찰디란Chaldiran 전투에서 사파비 왕조의 중기병 부대를 격파했으며, 그 결과 아나톨리아 동부와 메소포타미아 북부 지역을 제국 영토로 편입했다. 이어서 1516년 마르즈 다빅Marj Dābiq 전투, 1517년 리다니예Ridaniye 전투에서 오스만 포병 부대는 이집트 맘룩 왕조의 기병대를 무찌르고 승리를 거두었다. 이를 통해 오스만 제국은 이슬람 세계의 세 성지(메카, 메디나, 예루살렘)와 더불어 시리아, 이집트, 홍해 연안을 장악하며 이슬람 세계의 패권을 확립했다.

오스만 제국은 1520년 아버지 셀림 1세의 뒤를 이어 즉위한 술레이만 대제Süleyman the Magnificent(재위 1520~1566)의 치세에 최전성기를 맞았다. 술레이만은 동서로 제국의 영토를 확장하면서 정치적·군사적·문화적으로 오스만 제국을 절정기로 이끌었다. 유럽 방면에서는 1526년 모하치Mohács 전투에서 헝가리군을 대파하고 헝가리 영토의 대부분을 오스만 제국에 합병했다. 1529년에는 빈Wien을 포위하며 합스부르크 제국에 압박을 가했다. 서아시아 방면에서는 사파비 왕조와 전쟁을 벌여 1535년에 바그다드를 정복했다. 오스만 제국은 해상에서도 군사적 우위를 과시했다. 1538년 프레베자Preveza 해전에서 오스만 해군은 로마 교황청, 베네치아 공화국, 스페인의 연합 함대를 격파함으로써 동부 지중해에서 해상 패권을 확립했다.

끝으로 술레이만은 법전 편찬자로서도 명성을 떨쳤다. 그의 명에 따라 정비된 오스만 법전kanuns은 수백 년 동안 제국의 행정과 사법 체계의 기초가 되었다. 술레이만의 적극적인 후원으로 오스만 제국은

**도판 3.3** 1890년대의 술레이마니예 모스크
(사진: Library of Congress, LC-DIG-ppmsca-03040)

문화적으로도 황금기를 맞았다. 특히 서예, 삽화술(세밀화), 도자기, 건축 등의 분야에서 두드러진 발전이 이루어졌다. 그리스계 혹은 아르메니아계 출신으로 알려진 건축가 미마르 시난Mimar Sinan(사망 1588)은 술탄의 후원으로 셰자데 모스크Şehzade Mosque, 셀리미예 모스크Selimiye Mosque와 술레이마니예 모스크Süleymaniye Mosque 등을 설계했다. 오스만 건축 양식의 정점을 보여주는 작품으로 평가되는 이 모스크들은 후대 오스만 제국의 공공 건축물에 중요한 모델이 되었다.

술레이만은 1566년에 벌인 헝가리 원정에서 시게트바르Szigetvár 공성전을 치르는 도중에 사망했다. 이어 그의 아들 셀림 2세Selim II(재위 1566~1574)가 그를 승계했다.

> ### 16세기 유럽의 패권국:
> ### 술레이만 대제의 오스만 제국 대 카를 5세의 합스부르크 제국
>
> 합스부르크 제국의 카를 5세Karl V(1500~1558)는 16세기 유럽의 패자로 잘 알려져 있다. 그의 치세에 합스부르크 제국은 오스트리아, 보헤미아(오늘날 체코의 서부 지역), 네덜란드, 스페인 및 중남미의 스페인 식민지를 지배하는 유럽 최대의 제국이었다. 그러나 16세기 유럽에서 최강의 군주는 카를 5세가 아니라 오스만 제국의 술레이만 대제였다. 1526년에 모하치 전투에서 오스만 제국이 승리하고 헝가리 왕국을 멸망시킨 이후, 오스만 제국과 합스부르크 제국은 헝가리의 지배권을 둘러싸고 오랜 기간 충돌했다. 이 과정에서 오스만 제국은 1529년에 빈을 포위하기도 했다.
> 양국은 1547년에 아드리아노플(에디르네) 조약을 체결했는데 카를 5세와 그의 동생인 오스트리아 대공Archduke of Austria 페르디난트 1세Ferdinand I는 이 조약을 통해 오스만 제국의 헝가리 지배를 인정하고, 자신들은 북부 및 서부 헝가리 지역에 대한 영유권만 인정받는 대신 오스만 제국에 연간 3만 금 플로린의 공물을 지급하기로 합의했다. 이 조약에서 주목할 점은 술레이만 대제만 '황제

Kayser-i Rûm(로마 제국의 카이저)' 칭호를 사용했고, 카를 5세는 '황제'가 아닌 '스페인의 왕'으로 지칭되었다는 사실이다.

합스부르크 제국은 페르디난트 1세가 1556년에 카를 5세에게서 황제직을 물려받아 신성 로마 제국 황제Holy Roman Emperor로 즉위한 이후에도 공물을 계속 지급했다. 합스부르크 제국의 황제는 '장기 전쟁Long War'(1593~1606)이라고 불리는 양국 사이의 긴 전쟁을 끝낸 지트바토로크Zsitvatorok 조약에서 처음으로 '황제(파디샤Padishah)'로 불리며 오스만 술탄과 동등한 주권자로 인정받았다. 합스부르크 제국의 공물 지급도 이때 중단되었다. 요컨대 16세기 유럽에서의 최강 군주는 카를 5세가 아니라 술레이만 대제였다.

한편 술레이만 대제의 오스만 제국은 종교 개혁Reformation 운동의 성공에도 간접적으로 기여했다. 1517년, 마르틴 루터가 〈95개조 반박문〉을 발표하며 종교 개혁 운동을 시작하자, 가톨릭 군주였던 카를 5세는 이를 탄압했다. 술레이만 대제는 이때 헝가리 내 프로테스탄트 귀족들과 독일의 프로테스탄트 공들을 공개적으로 지지했다. 오스만 제국과의 전쟁으로 압박을 받고 있던 카를 5세는 결국 1555년에 신성 로마 제국 내 주요 군주들과 아우크스부르크Augsburg 조약을 체결해 프로테스탄트 운동을 공식적으로 인정할 수밖에 없었다. 많은 역사학자가 오스만 제국이 합스부르크 제국에 가한 군사적 압박이 카를 5세가 군사적 자원을 분산시켜야 하는 상황을 초래했고, 그 결과 루터교 운동의 생존과 확장이 가능했다고 평가한다.

### 술레이만 대제 이후의 오스만 제국

오스만 제국은 16세기와 17세기에 여전히 세계에서 가장 강력하고 부유한 국가 중 하나로 군림했다. 술레이만 1세의 치세 이후에도 유럽, 중동, 북아프리카에서 영토를 확장하면서 예멘Yemen, 키프로스Cyprus, 튀니스Tunis, 크레타Crete, 포돌리아Podolia 등의 지역을 합병했다. 그러나 이 시기에 오스만 제국은 점차 과학기술의 발전에서 유럽에 뒤처지기 시작했으며, 이에 따라 군사력과 해군력 역시 상대적으로 약해졌다. 1683년, 제2차 빈 공성전에서 오스만군은 폴란드-리투아니아 연방의 국왕 얀 3세 소비에스키Jan III Sobieski(재위 1674~1696)가 이끄는 유럽 연합군에 결정적으로 패배했다. 그 뒤 1699년에 체결된 카를로비츠Karlowitz 조약은 오스만 제국의 유럽 내 후퇴를 공식화하는 계기가 되었다. 이 조약의 결과로 오스만 제국은 오스트리아-합스부르크 제국, 폴란드-리투아니아 연방, 러시아 제국, 베네치아 공화국에 상당한 영토를 할양해야 했다.

내부적으로는 높은 인플레이션과 합스부르크 제국과 치른 전쟁이 초래한 경제적 부담이 커지면서, 16세기 후반에서 17세기까지 '젤랄리 반란Celali Revolts'이라 총칭되는 일련의 농민 반란이 발생했다. 이렇듯 사회적·경제적 상황이 악화되자 아나톨리아 농민층에서 징집된 비정규 총사 부대인 섹반Sekban, 오스만 제국에서 봉토를 하사받은 기병 계층인 시파히Sipahi 역시 반란에 가담했다.

오스만 제국은 18세기에 이르러 유럽 열강에 비해 상대적으로 뒤처지게 되었으나, 마흐무드 1세Mahmud I(재위 1730~1754)와 무스타파 3세Mustafa III(재위 1757~1774)의 치세에도 여전히 중동 지역에서 패권을 유지했다. 그러나 19세기 들어서는 연이어 영토를 상실했다. 그리스, 세르비아, 루마니아 등 발칸반도 국가들이 독립했고, 이집트, 알제리, 튀니스 등 북아프리카 지역은 영국 제국과 프랑스의 지배하에 놓였다.

20세기 들어 오스만 제국은 제1차 세계대전(1914~1918)에서 독일 및 오스트리아-헝가리 제국과 동맹을 맺고 참전했으나 연합국에 패배했으며, 1920년에 체결된 세브르Sèvres 조약에 따라 종전 후에 제국의 영토는 사실상 해체되었다. 갈리폴리 전투(1915)에서 영국과 프랑스 연합군을 격파하고 튀르키예 독립 전쟁(1919~1923)을 승리로 이끈 무스타파 케말 아타튀르크Mustafa Kemal Atatürk(1881~1938)가 1923년 10월 29일에 튀르키예 공화국을 수립하고 초대 대통령으로 취임함으로써, 600여 년 동안 지속된 오스만 제국은 역사의 뒤안길로 사라졌다.

# 4

# 투르크멘

## 근세 이란의 지배 민족

서아시아의 투르크멘 유목민은 오스만 제국뿐만 아니라 카라 코윤루, 악 코윤루, 사파비 제국, 아프샤르 제국, 카자르 왕조 등의 국가를 건설하고 그 지배층을 형성했다. 한편 중앙아시아의 투르크멘 유목민은 몽골 제국 붕괴 이후 티무르 제국과 우즈벡 칸국의 통치를 받았다. 현대 이란과 아제르바이잔의 오구즈 투르크어를 사용하는 아제리인과 투르크메니스탄의 투르크멘인은 본래의 투르크멘인과 이들에 의해 투르크화한 이란계 주민이 융합되어 형성된 민족 집단이다.

**카라 코윤루**

카라 코윤루Qara Qoyunlu('흑양黑羊'이라는 뜻)는 1378~1469년에 아제르바이잔 지역(오늘날의 아제르바이잔과 이란 북서부) 및 아나톨리아 동부를 지배한 투르크멘 집단이다. 이들은 몽골 제국 시대에 일칸국의 속민으로서 역사에 처음 등장했으며, 나중에는 일칸국의 계승국가인 몽골계 잘라이르 술탄국의 지배를 받았다. 카라 코윤루의 군주 카라 유수프Qara Yūsuf(사망 1420)는 15세기 초에 티무르의 반복된 공격으로 약해진 잘라이르 술탄국을 멸망시키고 독립을 이루었다. 그런 뒤에는 옛 일칸국의 수도 타브리즈Tabriz를 수도로 정하고 영토를 이란 동부까지 확장하면서 지역 강국으로 부상했다. 그러나 카라 코윤루는 티무르의 아들 샤 루흐로부터 세 차례에 걸친 침공을 받은 끝에 티무르 제국의 종주권을 인정해야 했다. 1467년에는 또 다른 투르크멘 집단인 악 코윤루와 치른 전쟁에서 패배했으며, 결국 후자에 의해 흡수되면서 역사에서 사라졌다.

**악 코윤루**

악 코윤루Aq Qoyunlu('백양白羊'이라는 뜻)는 14세기 후반에서 16세기 초까지 아나톨리아 동부와 이란을 지배한 투르크멘 집단이다. 카라 코윤루와 마찬가지로 이들의 기원은 불분명하며, 몽골 제국 시대에 처음으로 역사에 등장했다. 악 코윤루의 통치 가문은 자신들이 오구즈 유목민의 신화적 시조인 오구즈 칸의 손자 바윤두르 칸Bayundur Khan의 후예라고 주장했다. 악 코윤루는 그 지도자 카라 우스만Qara 'Uthmān(사망 1435)이 1402년 티무르에 의해 아나톨리아 남동부 디야르바키르Diyarbakır 지역의 총독으로 임명되면서 카라 코윤루와 경쟁 관계를 형성했다.

악 코윤루는 카라 우스만의 손자인 우준 하산의 치세에 전성기를 이루었다. 악 코윤루는 1467년에 카라 코윤루를 멸망시켰고, 1469년에는 자국을 침공한 티무르 제국의 술탄-아부 사이드Sulṭān-Abū Saʿīd를 매복 작전을 통해 포로로 잡았다. 그러나 1473년에 오틀룩벨리 전투에서 동진하던 오스만 제국에 대패하면서 세력이 약해졌다. 우준 하산의 사후에 악 코윤루는 쇠퇴하기 시작했으며, 결국 16세기 초에 새롭게 등장한 사파비 제국에 합병되었다.

## 《데데 코르쿠트의 책》

《데데 코르쿠트의 책Kitāb-i Dede Ḳorḳud》('데데 코르쿠트'는 '코르쿠트 할아버지'라는 뜻)은 오구즈 유목민과 그 지도자들의 영웅적 행적을 다룬 서사시다. 이 서사에서는 '칸들의 칸'으로 추앙받는 바윤두르 칸과 그의 사위 살루르Salur 등이 주요 영웅으로 등장한다. 15세기경 동부 아나톨리아 지역에서 편찬된 것으로 보이는 《데데 코르쿠트의 책》은 서문과 12개의 전설로 구성되어 있으며, 본문은 운문 구절이 삽입된 산문 형식으로 서술되어 있다.

작품 속에서 '현자 노인'으로 묘사되는 데데 코르쿠트가 저자로 소개되지만, 실제로는 다른 민속 서사시들과 마찬가지로 여러 작가에 의해 구전되면서 형성되었을 가능성이 높다. 이 서사시는 오구즈 유목민의 생활 방식과 관습을 찬미하며, 킵착 유목민을 주적으로 묘사한다.

# 사파비 왕조: 투르크-페르시아 제국

## 사파비 왕조의 기원

사파비 제국Safavid Empire은 1501∼1722년에 이란과 그 주변 지역을 지배한 투르크-페르시아 국가다. 사파비 왕가는 그 기원이 투르크계가 아닌 쿠르드계로 추정된다.[36] 사파비 가문이 이끈 투르크멘 유목민은 열두 이맘파 시아 이슬람Twelver Shi'ism에 대한 충성을 상징하는, 12개의 주름이 있는 붉은 모자를 착용했으며, 이에 따라 '키질바슈Qizilbash'(투르크어로 '붉은 머리'라는 뜻)로 불렸다.

사파비 왕조의 시조는 일칸국 시대에 아제르바이잔의 아르다빌Ardabil에서 사파비야 교단Ṣafaviyya을 창설한 무슬림 신비주의 지도자 샤이흐 사피 알딘 이삭Shaikh Ṣafī al-Dīn Isḥāq(1252∼1334)이다. 사피 알딘과 사파비야 교단은 14세기에 일칸국과 잘라이르 술탄국의 후원 속에서 성장하며 아나톨리아와 아제르바이잔 지역의 투르크멘 부족민을 신도로 포섭했다. 사피 알딘의 사후 그의 후손들은 수니파 이슬람을 추종하던 사파비야 교단을 시아파 이슬람의 열두 이맘파를 추종하는 교단으로 바꾸었다.*

---

* 시아파 이슬람의 열두 이맘파는 예언자 무함마드의 사촌이자 사위인 알리 이븐 아비 탈립이 무함마드의 진정한 후계자(칼리프)라고 믿으며, 알리의 혈통을 통해 이어진 열두 명의 이맘(Imam)을 신성한 지도자로 인정하는 이슬람교 시아파의 가장 큰 분파다. 열두 이맘파는 열두 번째 이맘인 무함마드 알마흐디(Muḥammad al-Mahdī)가 941년부터 '대은둔(Major Occultation)'에 들어갔으며, 세상의 종말이 닥치기 전에 그가 구세주로 재림할 것이라고 믿는다.

**사파비 왕조의 전성기**

사파비 제국을 건설한 이는 샤이흐 사피 알딘 이샥의 후손인 이스마일 1세Ismāʿīl I(재위 1501~1524)다. 그는 1501년에 옛 일칸국의 수도 타브리즈에서 샤shah(이란어로 '왕'이라는 뜻)의 자리에 올라, 이듬해에는 악 코윤루를 격파하고 이란 전역을 지배하기 시작했다. 그는 열두 이맘파 시아 이슬람을 국교로 선포하고, 시아파 무슬림이 최초의 이맘으로 여기는, 제4대 칼리프이자 예언자 무함마드의 사위인 알리 이븐 아비 탈립Alī ibn Abī Ṭālib(사망 661)이 자신의 선조라고 주장했다. 이를 계기로 이란은 시아파 국가로 변모한다.

사파비 제국에서는 키질바슈 투르크멘인이 군사 지배층을 이루고 페르시아인이 관료층을 형성했는데, 이스마일 1세는 중앙집권화를 목표로 전자를 견제하고 후자를 중용하는 정책을 펼쳤다. 1510년, 이스마일 1세는 메르브 전투에서 우즈벡 칸국의 무함마드 시바니 칸을 격파하고 호라산을 정복했다. 그러나 동쪽 변경에 강력한 시아파 국가가 등장하는 것을 용납할 수 없었던 오스만 제국의 셀림 1세가 군사를 이끌고 와 사파비 제국을 공격했다. 1514년의 찰디란 전투에서, 이스마일 1세가 이끄는 키질바슈 기병대는 대포와 소총을 효과적으로 운용한 오스만 군대에 크게 패했고, 그 결과 사파비 제국은 아나톨리아 지역에서 영향력을 상실했다.

1524년, 이스마일 1세가 사망하자 그의 아들 타흐마습 1세Ṭahmāsp I (재위 1524~1576)가 열 살의 나이에 제위에 올랐다. 타흐마습이 성인이 되기 전, 사파비 제국은 키질바슈 집단 내부의 권력 투쟁으로 혼란을 겪었다. 대외적으로는 오스만 제국의 침공을 세 차례 받았으나,

1555년 아마시아Amasya 조약의 체결로 휴전이 이루어졌다. 이 조약으로 사파비 제국은 이라크 지역을 오스만 제국에 빼앗기고 변경에서 더 멀리 떨어진 카즈빈Qazvin으로 수도를 옮겼다. 한편 우즈벡 칸국이 북동쪽에서 여러 차례 호라산을 침공했지만, 타흐마습은 이를 격퇴했다. 부친 이스마일과 마찬가지로 그는 중앙집권화를 목표로 삼아 키질바슈인이 맡았던 주요 직책에 페르시아인 관리를 임명했다. 또한 키질바슈 군대를 약화하고 통제하기 위해 조지아 및 아르메니아 출신의 굴람 부대를 창설했다.

타흐마습의 손자 샤 압바스 1세Shah 'Abbās I(재위 1588~1629)의 치세에 사파비 제국은 전성기를 맞았다. 샤 압바스 1세는 사파비 군대를 강화하기 위해 오스만 제국의 정예 보병 군단인 예니체리를 모방한 새로운 상비군을 창설했다. 이 군대는 그리스도교도인 조지아인과 아르메니아인 굴람, 총사, 포병으로 구성되었다. 강화된 군사력을 바탕으로 1598년, 우즈벡 칸국에 의해 10여 년 전에 빼앗긴 호라산 지역을 되찾았고, 1603년에는 오스만 제국 점령하에 있던 바그다드를 탈환해 이라크 지역에 대한 지배권을 재확립했다. 또한 호르무즈에서 포르투갈인을 축출하는 데 성공했다. 샤 압바스 1세는 키질바슈 군사령관들의 권력과 영향력을 줄여 중앙집권화를 도모하기 위해 키질바슈 군사령관들이 소유하고 있던 영지에 굴람 출신 관리를 파견해 직할지로 바꾸었다. 1598년에는 수도를 카즈빈에서 옛 셀주크 도시인 이스파한으로 옮겼다. 이곳에 '마이단 샤Maidān-i Shāh('왕의 광장', 오늘날의 이맘 광장)'라는 웅장한 광장을 조성하고, 그 주위에 다양한 상업 시설과 공공건물, 이맘 모스크 같은 화려한 모스크들을 건설했다. 사파비 제국은 샤 압바스 1세의 치세에 문화적·예술적 황금기를 누렸다.

**사파비 제국의 멸망**

사파비 제국은 1629년 샤 압바스 1세가 사망한 뒤에 제위에 오른 사피Ṣafi(재위 1629~1642)와 압바스 2세ʿAbbās II(재위 1642~1666)의 치세에 상대적 안정기를 누렸다. 그러나 경제는 악화되었고, 이라크 지역을 또다시 오스만 제국에 빼앗겼다. 결국 1722년에 반란을 일으킨 길자이Ghilzai 아프간인에게 수도 이스파한이 함락되고 마지막 군주가 폐위되면서 사파비 제국은 갑작스럽게 종말을 맞았다.

### 사파비 제국의 유산, 아제리 이란인

이란은 사파비 제국의 지배 기간을 거치며 시아파 이슬람 국가가 되었다. 사파비 제국의 또 다른 중요한 유산은 현대 이란에 거주하는 (오구즈) 투르크어를 사용하는 주민들로, 이란 내에서 아제리인 혹은 투르크인이라 불린다. 이들은 투르크멘인뿐만 아니라 투르크멘인에 의해 투르크화한 이란 토착 주민의 후예로, 주로 이란 북서부의 아제르바이잔 지방과 아르다빌Ardabil 지방에서 거주한다. 공식 통계는 없지만, 많게는 이란 인구의 약 20퍼센트를 차지하는 것으로 추정된다. 현재 이란의 최고 지도자(라흐바르) 알리 호세이니 하메네이Ali Hosseini Khamenei는 아제리인 부친과 페르시아인 모친 사이에서 태어난 투르크계 이란인이다.

## 아프샤르 투르크멘 제국

아프샤르 제국Afsharid Empire은 짧은 기간이나마 동쪽으로는 인도 북부, 서쪽으로는 코카서스 지역에 이르는 광대한 영토를 지배했던 투르크멘 제국이다. 그 창시자 나디르 샤Nādir Shāh(재위 1736~1747)는 우즈벡 칸국의 침공에 대비해 샤 압바스 1세가 변경 지역에 주둔시킨 아프샤르 투르크멘Afshar Turkmen 부족 출신이었다. 한때 한 사파비 왕족의 군사령관이었던 나디르 샤는 1729년에 이스파한을 점령한 길자이 아프간인을 몰아내고 사파비 제국의 실질적 통치자가 되었다. 나아가 사파비 제국의 혼란기에 오스만 제국과 러시아 제국에 빼앗겼던 영토를 탈환해 정통성을 얻음으로써 1736년에 스스로 제위에 올랐다. 군사 천재였던 그는 사파비 제국의 오랜 경쟁국이었던 무굴 제국, 우즈벡 칸국, 오스만 제국 모두와 대결해 승리했다. 1739년에는 카르날Karnal 전투에서 무굴 군대를 격파하고 수도 델리Delhi를 점령해 약탈했다. 이듬해에는 우즈벡인이 지배하는 트란스옥시아나와 호레즘 지역을 점령했다. 1745년에는 카르스Kars 전투에서 오스만 제국군을 물리쳤다. 그러나 1747년 그가 암살된 후 아프샤르 제국은 급격히 분열되었다.

## 카자르 왕조: 이란의 마지막 투르크멘 국가

카자르 왕조Qajar Dynasty는 1794~1925년에 이란을 통치한 투르크멘 왕조다. 다른 투르크멘 왕조들이 투르크멘 유목민의 신화적 시조인 오구즈 칸을 선조로 내세웠던 반면, 카자르 왕조는 일칸국 몽골인의 후예를 자처했다.[37]

카자르 왕조 건국자는 카자르 부 수령 아가 무함마드Āghā Muḥammad(재위 1794~1797)다. 그는 시라즈Shiraz를 수도로 삼고 1751~1794년 사이에 이란을 지배한 잔드Zand 왕조를 멸망시키고 이란의 새로운 지배자가 되었다. 1796년에는 조지아와 코카서스 지역을 재합병했다. 그는 고대 도시 라이Rayy 인근의 테헤란Tehran을 수도로 삼았는데, 이 도시는 오늘날까지 이란의 수도로 남아 있다.

1797년 아가 무함마드가 암살된 후, 카자르 왕조는 러시아를 포함한 유럽 열강들의 공세에 시달렸다. 또한 아가 무함마드의 조카 파트 알리 샤Fatḥ ʿAlī Shāh(재위 1797~1834)의 치세에 러시아와의 전쟁에서 패해 조지아와 아제르바이잔 북부를 잃었다. 파트 알리의 증손자 나시르 알딘Nāṣir al-Dīn(재위 1848~1896)은 서구 과학과 기술의 도입을 통한 근대화를 추구했으나, 카자르 왕조는 결국 20세기 초에 영국과 러시아의 영향력 아래에 놓이게 되었다. 1921년, 팔라비Pahlavi 왕조(1925~1979)의 창시자 레자 샤Reẓā Shāh(재위 1925~1941)가 쿠데타를 일으킴으로써 카자르 왕조는 종말을 고했다. 이로써 수백 년 동안 지속된 투르크멘인의 이란 지배는 끝을 맺었다.

## 제4장

# 킵착 초원과 중앙아시아의
# 몽골계 투르크 민족('투르크-몽골인')

### 주치 울루스, 차가타이 울루스

# 1

# 차가타이

## 중앙아시아의
## 몽골계 투르크인('투르크-몽골인')

'차가타이인'은 중앙아시아의 몽골 국가였던 차가타이 칸국의 투르크-몽골 유목민 지배층을 지칭하는 명칭이었다. 14세기 중반 차가타이 칸국이 동서로 분열된 이후 트란스옥시아나에서 거주하던 서부 차가타이 유목민은 '차가타이인'이라는 명칭을 자칭으로 사용한 반면, 모굴리스탄에서 유목 생활을 하던 동부 차가타이 유목민들은 자신들을 '모굴인Moghul', 즉 몽골인이라 불렀다. 그러나 이 두 차가타이 울루스˙ (유목 민족) 모두 '차가타이 몽골인' 정체성을 가지고 있었다. 차가타이인은 중앙아시아의 티무르 제국과 남아시아의 무굴 제국이라는 세계사적으로 중요한 두 제국을 건설했다. 동부 차가타이인(모굴인)은 현

- 몽골어 어휘 '울루스'는 백성, 민족, 국가 등으로 번역할 수 있다.

대 중국의 신장 남반부('동투르키스탄') 지역을 17세기 말까지 지배하며 현대 위구르인의 형성에 기여했다.

## 차가타이인의 기원과 정체성

포스트 몽골 시대 중앙아시아의 '차가타이인Chaghatay'은 다름 아닌 칭기스 칸(재위 1206~1227)이 차남 차가타이 칸(재위 1227~1241)에게 하사한 유목민 집단, 즉 차가타이 울루스의 후예다.* 14세기 중엽 차가타이인 정복 군주 티무르가 서부 차가타이 칸국의 권력을 장악할 당시 차가타이 울루스는 바를라스Barlas, 아를라트Arlat, 술두스Suldus, 잘라이르Jalayir, 두글라트Dughlat와 같은 몽골에서 기원한 부족들[1]과 몽골 제국 내에서 새롭게 형성되거나 명명된 카라우나스Qara'unas와 같은 부족들로 구성되어 있었다.

차가타이 칸국은 1340년대부터 동부와 서부로 분열되기 시작했다. 아무다리야강과 시르다리야강 사이의 오아시스 지대인 트란스옥시아나에서 거주한 서부 차가타이 울루스는 자신들을 '차가타이인'이라고 칭했다. 티무르 일족도 여기에 포함된다. 반면, 발하슈호와 천산산맥 사이의 초원 지대인 모굴리스탄(페르시아어로 '몽골인의 땅'이라는 뜻)에 거주한 동부 차가타이 울루스는 자신들을 '모굴인(투르크어로 '몽골인'이라는 뜻), 즉 몽골인이라 불렀다. 그러나 두 차가타이 집단은 '차

---

• 이 책에서 '차가타이인' 또는 '차가타이 울루스'라는 집단 명칭은 차가타이 칸국에서 거주한 모든 투르크어 사용 집단이 아닌, 스스로 '차가타이인' 정체성을 지녔던 차가타이 칸국의 유목민 지배층만을 의미한다. 이를테면 카슈가리아와 투르판 지역의 투르크어 사용 정주민이나 천산산맥 일대의 키르기즈 유목민 등은 이 범주에 포함되지 않는다.

가타이 몽골인'이라는 정체성을 공유했다. 예컨대, 16세기 모굴인 역사가 무함마드 하이다르 두글라트는 저서 《타리히 라시디(라시드사)》에서 차가타이인*과 모굴인을 동일한 몽골 민족 집단이라고 하며 다음과 같이 서술했다. "[몽골 제국의] 네 울루스 중 하나는 몽골인이었다. 나중에 몽골인은 몽굴인과 차가타이인으로 나뉘었다."[2]

한편 티무르 제국의 역사가들은 동부 차가타이인을 주로 '모굴인'이라고 지칭했지만, 동시에 '모굴인'도 티무르 일족과 마찬가지로 차가타이 울루스에 속한 집단으로 묘사했다. 예컨대, 티무르 왕조의 역사가 환다미르Khvāndamīr(사망 1534/1535)는 동부 차가타이 군주 투글룩 티무르 칸을 "자타** 차가타이 울루스ulūs-i Jaghatāy-i Jata의 지배자"라고 불렀다.[3] 중요한 것은 티무르 왕조의 역사가들이 티무르 일족 역시 몽골인으로 묘사했다는 점이다.[4] 티무르의 아들이자 후계자 샤루흐Shāhrukh(재위 1409~1447)의 명으로 편찬된 티무르 왕조의 계보서 《무이즈 알안삽 피 샤자라트 알안삽Muʻizz al-ansāb fī shajarat al-ansāb(가문에 영광을 주는 자)》에서는 티무르 왕조를 "몽골인 군주들salāṭīn-i Mughul"로 지칭했다.[5] 또한 샤 루흐의 아들 이브라힘 술탄Ibrāhīm Sulṭān(사망 1435)의 궁정 역사가 샤라프 알딘 알리 야즈디Sharaf al-Dīn ʻAlī Yazdī(사망 1454)는 《자파르나마Ẓafar-nāma(승리의 책)》에서 티무르의 군대를 "몽골 군대"라고 칭했다.[6]

---

• 무함마드 하이다르 생존 당시의 차가타이인은 티무르 제국에서 유목민 지배층을 이루고 있었다.
•• 여기서 '자타'는 모굴인에 대한 비칭(卑稱)으로, 도적 등을 의미한다.

## 차가타이인의 기원에 대한 클라비호의 기록

루이 곤살레스 데 클라비호Ruy González de Clavijo(사망 1412)는 카스티야 왕 엔리케 3세Enrique III(재위 1390~1406)가 티무르 제국에 파견한 사신이다. 그는 1404년에 사마르칸드를 방문한 뒤 쓴 여행기에서 티무르를 비롯한 티무르 제국의 유목민이 차가타이 칸의 이름을 따서 스스로를 '차가타이인'이라 부른다고 썼다. 또한 이들이 몽골(타르타리아Tartaria)에서 사마르칸드 지역으로 이주한 몽골인(타타르Tartaros)의 후예라고 썼다. 다음은 클라비호가 차가타이인의 기원을 서술한 대목이다.

타타르인들이 이 땅에 정착해 '차가타이Zagatays'라는 이름을 갖게 된 이유는 다음과 같다. 오래전 타타르의 황제가 있었는데, 그는 '세상의 보물'이라는 뜻의 도르간초Dorgancho라는 도시 출신이었다. 이 황제[칭기즈 칸]는 광대한 영토를 정복해 다스렸으며, 사망할 때 네 아들, 즉 가부이, 자가타이Zagatay[차가타이], 에스베크Esbeque, 차르카스Charcas에게 영토를 나누어 주었다. 네 형제는 모두 같은 어머니에게서 태어났다. 아버지는 아들들에게 하나가 되어야 한다고 당부하면서 만약 분열이 일어나면 멸망할 것이라고 경고했다. 자가타이[차가타이]는 용맹하고 관대한 인물이었으나, 형제들 사이에서 질투가 싹텄고, 결국 서로 전쟁을 벌였다. 사마르칸드의 주민들은 이를 보고 자가타이에게 반기를 들었다. 그들은 자가타이의 많은 부하와 자가타이를 살해한 뒤 그 지역 사

> 람을 군주로 세웠다. 자가타이의 부하 다수는 여전히 이 땅에 남
> 아 토지를 소유하며 살아갔으며, 이들의 주군이 살해된 후 이 지
> 역 사람들 모두가 그들을 '자가타이(차가타이)'라고 불렀다.
> 티무르 벡Timour Beg과 그를 따르는 차가타이인은 이 차가타이 타
> 타르인의 후예다. 오늘날 사마르칸드 땅의 많은 사람이 차가타이
> 인이 지닌 명성 때문에 자신들을 '자가타이'라고 자칭한다.[7]

티무르의 후손인 바부르Babur가 건국한 무굴 제국의 지배층도 차가타이인 정체성을 가지고 있었다. 18세기 초에 편찬된 무굴 제국의 역사서 중에 《타즈키라트 알살라티니 차가타Tazkirat al-Salāṭīn-ī Chaghatā》가 있는데, 이 제목은 '차가타이 군주들의 전기 선집'이라는 뜻이다.[8] 또한 악바르 황제의 궁정 역사가 아불 파즐은 무굴 제국의 역사서 《악바르나마》에서 무굴 왕조가 '차가타이'로 불리게 된 이유를 다음과 같이 설명한다.

마와라알나흐르, 투르키스탄, 호레즘의 일부, 위구르인의 땅, 카슈가르, 바다흐샨Badakhshān, 발흐, 가즈니에서 인더스강Indus에 이르는 영토가 차가타이에게 주어졌다. 그[칭기스 칸]는 또한 카불 칸Qabul Khan과 카출라이 바하두르Qachulai Bahdur\*의 맹세를 차가타이에게 전하며 다음과 같

---

* 티무르 왕조의 공식 계보에서 카불과 카출라이 형제는 각각 칭기스 칸과 티무르의 선조다.

이 말했다. "절대로 카라차르 노얀Qarachar Noyan*의 동의 없이 행동하지 말고, 그를 항상 행정 및 재정 관련한 일들에서 너의 동반자로 여겨야 한다." 이들은 부자父子 관계가 되기를 맹세했으며, 이러한 이유로 이 고귀하고 신성한 가문[티무르 왕조]은 '차가타이'라 불리게 되었다.⁹

티무르와 그의 5대손 바부르가 이끈 차가타이인은 중앙아시아에서 티무르 제국을, 남아시아에서는 무굴 제국을 각각 수립했다. 이들 차가타이인은 인도-유럽계 언어를 사용하는 중앙아시아와 남아시아의 정주민**을 비롯한 다양한 집단을 지배한 엘리트 계층이었다. 한편 16세기 초 모굴인은 그들의 중심지를 모굴리스탄에서 동투르키스탄 지역으로 옮겨 17세기 말까지 이 지역을 지배했다. 모굴 칸국은 옛 카라한 투르크인, 투르판의 불교도 위구르인, 투르크화한 토착 인도-유럽계 주민을 하나로 통합해 현대 위구르인의 형성에 기여했다.

### 몽골계 투르크인의 형성과 정체성

칭기스 칸이 수립한 몽골 제국은 투르크 세계에 막대한 영향을 미쳤다. 현대 역사가들은 칭기스 칸이 세운 유목 제국을 '몽골 제국'

---

• 카라차르는 칭기스 칸이 임명한 차가타이 칸국의 주요 군사령관 중 한 명으로, 티무르의 5대 선조다.
•• 이들은 각각 타직인(Tajik)과 힌두인(Hindu)으로 불렸다.

이라고 부르지만, 이 제국은 본질적으로 '투르크-몽골' 제국이자 '내륙유라시아' 제국이었다. 몽골 제국은 유라시아의 정주 지역인 중국, 키이우 루스, 이란, 중동 등을 정복하기에 앞서 먼저 내륙유라시아의 유목 민족들을 통합했다.*[10] 우선 바를라스, 쿵기라트 Qunqirat/쿵그라트, 망쿠트Mangqut/망기트, 두글라트, 우신Ushin 등으로 구성된 원原 몽골 부족, 그리고 몽골 초원 및 인근 지역에서 거주하던 몽골어 사용Mongolic 비몽골계 유목 집단인 케레이트 Kereit, 잘라이르, 오이라트, 타타르 등과 투르크어 사용 유목 집단인 나이만, 옹구트, 위구르 등을 통합했다. 이처럼 몽골 제국은 성립 초기부터 다언어 국가였다. 이러한 맥락에서 《몽골 비사祕史》는 칭기스 칸이 1206년에 쿠릴타이에서 선포한 새 울루스를 "펠트 천막의 울루스sisgei to'urqatu ulus"라고 기록했다.[11] 일칸국의 궁정 역사서 《집사》는 몽골 제국에 통합된 몽골 초원 일대의 유목민을 크게 세 부류로 나눈다. 첫째, '원原 몽골' 부족, 둘째, "새로이 몽골이라 불리게 된" 집단, 셋째, "몽골에 복속되었으며 몽골과 유사한" 집단이다.**[12] 그 뒤 몽골 제국은 킵착 초원과 그 주변 지역에서 거주하던 투르크계 유목민인 킵착과 캉글리를, 그리고 몽골계 언어 사용 집단인 카라 키타이(서요) 등을 병합했다. 이들을 바탕으로 몽골 제국 내에서는 원나라, 일칸국(훌레구 울루스), 주치 울루스, 차가타

---

• 영국의 페르시아학 연구자 데이비드 모건(David Morgan)은 13세기 초 몽골 초원의 부족들을 '투르크-몽골인(Turko-Mongols)'으로 규정한다.
•• 이 책에서 필자는 라시드 알딘의 몽골계 및 비몽골계 부족 분류 기준을 따른다.

이 울루스라는 네 울루스가 형성되었다. 요컨대 13세기의 몽골 혹은 칭기스 울루스는 원 몽골인과 다양한 몽골어 및 투르크어 사용 유목 집단의 융합 과정을 통해 형성되었다.

1259년 제4대 대칸 뭉케Möngke(재위 1251~1259)의 사망 이후 몽골 제국은 14세기 중반까지 네 개의 독립 국가로 존속했다. 그중에 정주 사회를 지배한 원나라와 일칸국은 14세기 후반에 해체되었다. 원나라는 1368년에 중국 명나라에 의해 멸망했으며, 이에 따라 원나라의 몽골인은 몽골 초원으로 돌아갔다. 일칸국의 몽골인은 몽골계 잘라이르 왕조가 붕괴하자, 14세기 말에서 15세기 초에 투르크멘 유목민과 티무르 제국에 흡수되었다. 그러나 주치 울루스와 차가타이 울루스 및 그 후예는 칭기스 울루스 정체성을 유지한 채 러시아 제국에 의해 정복될 때까지 킵착 초원과 중앙아시아 지역의 대부분을 약 400년 동안 더 지배했다.[13]

14세기 들어 주치 울루스와 차가타이 울루스는 이슬람교로 개종했으며, 각각 킵착 투르크어와 카를룩 투르크어를 공용어lingua franca로 사용하기 시작했다. 그리고 이들은 점차 차가타이인, 모굴인, 우즈벡인,• 카자흐인, 크림 타타르인 등으로 분화했다. 학술 문헌에서는 이들을 '투르크인' 또는 '투르크화한 몽골인' 등으로 지칭하는데, 13세기 몽골 울루스들과 별로 다르지 않은 집단이었다. 특히 Y-DNA 하플로그룹과 체질인류학적 특성 등의 측면에서 볼

---

• 이 책에서 사용하는 '우즈벡'이라는 명칭은 현대 우즈벡인을 지칭하지 않는다. 후자는 1924년에 소련이 만들어낸 새로운 민족 개념이다.

때 동시대의 다른 투르크 민족들, 예컨대 투르크멘인, 키르기즈인, 오스만인 등과 비교하면 13세기 몽골인에 더 가까웠다.[14] 첫째, 이들은 칭기스 혹은 몽골계 왕조의 지배를 받았다. 우즈벡인, 카자흐인, 크림 타타르인은 칭기스 칸의 장남 주치의 후손들이 지배했으며, 모굴인은 칭기스 칸의 둘째 아들 차가타이 칸의 후손들이 통치했다. 티무르 제국과 무굴 제국의 차가타이인은 몽골 바를라스 부 출신인 티무르 가문에 의해 통치되었다. 둘째, 이들은 13세기 주치 울루스와 차가타이 울루스의 부족 집단을 계승했다. 이들은 원原 몽골 부족(바를라스, 바린, 두글라트, 망기트, 쿵그라트, 우신 등), 몽골 초원 기원의 비몽골계 집단(잘라이르, 케레이트, 타타르, 나이만, 옹구트, 위구르 등), 킵착 초원 기원의 집단(킵착, 캉글리 등), 그리고 몽골 제국 혹은 그 계승국가들에서 새롭게 형성된 부족(시린Shirin, 밍Ming 등)으로 구성되었다.[15] 당연히 차가타이인, 모굴인, 우즈벡인, 카자흐인, 크림 타타르인은 자신들을 칭기스 울루스, 즉 몽골 제국의 후예로 인식했다. 이들에게 카라한 왕조의 투르크인, 셀주크 제국의 투르크멘인, 혹은 킵착 유목민을 자신들의 선조로 여기는 의식은 없었다.[16] 그뿐 아니라 당시 이들의 이웃이었던 오스만인과 러시아인 역시 이들을 몽골 제국의 후예로 여겼다. 예를 들어, 16세기 오스만 제국의 역사가 세이피 첼레비Seyfi Çelebi는 내륙유라시아 민족들의 역사를 다룬 저서에서 당시의 칭기스 칸의 후예들을 '크림의 타타르인', '부하라의 우즈벡인', '초원의 카자흐인', '카슈가르의 모굴인', '카슈가르 너머의 칼막인'으로 분류했다.[17]

## 티무르 제국

### '정복자' 티무르

티무르 제국은 14세기 말부터 15세기 말까지 중앙아시아 지역 대부분을 지배한 몽골 제국의 계승국가다. 그 창시자인 티무르는 1320년대에 차가타이 칸국의 키슈Kish라는 마을에서 태어난 것으로 추정된다.[18] 사마르칸드의 남부에 자리한 키슈 일대의 목초지는 차가타이 칸이 몽골 바를라스 부족에게 하사한 봉토였다. 티무르의 5대 조상인 카라차르 노얀Qarachar Noyan은 일칸국의 역사서 《집사》에 칭기스 칸이 차가타이의 군사령관으로 임명한 두 몽골 아미르(군 지휘관) 중 한 사람으로 기록되어 있다.[19] 티무르 제국의 역사서 《자파르나마(승리의 책)》는 칭기스 칸과 카라차르 노얀의 관계를 과장해서 서술한다.

칭기스 칸은 중국에서 알말릭에 이르는 동방 왕국들을 정복한 후 이 나라들과 몽골 부족들을 자신의 아들들과 형제들, 카라차르 노얀(그는 친척이다)을 비롯한 다른 친척들에게 나누어 주었다.[20]

티무르는 1370년에 서부 차가타이 칸국의 권력을 장악했다. 그 후 35년 동안 아나톨리아에서 북인도에 이르는 광대한 영토를 정복했다. 그가 정복하거나 복속시킨 국가에는 동부 차가타이 국가인 모굴 칸국, 호레즘을 지배하던 주치 울루스의 후계 국가인 수피 왕조Sufi Dynasty(1361?~1379), 호라산을 지배하던 이란계 국가인 카르트 왕조 Kartid Dynasty(1245~1381), 이라크와 아제르바이잔을 지배하던 일칸국

의 계승국가인 몽골계 잘라이르 술탄국Jalayir Sultanate(1358~1411), 이
란 중부와 남부를 지배하던 아랍 혈통의 페르시아 왕조인 무자파르
왕조Muzaffarids(1314~1393), 킵착 초원을 지배하던 주치 울루스 등이
포함된다. 그 외에도 티무르는 인도의 델리 술탄국(1398), 이집트의
맘룩 술탄국(1400), 오스만 제국(1402)을 차례로 제압했다. 이 과정에
서 주치 울루스를 재통합했던 톡타미슈 칸Toqtamïsh Khan(재위 1378?~
1395)을 상대로 승리를 거두고, 유럽 연합군을 물리치고 콘스탄티노
플을 포위한 오스만 제국 바예지드 1세와의 대결에서도 승리했다. 당
시 중세 이슬람 세계의 주요 도시였던 바그다드, 우르겐츠Urgench, 델
리, 사라이Sarai, 다마스쿠스Damascus, 앙카라 등이 그에게 점령되었다.
티무르는 1405년에 명나라 원정길에 나섰다가 사망했다.

### 티무르 제국의 수도 사마르칸드에 대한 클라비호의 기록

1404년 사마르칸드를 방문한 카스티야의 사절 루이 곤살레스 데
클라비호는 자신의 여행기에서 그곳에 대해 다음과 같이 기록했다.

사마르칸드는 평야에 위치하며 흙벽으로 둘러싸여 있다. 세비야
보다 약간 크지만, 많은 주택이 얽히고설킨 도시 외곽에는 교외가
형성되어 있다. 많은 정원과 포도밭이 도시를 둘러싸고 있는데 그
일부는 한 리그league 반, 다른 일부는 두 리그 정도까지 뻗어 있
으며, 도시의 위치는 그 중앙이다. 이 정원들과 집들에서는 많은

사람이 살고 빵, 고기, 그 밖의 여러 가지 물건을 파는 사람들이 있어 교외 지역이 성벽 안의 도심보다 인구 밀도가 훨씬 높다. 도시 바깥에 있는 정원 안에는 훌륭하고 웅장한 집들이 있으며, 국왕[티무르]은 그곳에 궁전을 여러 채 두고 있다. 도시 귀족들의 가택이 있는 이 정원들은 아주 넓어서, 사람들이 이 도시에 접근할 때면 거대한 나무들만 보인다.

시내들이 사마르칸드와 그 정원들 사이로 흐르고, 그 정원들 속에는 면화 밭과 멜론 밭이 많다. 이곳에서는 멜론이 맛있고 풍부하다. 크리스마스 무렵이면 멜론과 포도가 넘쳐난다. 매일 수많은 낙타가 멜론을 실어 들여오기 때문에, 사람들이 그것을 모두 어떻게 먹을 수 있을지 의문일 정도다. 그들은 멜론을 무화과처럼 껍질을 벗기고 크게 썰어 햇볕에 말려서 해마다 보관한다.

도시 외곽에는 넓은 평야가 펼쳐져 있으며, 그곳에는 정복지에서 포로로 잡혀 온 사람들이 사는 밀집된 마을들이 있다. 이 지역은 빵, 와인, 과일, 고기, 새 등등 모든 것이 풍부하다. 특히 양은 매우 크고 꼬리가 길다. 어떤 양들은 몸무게가 20파운드에 달한다. 이 양들이 시장에 넘쳐나기 때문에 국왕이 자신의 군대와 함께 그곳에 있을 때에도 한 쌍의 가격은 단지 1두카트ducat[스페인 금화 단위] 정도에 불과하다. 그 밖의 다른 물건도 매우 풍부하여, 보리 일 '파네가fanega' 반을 반 '리알rial'에 상응하는 일 '메리meri'에 팔고, 빵과 쌀의 양은 무한하다.

이 도시는 매우 크고, 물자 공급이 풍부해 경이롭기까지 하다. 사마르칸드 또는 '시메스퀸테Cimes-quinte'라는 이름은 '시메스(큰)'

와 '퀸테(도시)' 두 단어에서 유래했다. 이 도시에서 보이는 물자가 단지 식품만은 아니고 비단, 새틴, 거즈, 태피터, 벨벳 등 다른 다양한 물품도 있다. 국왕은 이 도시를 더 기품 있게 만들고자 하는 강한 열망 때문에 자신이 정복한 각지에서 포로들을 데려와 그 인구를 늘렸고, 특히 어떤 종류의 예술에 능한 사람은 다 데려왔다. 예를 들어, 다마스쿠스에서 비단 직조자와 활·유리·도기 만드는 사람들을 데려왔기 때문에 사마르칸드는 이런 물품들을 가장 잘 만드는 도시가 되었다. 국왕은 또한 터키에서 궁수, 석공, 은세공인을 데려왔다. 병기 제작에 능한 사람들도 데려왔고, 이전에는 이 지역에서 볼 수 없었던 대마大麻와 아마亞麻를 재배했다.

온갖 지역에서 이 도시로 끌려온 남자와 여자의 수는 엄청나게 많았는데 그 수가 15만 명에 달한다고 전한다. 이들은 터키인, 아랍인, 무어인, 그리스도교도 아르메니아인, 가톨릭교도 그리스인, 야고보파, 얼굴에 불로 세례를 주는 특이한 신앙을 가진 그리스도교인 등 다양한 민족으로 구성되어 있었다. 이들의 수가 너무 많아 도시가 이들을 다 수용할 수가 없어서 놀랍게도 많은 사람이 나무 밑이나 동굴에서 살았다.

이 도시에는 다른 지역에서 들어오는 물품도 매우 풍부하다. 러시아와 타르타리아에서는 리넨과 가죽을 보내 오고, 중국에서는 세계에서 가장 좋은 비단 특히 새틴과, 다른 지역에서는 찾아볼 수 없는 사향 같은 향, 또 루비와 다이아몬드, 진주, 대황, 기타 여러 가지 물품을 보내 온다. 중국에서 오는 물품은 이 도시로 들어오는 물품 중에서 가장 훌륭하고 귀하며, 사람들은 중국인이 세계에서 가장 뛰어난 장인이라고 말한다. 중국인들은 스스로 말하기를, 자신들은 두 눈을 가지고 있지만 프랑크인은 한쪽 눈만 있고 무어인은 눈이 멀었다면서, 자신들이 전 세계 모든 민족보다 뛰어나다고 주장한다. 인도에서는 정향, 육두구, 계피, 생강 등 알렉산드리아에는 들어오지 않는 향신료가 들어온다.

이 도시에는 개방된 공간이 많아서, 여러 가지 방법으로 조리된 고기와 잘 꾸민 가금류와 기타 새들을 판매하는 곳들이 있다. 이러한 판매는 낮과 밤을 가리지 않고 계속해서 이루어진다. 또한 고기, 가금류, 꿩, 메추라기를 도살하는 장소도 많다. 도시의 한쪽 끝에는 성이 있으며, 한쪽은 깊은 협곡을 흐르는 시내에 의해 방어되어 있고 매우 견고하다. 왕[티무르]은 이 성 안에 자신의 재물을 보관하고 있으며, 그곳에 들어갈 수 있는 사람은 판관들과 그의 관리들뿐이다. 이 성에는 천 명에 달하는 포로가 있었는데, 뛰어난 장인들이어서 연중 내내 투구, 활, 화살 만드는 일을 했다.[21]

### 티무르의 후예들

티무르가 1405년에 사망한 뒤, 그의 아들들 사이에서 계승 분쟁이 벌어졌으며, 결국 막내아들 샤 루흐(재위 1409~1447)가 승리해 제위를 계승했다. 샤 루흐는 자신이 총독으로 있던 호라산의 헤라트Herat를 제국의 수도로 삼았고, 아들 울룩 벡Ulugh Beg(재위 1447~1449)을 트란스옥시아나의 총독으로 임명했다. 샤 루흐의 치세에 오스만 제국, 델리 술탄국, 카라 코윤루는 티무르 제국의 종주권을 받아들였다. 또한 샤 루흐와 몽골 혈통의 왕비 가우하르 샤드Gawhar Shād(사망 1457)[22]는 예술과 건축을 적극 후원해 티무르 제국의 문화 발전에 기여했다.

1447년 샤 루흐가 사망한 후, 그의 아들 울룩 벡이 제위를 계승했다. 울룩 벡의 치세에 사마르칸드는 과학과 학문의 중심으로 발전했다. 특히 울룩 벡이 수학과 천문학의 발전을 적극적으로 후원해 사마르칸드의 학자들은 이 분야에서 뛰어난 업적을 남겼다. 울룩 벡의 주도로 건립된 사마르칸드 천문대에서 제작된 '울룩 벡 천문표Zīj-i Ulugh Beg'는 1665년에 라틴어로 번역되어 유럽에서도 활용되었다.

울룩 벡이 사망하자 티무르 제국 내에서 또다시 계승 분쟁이 발생했다. 1451년, 티무르의 아들 미란 샤Mīrān Shāh(재위 1366~1408)의 후손 술탄-아부 사이드Sulṭān-Abū Saʿīd(재위 1451~1469)가 주치 울루스의 아불 하이르 칸Abū al-Khair Khan(재위 1428~1468)의 군사적 지원을 등에 업고 사마르칸드의 제위를 차지했다. 1457년, 술탄-아부 사이드는 호라산을 정복하고 헤라트를 수도로 삼았다. 이렇게 해서 그는 트란스옥시아나와 호라산을 동시에 통치한 마지막 티무르 군주가 되었다. 1468/1469년에는 악 코윤루에 빼앗긴 일칸국의 영토를 회복하기 위한 원정을 감행했으나 악 코윤루의 군주 우준 하산의 군대가 펼친 매복 공격으로 포로로 잡혔고, 나중에 티무르 가문의 정적에게 넘겨져 처형되었다.

술탄-아부 사이드가 사망한 뒤, 티무르 제국은 호라산과 트란스옥

- 가우하르 샤드의 아버지 기야스 알딘 타르한(Ghiyth al-Dīn Tarkhān)은 칭기즈 칸에게서 '타르한(공신)' 칭호를 받은 신하의 후손이다.

시아나를 각각 지배하는 두 왕조로 분열되었다. 트란스옥시아나는 술탄-아부 사이드의 아들들이 지배했고, 호라산은 티무르의 둘째 아들인 우마르 샤이흐ʿUmar-Shaikh(1356~1394)의 증손자 술탄-후세인 바이카라Sulṭān-Ḥusain Bayqara(재위 1469~1506)가 1470년에 차지했다. 술탄-후세인 바이카라 치세에 헤라트는 이슬람 세계의 문화 중심으로 부상했다.

## 티무르 제국의 예술과 건축

티무르 제국은 건축·예술·과학을 적극적으로 후원해 동부 이슬람 세계의 문화 및 예술 발전에 크게 기여했다. 티무르 왕조 시기에 가장 번성한 예술 양식은 '서적 미술arts of the book'과 건축이었다.

티무르 제국의 건축은 거대한 규모와 다채로운 타일 장식이 그 특징이다. 샤 루흐와 그의 아내 가우하르 샤드는 페르시아인 건축가 카밤 알딘Qavām al-Dīn을 고용해 헤라트와 마슈하드에 '가우하르 샤드 모스크Masjid-i Gawhar Shad'를 비롯해 다수의 모스크와 마드라사(이슬람 고등 학교 기관)를 건설하게 했다.

티무르 왕조는 또한 궁정 화가들에게 필사본을 장식할 삽화의 제작을 명했다. 특히 샤 루흐와 가우하르 샤드의 후원 아래 헤라트의 티무르 궁정에서 서적 미술이 발전하고 번성했다. 헤라트 학파는 페르시아 세밀화의 정점으로 평가된다. 사마르칸드와 시라즈에서도 티무르 왕조 시기에 '필사본 삽화 예술'이 번영했다.

술탄-후세인 바이카라의 헤라트 궁정에서도 마찬가지로 서적 미술과 문학이 번성했다. 술탄-후세인 바이카라의 신하였던 알리 시르 나바이 'Alīshīr Navā'ī(1441~1501)는 음악가, 시인, 화가를 적극적으로 후원한 것으로도 유명한 인물이다. 그는 호라산 지역에 카라반세라이(상인 숙소), 모스크, 교량, 칸카khānqāh(이슬람 수도원) 등을 건설했다. 알리시르 나바이는 페르시아어와 투르크어 두 언어를 모두 사용해 글을 썼으며, 자신의 저서 《무하카마트 알루가타인Muhākamat al-lughatain(두 언어의 비교)》에서 두 언어의 장점을 논했다. 그는 페르시아어가 사고와 과학을 위한 언어로서 투르크어보다 더 세련되고 깊이 있는 반면에 투르크어는 페르시아어보다 더 지적이고 이해하기 쉬우며 창의적이라고 주장했다.[23]

**도판 4.1** 키슈에 있는 악 사라이(Aq-Sarai) 궁전의 유적

1. 차가타이

티무르 제국의 뛰어난 문화적 업적 덕분에 그들의 예술과 건축 양식은 우즈벡 칸국, 오스만 제국, 사파비 제국, 무굴 제국 등에 광범위하게 영향을 미쳤다. 특히 술탄-후세인 바이카라의 헤라트 궁정은 후대 이슬람 왕조에 중요한 선례가 되었다.[24]

## 알리시르 나바이의 투르크인 정체성

15세기 티무르 제국의 저명한 시인이자 학자인 알리시르 나바이는 저서 《무하카마트 알루가타인》에서 투르크어가 문어로서 페르시아어보다 더 뛰어나다고 주장했다. 그런데 그는 이 저서에서 다음과 같은 말도 했다.

> 시운時運, rūzgār이 아랍인 왕들malik-i 'Arab과 이란인 군주들Sart salṭīni에게서 투르크 칸들Türk khānlar에게로 옮겨 갔다. [따라서] 홀레구 칸의 시대와 티무르 술탄의 시대부터 티무르의 아들이자 후계자인 샤 루흐의 치세에 투르크어로 시들이 쓰였다.[25]

여기서 알리시르 나바이는 칭기스 칸의 손자로서 일칸국을 수립한 훌레구 칸Hülegü Khan(재위 1259~1265)을 이슬람 세계 최초의 투르크인 군주로 묘사한다. 한편 다른 곳에서는 셀주크 왕조의 군주 토그릴 벡을 '이란인 통치자Sart sulṭān'라고 지칭했다.[26] 이는

> 티무르 제국의 지배층이 가진 투르크인 정체성이 현대적 의미의 투르크 개념이나 옛 돌궐인 정체성과 무관한, 몽골인을 포함하는 내륙아시아 유목민의 정체성이었기 때문이다. 알리시르 나바이를 존경한 무굴 제국의 건국자 바부르의 투르크인 정체성도 마찬가지였다. 티무르 제국의 지배층은 자신들을 셀주크 제국이나 카라한 왕조가 아닌 몽골 제국의 후예로 보았다.

## 무굴 제국

### 무굴 제국의 성립

무굴 제국(1526~1857)은 티무르 제국의 계승국으로, 1526년부터 18세기 중반까지 북인도 대부분의 지역을 지배하다 급격히 쇠퇴했다. 이 제국을 창건한 바부르Babur(1483~1530)는 티무르의 5대 후손인데, 외조부인 모굴(동차가타이) 칸국의 군주 유누스 칸Yūnus Khan(재위 1469~1487)을 통해 칭기즈 혈통도 이어받았다.

바부르는 16세기 초 무함마드 시바니 칸이 이끄는 우즈벡 군대가 티무르 제국을 정복할 당시, 제국의 옛 수도인 사마르칸드를 마지막으로 통치하던 티무르 왕족이었다. 나중에 그는 아프가니스탄으로 피신해 카불Kabul을 기지로 삼았다. 1526년에는 파니파트Panipat 전투에서 로디 왕조Lodī Dynasty(1451~1526)의 인도-아프간 군대를 격파했고, 1527년에는 칸와Khanwa 전투에서 라지푸트Rajput 군대를 물리치며 인도 북부에서 티무르 국가를 재건했다.* 이 두 전투에서 바부르는 오스만 제국에서 도입한 화포를 효과적으로 활용한 것으로 유명하다.

1530년에 바부르가 사망하자 그의 아들 후마윤Humāyūn(재위 1530~1556)이 후계자가 되었다. 그러나 후마윤은 1540년 인도의 아프간계 국가인 수르 왕조Sūr Dynasty(1540~1556)에 패배해 무굴 제국으로부터 쫓겨났다. 그러다 15년 뒤인 1555년에 사파비 제국의 군사적 지원을 받아 북인도를 재정복하며 무굴 제국을 재건했다.

> ### '무굴' 명칭의 유래
>
> 인도 토착 주민들은 (모굴인과 우즈벡인으로 구성된) 무굴 제국의 차가타이인 지배층을 '무굴인'이라 지칭했다. '무굴Mughul'이라는 용어는 페르시아어로 '몽골'을 의미하므로, 인도 토착 주민들이 무굴 제국의 지배층을 옛 몽골인 및 차가타이 울루스와 동일시했음을 알 수 있다.
>
> 인도의 이슬람 왕조사를 저술한 16세기 인도 역사가 피리슈타Firishta(사망 1620)는 자신의 책에서 무굴 제국의 건국자 바부르를 티무르와 칭기스 칸의 후손으로 묘사하며 이들 모두를 '무굴인(몽

---

• 로디 왕조는 델리 술탄국을 통치한 아프간계 왕조이고, 라지푸트인은 북서부 인도에서 거주한 힌두교 전사 집단이다.

골인)'으로 지칭했다.²⁷ 시간이 흐르면서 '무굴'이라는 명칭은 차가타이 지배층뿐만 아니라 이란과 중앙아시아 출신의 비非차가타이계 엘리트에게도 적용되었다. 이에 대해 18세기 무굴 제국의 궁정 역사가 카피 칸Khāfī Khān(1664?~1732)은 자신의 저서에서 진정한 '무굴인(몽골인)'은 칭기스 칸, 차가타이 칸, 티무르, 바부르의 후손이라고 주장했다.²⁸ 19세기에도 인도의 토착 주민들은 여전히 무굴 제국의 지배층을 차가타이 칸과 몽골인의 후예로 인식했으며,²⁹ 무굴 황제들 또한 몽골인의 후예로 자처했다. 예를 들어, 악바르 황제 시대의 궁정 역사가 아불 파즐은 자신의 저서에서 무굴 제국의 왕가가 몽골 울루스(민족)에 속한다고 기록했다.³⁰ 이 같은 여러 이유로 16세기와 17세기에 인도로 진출한 유럽인들도 인도의 티무르 왕조를 '무굴인'이라 지칭했다.*

---

* 이 명칭은 '무갈(Mughal)' 혹은 '모골(Mogol)'이라는 형태로 왜곡되어 사용되었다.

## 《바부르나마》

무굴 제국의 창건자인 바부르는 회고록《바부르나마Babur-nāma(바부르의 책)》를 저술한 것으로도 유명하다.《바부르나마》는 티무르 제국의 통용어인 차가타이 투르크어로 쓰였으며, 이슬람 문학에서 최초의 자서전으로 간주된다. 이 회고록은 15세기 말과 16세기 초의 트란스옥시아나, 아프가니스탄, 인도의 생활상을 생생하게 묘사한다.

> 사마르칸드는 거의 140년 동안 우리 [티무르] 가문이 지배했다. 그러다가 어디인지 알 수 없는 곳에서 우즈벡인이라는 외적이 나타나 이곳을 차지했다. 이제 신의 은혜로 우리 손에서 떠났던 영토가 다시 주어졌다. 한때 약탈당하고 파괴된 왕국은 다시 우리의 지배하에 들어왔다.[31] (사마르칸드 재정복에 대한 언급)
>
> 예전에는 우리 조상들이 칭기스 칸의 법전[자삭]을 철저히 준수했다. 회합과 궁정에서, 연회와 만찬에서, 앉는 방식이나 시중드는 일에 이르기까지 그 어떤 것도 이 법을 어기지 않았다.[32] (칭기스 칸의 법전인 '자삭'에 대한 언급)
>
> [힌두스탄은] 이상한 나라다. 우리나라[티무르 제국]와 비교하면 완전히 다른 세계다. 그곳의 산과 강, 숲과 황무지, 마을과 지방, 동물과 식물, 사람들과 언어, 심지어 그곳의 비와 바람까지도 모두 완전히 다르다.[33] (바부르가 인도에서 받은 첫인상)

## 무굴 제국의 전성기

무굴 제국은 제3대 황제인 악바르(재위 1556~1605)와 악바르의 세 후계자의 치세에 최전성기를 누리며 오스만 제국, 사파비 제국과 함께 초기 근대 이슬람 제국으로 자리 잡았다. 또한 이 통치자들의 후원으로 무굴 제국은 문화적 황금기를 경험했다.

델리를 재정복한 직후 사망한 부친 후마윤의 뒤를 이어 열세 살에 제위에 오른 악바르는 무굴 제국 역사에서 가장 위대한 통치자로 평가받는다. 그는 1572년에 구자라트 술탄국을, 1575년에는 벵골 지방을 정복했다. 이로써 무굴 제국은 아라비아해와 벵골만을 통해 오스만 제국을 비롯한 여러 국가와의 해상 교역로를 확보했다. 또한 만사브다르mansabdar라는 군사·행정 제도를 도입해 중앙집권적 통치 체제를 강화하고 제국의 군사력과 행정 효율성을 향상시켰다.●[34] 악바르는 종교적으로 관용적인 군주로도 유명하다. 그는 비무슬림 주민에게 부과되던 세금인 지즈야jizya를 폐지하고 힌두교도에게도 국가의 주요 직책을 맡겼다. 나아가 그 자신이 힌두 왕국의 공주들과 결혼하고 힌두 라지푸트 왕자들과 동맹을 맺어 정치적 연합을 강화했다.

### 악바르의 예술 후원

무굴 제국의 악바르는 뛰어난 군사 지휘관이었을 뿐만 아니라 특히 회화 예술 분야의 훌륭한 후원자였다. 그의 후원으로 페르시아

---

● 만사브다르 제도는 몽골 제국의 십진법 군사 편제에서 기원한 것으로 여겨진다. 몽골군은 10명에서 1만 명에 이르는 십진법 단위로 조직되었다.

1. 차가타이

와 인도의 예술가들은 '서적 삽화book illustration' 분야에서 16세기 후반 무굴 회화 양식을 창조했다. 무굴 회화는 악바르의 후계자인 자한기르와 샤 자한의 후원 아래 17세기에 한층 더 발전했다. 악바르는 몽골 일칸국에서 편찬된 몽골 제국 역사서인 《집사》의 삽화 제작을 명했는데, 이 프로젝트를 통해 제작된 세밀화에는 《집사》에 수록된 몽골 제국의 다양한 역사적 사건이 묘사되어 있다. 그런데 이 세밀화 속에 등장하는 인물들은 실제로는 16세기의 무굴 의상을 착용했으며, 무굴 무기를 사용해 전투를 벌이고, 무굴 건축물에서 거주한다. 따라서 이 세밀화들은 악바르 시대의 생활상을 연구

도판 4.2 '금요일 모스크'로 이어지는 파테푸르 시크리의 성문 (사진: Marcin Biatek / Wikimedia Commons / CC BY-SA 3.0)

하는 데 중요한 사료적 가치가 있다.

악바르는 건축 분야에서도 뛰어난 후원자였다. 그가 후원하고 추진한 주요 건축 프로젝트 중 하나는 1571~1585년에 진행된 파테푸르 시크리Fatehpur Sikri라는 새로운 수도의 건설이었다. 그의 후원 아래, 16세기 후반 무굴 건축 양식은 티무르 왕조의 건축 전통과 토착 힌두 및 이슬람 인도 양식의 융합을 통해 발전했다.

무굴 제국은 악바르를 승계한 유능한 세 후계자, 그러니까 자한기르Jahāngīr(재위 1605~1627), 샤 자한Shāh Jahān(재위 1628~1658), 아우랑제브Awrangzīb(재위 1658~1707)의 치세에 지속적으로 확장되고 문화적으로도 번영했다. 무굴 회화는 1605년에 즉위한 자한기르의 통치하에서 전성기를 맞았다. 자한기르의 아들 샤 자한도 건축의 후원자로 유명한데, 특히 아그라에 위치한 타지마할이 가장 뛰어난 건축 업적으로 평가받는다. 샤 자한은 1646~1647년에 우즈벡 칸국에 원정군을 보내 발흐 지방을 1년 동안 점령했으나 티무르 왕조의 본향인 트란스옥시아나를 재정복하는 데에는 실패했다. 또 1648년에 수도를 아그라에서 델리(오늘날의 구舊델리Old Delhi)로 옮겼는데, 델리는 1857년까지 무굴 제국의 수도로 남았다.

샤 자한의 아들인 아우랑제브 치세에 무굴 제국의 판도는 최고치에 도달했다. 그는 26년에 걸친 군사 원정을 통해 데칸 고원의 여러 무슬림 술탄국을 정복했다. 그러나 아우랑제브는 보수적인 무슬림이

**도판 4.3** 〈왕들보다 수피 샤이흐를 우대하는 자한기르 황제(Jahangir Preferring a Sufi Shaikh to Kings)〉라는 이름으로 알려진 무굴 세밀화. 샤이흐 다음으로 오스만 술탄, 영국 왕 제임스 1세, 그리고 이 세밀화를 그린 비치트르(Bichitr)가 보인다.

었으며, 악바르가 폐지했던 지즈야를 부활시키고 힌두교 사원을 파괴하는 등 종교적으로 비관용적인 정책을 펼쳤다. 그 결과 시크교도, 라지푸트인, 마라타인Maratha 등 여러 비무슬림 집단이 반란을 일으켰다.

### 무굴 제국의 쇠퇴와 멸망

1707년 아우랑제브의 사망 이후 무굴 제국은 제위 계승을 둘러싼 갈등(1707~1720)으로 쇠퇴하기 시작했다. 또한 서부 데칸에서 힌두교도 국가인 마라타 동맹(1674~1818)이 부상하면서 무굴 제국에 큰 타격을 입혔다. 1739년, 이란 아프샤르 왕조의 투르크멘인 통치자 나디르 샤가 델리를 침략하고 약탈하자 무굴 제국은 결정적으로 타격을 입었다. 그 이후 몇십 년 동안 마라타인이 인도의 대부분을 장악했다. 1803년, 영국 제국은 마라타 동맹을 격파한 뒤 꼭두각시 무굴 황제를 통해 인도를 지배했다. 1857년, 마지막 무굴 황제인 바하두르 샤 2세 Bahādur Shāh II(재위 1837~1857)가 영국에 의해 폐위되면서 티무르 왕조는 공식적으로 종말을 맞았다.

## 모굴 칸국

모굴 칸국은 14세기 중반에서 16세기 초까지는 천산산맥 북방의 초원 지역에, 16세기 초에서 17세기 말까지는 타림 분지와 투르판 오아시스(동투르키스탄) 지역에 중심을 두었던 차가타이 국가다. 그 창시자는 차가타이 칸의 후손으로, 동부 차가타이인을 이슬람교로 개종시킨 투글룩 티무르 칸Tughlugh-Temür Khan(재위 1347~1362)이다. 모굴 칸국의 핵심 영토는 동시대인들에게 모굴리스탄(페르시아어로 '몽골인의 땅'이라는 의미)으로 알려졌는데, 이 지역은 발하슈호와 천산산맥 사이의 초원 지대와 일리강 유역을 포괄했다.

16세기 초, 모굴 칸국은 한때 수도였던 타슈켄트Tashkent와 모굴리스탄 지역 대부분을 우즈벡 칸국과 카자흐 칸국에 빼앗기고 그 영역이 신장 남부와 동부(동투르키스탄)로 축소되었다. 이 과정에서 모굴인의 상당수가 우즈벡 칸국, 카자흐 칸국, 무굴 제국에 흡수되었다. 모굴 칸국은 16세기 초에 투르판 오아시스 지역을 정복하고 이 지역을 이슬람화했다. 그 결과 타림 분지의 카를룩 투르크어를 사용하고 이슬람을 믿던 카라한 투르크인과 투르판 오아시스(위구리스탄)의 위구르어를 사용하고 불교를 믿던 위구르인이 하나로 융합되어 현대 위구르인의 조상이 되었다. 이렇듯 모굴 칸국은 현대 위구르인의 형성 과정에 중요한 역할을 했다.

# 2

# 우즈벡

## 주치 울루스의
## 몽골계 투르크인('투르크-몽골인')

포스트 몽골 시대에 킵착 초원에서 거주하던 주치 울루스•의 투르크-몽골 유목민은 이슬람을 국교로 공인한 우즈벡 칸의 치세 이후 '우즈벡Uzbek'(투르크어로는 Özbek)이라는 명칭으로 불리기 시작했다.•• 따라서 '우즈벡인'은 신흥 유목 민족이 아니라, 새로운 집단명을 갖게 된 주치 울루스의 투르크-몽골 유목민을 뜻한다. 러시아인들과 오스만 투르크인들은 이들을 '타타르'라 불렀다. 우즈벡인, 즉 주치 울루

---

• 주치 울루스는 서구 학계에서 '황금 오르다(Golden Horde)'로 더 잘 알려져 있다.
•• 이 책에서 다루는 주치 울루스 유목 민족은 주치 울루스 내에 거주했던 모든 투르크어 사용 집단을 의미하는 것이 아니라, '주치 민족(Jochi eli)'이라는 정체성을 가졌던 유목민 지배층만을 지칭한다. 따라서 볼가 불가르인, 바슈키르인, 추바슈인, 투르크멘인 등은 이 범주에 포함되지 않는다.

스의 투르크-몽골인은 13세기 킵착 초원에서 몽골인과 다양한 내륙유라시아 집단이 융합되어 형성되었다. 16세기 초에 이르러 동부 킵착 초원의 우즈벡인은 크게 두 집단으로 분화했다. 첫째, 시반조朝 우즈벡인은 티무르 제국을 정복하고 중앙아시아의 오아시스 지역으로 남하했다. 둘째, 킵착 초원에 남은 우즈벡인은 '카자흐인Qazaq'이라 불리게 되었다. 시반조 우즈벡인은 트란스옥시아나, 호레즘, 페르가나 지역에서 칭기스 혈통과 비칭기스 혈통의 여러 왕조를 수립했으며, 1860년대에 러시아가 중앙아시아를 정복할 때까지 이들 지역을 지배했다. 현대 우즈벡인은 1924년 소련이 기존의 시반조 우즈벡인뿐만 아니라, 과거에는 우즈벡인으로 간주되지 않던 사르트Sart와 타직Tajik 집단을 한데 묶어서 새로운 '우즈벡 민족'으로 규정하면서 형성되었다.

**우즈벡인의 기원과 형성**

현대 학계에서 '우즈벡Uzbek'이라는 명칭은 주치의 후손 아불 하이르 칸(재위 1428~1468)을 따른 유목민 집단 또는 현대 우즈벡인을 지칭한다. 그러나 포스트 몽골 시대에 '우즈벡'은 킵착 초원의 주치 울루스 유목민을 지칭하는 새로운 이름이었다. 이들은 주치 울루스를 전성기로 이끌고 이슬람교를 국교로 공인한 우즈벡 칸Uzbek Khan(재위 1313~1341)의 치세 이후 '우즈벡인'으로 불리게 되었다.[35] 우즈벡인, 즉 주치 울루스의 유목민은 13세기에 킵착 초원에서 몽골계 부족들과 다양한 내륙유라시아 유목 집단이 융합되어 형성되었다. 16세기 초 동부 킵착 초원(오늘날의 카자흐 초원에 해당)의 우즈벡인은 카작 우즈벡인Qazaq

Uzbek과 시반조 우즈벡인Shibanid Uzbek이라는 두 집단으로 완전히 갈라졌다. 이러한 분화 과정은 15세기 중반 칭기스 칸의 후손인 자니벡 칸Jānībeg Khan과 기레이 칸Girāy Khan이 자신들을 따르는 우즈벡 유목민과 함께 당시 아불 하이르 칸이 지배하던 동부 킵착 초원 지역을 떠나 모굴리스탄 지방으로 이주하면서 시작되었다. 그리고 16세기 초 아불 하이르 칸의 손자 무함마드 시바니 칸Muḥammad Shībānī Khan(재위 1500~1510)이 티무르 왕조를 정복하고 자신을 따르는 우즈벡 유목민과 함께 트란스옥시아나 지방으로 남하하면서 완성되었다. 당대의 역사가들은 아불 하이르 칸과 무함마드 시바니 칸을 따르는 우즈벡 유목민을 '시반 왕조의 우즈벡인'(이하 '시반조 우즈벡인'으로 지칭함)이라 불렀다. 이는 아불 하이르 칸이 칭기스 칸의 장남 주치의 다섯째 아들인 시반Shībān의 후손이기 때문이었다.

시반조 우즈벡 정복자들은 자신들이 몰아낸 차가타이와 모굴의 유목민 일부를 흡수해 그 세력을 확장했다. 또한 티무르 제국의 차가타이인들이 그랬던 것처럼, 이란계 정주민인 타직인을 지배하고 몽골인 정체성도 유지했다.[36] 아울러 시반조 우즈벡인은 주치 울루스와 차가타이 울루스의 유목민으로 구성되었다. 따라서 이들에는 첫째, 몽골계 부족인 망기트, 콩그라트, 아를라트, 바린Barin, 바를라스, 두르만Durman, 케네게스Keneges, 우신 등의 부족, 둘째, 몽골 초원에서 기원한 비몽골계 몽골어 및 투르크어 사용 집단인 잘라이르, 카라 키타이, 케레이트, 나이만, 오이라트, 옹구트, 타타르, 위구르 등의 부족, 셋째, 킵착 초원의 토착 투르크계 부족인 킵착과 캉글리, 마지막으로 새롭게 형성되었거나 명명된 부족인 아르근Arghin, 밍 등이 포함되었다.

한편 현대 우즈벡 민족과 시반조 우즈벡인은 동일한 집단이 아니다. 전자는 소련이 1924년 우즈벡 사회주의 소비에트 공화국Uzbek SSR을 창설하면서 새롭게 형성되었다. 이 민족 집단에는 옛 시반조 우즈벡인뿐만 아니라, 기존에는 우즈벡인으로 간주되지 않던 타직인과 사르트인도 포함되었다.●37

### '우즈벡'의 기원과 의미

아불 가지 칸Abū al-Ghāzī Khan, 마흐무드 이븐 아미르 발리Maḥmūd b. Amīr Valī, 《샤자라트 알아트락Shajarat al-atrāk(투르크인의 계보)》●을 쓴 익명의 저자와 같은 중앙아시아 역사가들은 모두 '우즈벡Uzbek'이라는 명칭의 기원을 14세기 주치 울루스의 우즈벡 칸에서 찾는다. 칭기스 칸의 후손인 우즈벡 칸은 이슬람을 주치 울루스의 국교로 공인한 인물이다. 아불 가지 칸에 따르면, 주치 울루스의 주

----
- 이 책은 울룩 벡이 저술한 《타리히 아르바 울루스(Tārīkh-i arbaʿ ulūs, '네 울루스의 역사')》의 요약본으로 알려져 있다.

----

- 현대 우즈벡인은 '족치 우즈벡인(Joqchi Uzbek)'과 '욕치 우즈벡인(Yo'kchi Uzbek)'으로 구분될 수 있다. 족치 우즈벡인은 방언 및 외모 면에서 현대 카자흐인과 유사하며, 시반조 우즈벡인의 직계 후예다. 과거 우즈벡 칸국의 일부였던 현대 아프가니스탄 북부 지역에는 시반조 우즈벡인의 후예들이 일부 남아 있다. 19세기 기록에 따르면, 이들은 여전히 부족 단위로 조직되어 있었고, 내륙아시아인의 외모를 가지고 있었다.

민들은 우즈벡 칸의 치세에 이슬람으로 개종한 뒤 '우즈벡인'으로 불리게 되었다. 그는 저서 《샤자라이 투르크Shajara-i Türk(투르크인의 계보)》에서 다음과 같이 서술한다.

> [우즈벡 칸은 주치 울루스의] 백성을 이슬람 신앙으로 인도했다. 이 행운을 지닌 군주 덕분에 모든 사람이 이슬람의 영광을 받아들이는 영예를 누리게 되었다. 그의 이름을 따라, 주치인이 우즈벡인이라 불리게 되었다.[38]

《샤자라트 알아트락》의 익명의 편찬자는 '우즈벡'의 기원에 대해 약간 다른 일화를 전한다.

> 술탄 무함마드 우즈벡 칸이 자신의 백성들과 함께 신의 축복과 은총을 받았을 때, 존귀한 사이드 아타Sayyid 'Aṭā가 그들 모두를 마와라알나흐르 지역으로 인도했다. 그러나 사이드 아타의 축복을 받지 못한 채 남겨진 자들은 '칼막Qalmāq'이라 불리게 되었는데, 이는 '남은 자들'이라는 의미다. 사이드 아타와 술탄 무함마드 우즈벡 칸과 함께 떠난 사람들은 타지인들이 "이 새로 온 사람이 누구냐?"라고 물을 때마다 그들의 지도자이자 군주pādshāh의 이름을 언급했다. 이리하여 그들은 '우즈벡'이라 불리게 되었고 남은 사람들은 '칼막'이라 불리게 되었다.[39]

마흐무드 이븐 아미르 발리는 자신의 백과사전적 저작인 《바흐르 알아스라르 피 마나킵 알아흐야르Baḥr al-asrār fī manāqib al-akhyār (고귀한 이들의 미덕에 관한 비밀의 바다)》에서 몽골인이 우즈벡 칸의 치세 이후 '우즈벡인'이라 불리게 되었다고 기록한다.

> 야벳Japheth의 아들 투르크Turk의 시대부터 몽골 칸Mughūl Khan의 통치에 이르기까지, 이 지역의 주민들은 '투르크'로 불렸다. 몽골 칸이 그 지역의 부족들을 다스린 이후, 그 나라 사람들 모두가 '몽골'이라 불리게 되었다. … 그리고 우즈벡 칸Uzbek Khan의 통치 이후, 그 지역의 주민들은 오늘날까지 '우즈벡'으로 불린다.[40]

## '사르트' 명칭의 의미

'사르트Sart'는 포스트 몽골 시대 중앙아시아에서 페르시아어를 사용하던 이란계 정주민을 지칭하는 용어였다. 처음에는 같은 페르시아어 사용자인 정주민을 가리키는 또 다른 용어인 '타직'과 동의어로 사용되었다. 중요한 점은 '사르트'와 '타직'이 몽골인을 포함한 내륙아시아의 유목민을 지칭하던 '투르크'라는 명칭의 상대 개념이었다는 것이다.

본래 '사르트'는 고대 투르크어에서 '상인'을 의미했으며, 이는 산스크리트어에서 '대상隊商의 리더sārthavāha'를 뜻하는 단어에서 차용된 것이다. 16세기 초에 트란스옥시아나의 티무르 제국을 정복한 우즈벡 유목민은 '사르트'라는 명칭을 언어나 민족적 배경에 관계없이 정주민을 지칭하는 용어로 사용하기 시작했다. 그 결과 원래 투르크계 유목민이었으나 정착 생활을 하게 된 집단도 '사르트인'으로 불리게 되었다. 아울러 트란스옥시아나의 페르시아어 사용 토착 정주민이 점차 투르크화하면서 '사르트'는 더 이상 페르시아어 사용자만을 의미하지 않게 되었다. 19세기에 이르러 '사르트'는 투르크어를 사용하거나 이중언어(페르시아어와 투르크어)를 구사하는 도시민을 지칭하는 용어로 정착했으며, '타직'은 페르시아어를 사용하는 정주민을 가리키는 용어로 남았다. 1924년 소련이 중앙아시아에 민족 단위의 공화국들을 창설하면서 '사르트'라는 명칭은 공식적으로 폐기되었으며, 사르트인은 '우즈벡'으로 불리게 되었다.[41]

## 트란스옥시아나의 우즈벡 왕조들

시반조 우즈벡인은 16세기 초부터 1860년대 러시아 제국의 침공 시기까지 중앙아시아 오아시스 지역의 상당 부분을 지배하면서 칭기스 혈통과 비칭기스 혈통의 여러 왕조를 세웠다. 트란스옥시아나(부하라) 지역은 칭기스 혈통의 아불 하이르 왕조Abū al-Khairids와 토카이-티무르 왕조Toqay-Timurids, 그리고 비칭기스계인 망기트 왕조Manghits의 지배를 차례로 받았다. 호레즘(히바) 지역은 칭기스 혈통의 아랍샤 왕조ʿArabshāhids와 비칭기스계인 쿵그라트 왕조Qunghrats가 차례로 통치했다. 한편 페르가나(코칸드) 지역은 18~19세기에 비칭기스계인 샤루흐 왕조Shāhrukhids의 지배를 받았다.

### 아불 하이르 왕조

중앙아시아 오아시스 지대에서 최초로 성립된 우즈벡 왕조는 16세기 초 아불 하이르 칸의 손자인 무함마드 시바니 칸이 건립한 아불 하이르 왕조다. 이 왕조는 아불 하이르 칸의 후손들이 통치했기 때문에 '아불 하이르 왕조'로 불린다.

시르다리야강 유역의 소도시들을 지배하던 무함마드 시바니 칸은, 티무르 제국이 술탄-아부 사이드의 세 아들이 사망한 후 분열되자 1500~1507년에 사마르칸드, 부하라, 헤라트 등 티무르 제국의 주요 도시뿐만 아니라 모굴 칸국이 지배하던 타슈켄트와 페르가나 지역까지 정복했다. 그 결과 수립된 아불 하이르 왕조는 1510년 무함마드 시바니 칸이 메르브 전투에서 사파비 왕조의 창시자인 이스마일 1세에게 패배해 전사하면서 붕괴 직전까지 몰렸다. 그러다 1512년에 시바니 칸의 조카인 우바이달라 술탄'Ubaidallāh Sulṭān(재위 1533~1540)이 사파비 군대를 격퇴하고 트란스옥시아나의 지배권을 회복했다.

16세기 중반 아불 하이르 왕조는 왕족들 간의 내분에 휩싸였는데, 1581년 부하라 지역을 영지로 통치하던 압달라 칸 2세'Abdallāh Khan II(재위 1583~1598)가 경쟁자들을 모두 평정하면서 내분이 종식되었다. 압달라 칸 2세는 1583년에 아불 하이르 왕조의 칸위에 올라 정복 활동을 시작했다. 1584년에는 무굴 제국의 지배하에 있던 바다흐샨 지방을, 1589년에는 사파비 제국의 지배하에 있던 호라산 지역을 정복했다. 1594~1595년경에는 또 다른 시반 우즈벡 왕조였던 아랍샤 왕조가 통치하던 호레즘까지 병합했다. 압달라 칸 2세의 치세에 아불 하이르 왕조는 동부 이슬람 세계에서 가장 강력한 국가로 자리 잡았다. 그러나 1598년에 압달라 칸 2세가 사망한 뒤 왕위를 계승한 그의 아들 압딜 무민'Abd al-Mu'min(재위 1598)이 후손을 남기지 못한 채 암살되면서 아불 하이르 왕조는 단절되었다.

### 부하라에 대한 앤서니 젠킨슨의 기록

16세기 영국의 상인이자 여행가인 앤서니 젠킨슨Anthony Jenkinson은 1558년에 방문한 부하라에 대해 다음과 같이 기록했다.

12월 23일, 우리는 박트리아Bactria의 도시 보가르Boghar[부하라]에 도착했다. 이 도시는 그 지역 전체에서 가장 낮은 지대에 위치하며, 높은 흙벽으로 둘러싸여 있고, 성문이 여러 개 있다. 부하라는 세 구역으로 나뉘어 있으며, 그중 두 구역은 국왕의 영역이고, 나머지 한 구역은 상인들과 시장을 위한 공간이다. 각 직업군은 저마다 거주지와 시장이 따로 있다. 이 도시는 매우 크고, 대다수 가옥이 흙으로 지어졌으나, 화려하게 금박으로 장식된 가택, 사원, 상점 건물도 다수 있다. 특히 매우 정교한 욕실 난방 시설 bathstoves은 세계 어디에서도 찾아보기 어려운 것이다.[42]

### 토카이-티무르 왕조

 토카이-티무르 왕조는 17세기 초부터 18세기 중반까지 트란스옥시아나와 발흐 지역을 통치한 칭기스 왕조다. 이 왕조는 1598년에 아불 하이르 왕조가 단절된 후, 압달라 칸 2세의 외조카인 딘 무함마드 술탄Dīn Muḥammad Sulṭān이 자신의 아버지 자니 벡 술탄Jānī Beg Sulṭān(재위 1598~1603)을 칸으로 옹립하면서 성립되었다.•

 1598년, 압달라 칸 2세 부자의 갑작스러운 사망으로 권력 공백 상태에 빠진 우즈벡 칸국은 외세의 침략으로 중대한 위기에 직면했다. 사파비 제국의 샤 압바스 1세(재위 1588~1629)는 호라산 지역을 탈환하기 위해 우즈벡 칸국을 침공했으며, 이에 맞서 싸우던 딘 무함마드 술탄은 헤라트에서 사파비군과 전투를 치르다가 전사했다. 한편 북쪽에서는 카자흐 칸국의 타왁쿨 칸Tawakkul Khan(재위 1582?~1599?)이 남하해 타슈켄트, 야시Yasi, 안디잔Andijan, 사마르칸드를 점령하면서 우즈벡 칸국은 존립 위기에 처했다. 이 위기를 타개한 인물은 자니 벡 술탄의 또 다른 아들인 바키 무함마드 칸Bāqī Muḥammad Khan(재위 1603~1605)이다. 그는 우선 카자흐군을 격퇴하고 1602년에 발흐 인근에서 샤 압바스 1세가 이끄는 사파비군을 물리쳤다. 이 전투 이후 무르갑 강Murghab이 우즈벡 칸국과 사파비 제국 사이의 경계로 확립되었다. 1603년에 자니 벡 술탄이 사망하자 바키 무함마드는 직접 칸위에 올

---

• 학계에서는 이 왕조를 다양한 명칭으로 지칭한다. '토카이-티무르 왕조'는 딘 무함마드가 주치의 열셋째 아들인 토카이-티무르(Toqay-Temür)의 후손이어서 붙여진 명칭이다. '아스트라한 왕조(Astrakhanids)'는 자니 벡 술탄이 아스트라한(Astrakhan) 출신이어서 붙여진 명칭이며, '자니 왕조(Janids)'는 초대 칸의 이름에 따라 명명된 것이다.

랐으나 1605년에 단명하고 말았다.

바키 무함마드 칸의 뒤를 이어 발흐의 총독이었던 그의 동생 발리 무함마드 칸Valī Muḥammad Khan(재위 1605~1611)이 칸위에 올랐다. 그러나 토카이-티무르 왕조의 실질적 창건자 딘 무함마드의 아들들인 이맘 쿨리 칸Imām Qulī Khan(재위 1611~1641)과 나즈르 무함마드 칸Naẓr Muḥammad Khan(재위 1606~1642, 1648~1651)이 그를 축출하고 1612년부터 약 30년 동안 나라를 공동 통치했다. 이맘 쿨리 칸은 부하라에서 거주하면서 트란스옥시아나를 통치했고, 나즈르 무함마드 칸은 발흐 지방을 관할했다. 이들 형제의 공동 통치하에서 토카이-티무르 왕조는 평화와 번영의 전성기를 누렸다. 이 시기에 사마르칸드의 시르-다르Sher-Dor 마드라사(이슬람 고등 교육 기관, 1619~1636)와 틸야-카리Tilya-Kari 마드라사(1646~1660), 부하라의 노디르-디반-베기Nodir-Divan-Begi 마드라사 등 주요 건축물이 건설되었다. 그리고 이맘 쿨리 칸은 카자흐 칸국으로부터 타슈켄트를 탈환했다. 그는 1641년에 동생에게 양위한 후 메카로 순례를 떠났다.

토카이-티무르 왕조는 나즈르 무함마드 칸의 아들인 압달 아지즈 칸ʿAbd al-ʿAzīz Khan(재위 1645~1681)의 치세인 1646년에 무굴 제국의 침공을 받았다. 무굴군은 티무르 왕조의 고토를 회복하기 위해 발흐 지방을 점령했으나 우즈벡군은 1년 후에 이를 격퇴하는 데 성공했다. 압달 아지즈 칸은 1651~1681년에 트란스옥시아나를 다스렸고, 그의 동생 수브한 쿨리 칸Subhān Qulī Khan은 발흐 지역을 관할했는데, 이 두 형제의 공동 통치 기간에 토카이-티무르 왕조는 서서히 쇠퇴하기 시작했다. 특히 호레즘의 우즈벡 아랍샤 왕조가 트란스옥시아나를

**도판 4.4** 레기스탄 광장은 사마르칸드의 중심 광장이었다. 왼쪽의 울룩 벡 마드라사는 티무르 제국 시대에 건립되었으나, 오른쪽의 시르-다르 마드라사와 중앙의 틸야-카리 마드라사는 토카이-티무르 왕조 시대에 건립되었다. (사진: Ekrem Canli / Wikimedia Commons / CC BY-SA 3.0)

반복적으로 침공해 1681년에는 부하라를, 1685년에는 사마르칸드를 일시적으로 점령하기도 했다. 그 후 수브한 쿨리 칸의 두 아들 우바이둘라'Ubaidallāh(재위 1702~1711)와 아불 파이즈 칸Abū al-Faiż Khan(재위 1711~1747)의 통치기에 토카이-티무르 왕조는 더 약해졌다. 이 시기에 케네게스, 망기트, 우신 등 우즈벡 부족의 수장들이 자신들의 봉토를 다스리면서 점차 중앙정부로부터 독립적인 세력을 형성했고, 그 결과 중앙 권력은 더욱 약해졌다.

### 망기트 왕조

쇠퇴하던 토카이-티무르 왕조는 1740년에 투르크멘 아프샤르 부 출신의 정복자 나디르 샤의 침공으로 수도 부하라가 점령되면서 권력과 권위를 상실하고 결국 망기트 부족장에게 통치권을 넘겨주었다. 망기트 부는 16세기 초 무함마드 시바니 칸과 함께 킵착 초원에서 트란스옥시아나로 남하한 몽골계 주치 울루스의 부족이었다. 토카이-티무르 왕조를 대신해 트란스옥시아나를 지배하게 된 망기트 왕조 또한 몽골 제국의 후예 의식을 지니고 있었다. 망기트 왕조의 마지막 군주 알림 칸'Ālim Khan(재위 1910~1920)은 자신의 회고록에서 망기트 군주의 즉위식에 대해 다음과 같이 서술했다.

> 부하라의 파디샤들은 즉위식에서 몽골인의 관습'ādat-i Mughul에 따라 신성한 펠트 양탄자 위에 앉아 사이드Sayyid, 호자khoja, 물라mulla에 의해 들어 올려졌다.[43]

망기트 왕조를 창건한 인물은 무함마드 라힘 비Muḥammad Rahīm Bī로, 그는 1747년에 토카이-티무르 왕조의 아불 파이즈 칸을 살해하고 정권을 장악했다. 그의 조카이자 후계자인 샤 무라드Shāh Murād(재위 1785~1800)는 우즈벡 칸국의 통치 질서를 재정비했다. 대외적으로는 1788년에 투르크멘 유목민들로부터 메르브를 탈환했으나, 발흐 지역은 아프가니스탄의 두라니 왕조Durrani Dynasty에 빼앗겼다. 샤 무라드는 통치의 정당성을 이슬람에서 찾으려 한 것으로 유명하다. 샤 무라드의 손자 나스르알라Naṣrallāh(재위 1827~1860)는 화기로 무장한 상비군과 타직인 관료 집단을 활용해 우즈벡 부족장들의 세력을 약화시키고 중앙집권식 통치를 실현하고자 했다. 나스르알라의 아들이자 후계자 무자파르 알딘 칸Muẓaffar al-Dīn Khan(재위 1860~1885)의 통치기에 러시아의 중앙아시아 정복이 본격적으로 시작되었다. 1868년에 사마르칸드가 러시아군에 함락되자, 무자파르 알딘 칸은 결국 러시아 제국의 종주권을 받아들일 수밖에 없었다. 망기트 왕조의 마지막 군주인 알림 칸은 1920년 러시아 내전 시기에 러시아 붉은군대가 우즈벡 칸국을 점령하자 아프가니스탄으로 망명했다.

### 부하라에 대한 알렉산더 번스의 기록

알렉산더 번스Alexander Burnes(1805~1841)는 1830년대에 부하라를 방문한 영국의 탐험가이자 외교관으로, 당시의 부하라에 대해 다음과 같이 기록했다.

> 부하라의 도시 경관은 외부에서 보았을 때 웅장한 건축물이 눈에 띄지 않으나, 여행자가 성문을 지나면 높은 아치형의 벽돌로 만들어진 바자르bazar 사이를 구불구불 지나가게 된다. 이곳에는 각기 다른 상업 구역이 형성되어 있어, 한편에는 친츠chintz[면직물의 일종] 판매상들이, 다른 한편에는 구두장이들이 자리 잡고 있으며, 한 아케이드에는 비단이, 또 다른 곳에는 직물이 가득하다. 도시 곳곳에는 웅장하고 견고한 건물, 신학교, 모스크, 높은 미나레트가 자리 잡고 있다. 약 스무 개의 카라반세라이에는 다양한 민족의 상인들이 머물고 있으며, 정교하게 다듬은 석재로 지은 100여 개

의 연못과 분수를 통해 부하라의 많은 인구에게 식수를 공급한다. 사마르칸드의 강에서 물을 끌어오는 운하들이 도시를 가로지르는데 이 운하들은 뽕나무 그늘로 덮여 있다. 이곳 사람들은 높이가 약 150피트[약 45미터]에 달하는 이곳의 가장 높은 미나레트가 티무르의 유명한 수도에 있는 미나레트만큼 높다고 믿는다. … 부하라의 인구는 약 15만 명으로 추정되며, 도시 성벽 안에는 정원이나 매장지가 거의 없다. 공공건물을 제외하면 가옥의 대다수가 단층이고 크지 않지만, 이 도시에는 몇몇 뛰어난 주거 건물도 존재한다. 일부는 미려한 회반죽으로 마감되어 있으며, 또 다른 건물들은 금박과 청금석lapis lazuli으로 장식된 고딕 양식의 아치를 가지고 있다. 내부는 우아하면서도 안락한 구조를 갖추고 있다. 일반 가옥은 목재 골조 위에 햇볕에 말린 벽돌로 지어졌으며, 지붕이 평평하다. 동방 도시의 가옥들은 높은 벽으로 둘러싸여서 바깥 풍경을 조망하기가 어렵다. 부하라에서 가장 큰 공공건물은 거대한 모스크로, 800제곱피트[약 75제곱미터]의 공간을 차지하고 있다. 이 모스크의 돔은 [모스크] 전체 높이의 약 3분의 1 정도 높이까지 솟아 있다. 이 모스크는 청록색 유약을 바른 타일로 덮여 있어서 고급스러운 외관을 뽐낸다. 이 건축물의 역사는 상당히 오래되었는데, 한때 지진으로 인해 돔이 흔들렸으나 그 유명한 티무르에 의해 보수되었다. 이 모스크에 부속된 높은 미나레트는 헤지라력Hejira曆 542년에 세워졌다. 벽돌을 매우 독창적으로 배열해 건설한 이 미나레트에서는 범죄자들을 내던져 처형하기도 했다. 이 미나레트에서는 도시 내 가옥의 여성 거주 공간을 내려다볼 수 있기 때문에, 이를 막기 위해 오직 최고 수석 성직자만이 (금요일에만 사람들에게 기도 시간을 알리기 위해) 오를 수 있었다. 부하라에서 가장 아름다운 건물은 압달라 왕의 대학교다. 그 입구의 높은 아치 위에는 쿠란의 구절이 새겨져 있는데, 그 너비는 2피트[약 60센티미터]가 넘으며, 마찬가지로 아름다운 유약으로 마감되어 있다. 부하라의 대다수 돔은 이러한 장식으로 꾸며져 있으며, 그 꼭대기에는 이 지역을 찾는 철새인 '루글룩luglug'이라 불리는 일종의 두루미가 둥지를 틀고 있다. 현지인들은 이 새를 길조로 여긴다.[44]

## 코칸드 칸국

18세기 초, 코칸드 칸국Khoqand Khanate(1709~1876)으로 알려진 새로운 우즈벡 국가가 페르가나 지방에 성립되었다.* 그 창시자인 샤 루흐Shāh Rukh(사망 1721/1722)의 이름을 따서 샤루흐 왕조라 불리기도 하고, 혹은 샤 루흐가 속했던 부족의 명칭을 따라 '밍Ming 왕조'로도 지칭된다. 우즈벡 밍 부족의 기원은 불분명하지만, 샤 루흐 왕조는 자신들이 칭기스 칸의 조부인 바르탄Bartan에서 티무르를 거쳐 무굴 제국의 건국자인 바부르로 이어지는 몽골계 가문의 일원이라고 주장했다.[45]

샤 루흐의 아들 압달 라힘'Abd al-Raḥīm(재위 1722~1734)은 정주민으

---

• 페르가나 계곡(Fergana Valley)이라고도 불리는 이 지역은 남쪽과 북쪽이 각각 기사르-알라이(Gissar-Alay)산맥과 천산산맥으로 둘러싸인 비옥한 지역이다.

로 구성된 새로운 군대를 창설하고 한때 사마르칸드를 6개월 동안 점령하기도 했으나, 그의 동생 압달 카림'Abd al-Karīm(재위 1734~1751)에 의해 폐위되었다. 압달 카림은 1740년에 코칸드시를 건설하고 그곳을 수도로 삼았다. 코칸드 칸국은 샤 루흐의 증손자인 나르부타Nārbūta (재위 1769~1799)와 나르부타의 아들 알림 칸'Ālim Khan(재위 1799~1811)의 치세에 도시 국가에서 지역 강국으로 성장했다. 나르부타는 페르가나 지방 전체를 장악했으며, 알림 칸은 카자흐 칸국으로부터 타슈켄트를 탈취했다. 알림 칸은 파미르 알라이Pamir-Alay 지역의 타직인으로 구성된 새로운 상비군인 갈라 바하두르Gala Bahadur 부대를 조직해 군사력을 강화했다.[46]

코칸드 칸국은 19세기 전반 무함마드 우마르 칸Muḥammad 'Umar Khan (재위 1811~1822)과 그의 아들 무함마드 알리 칸Muḥammad 'Alī Khan(재위 1822~1842)의 치세에 전성기를 맞았다. 우마르 칸은 1815년 카자흐 칸국의 옛 수도 투르키스탄Turkistan을 합병했으며, 무함마드 알리 칸은 러시아와 청 제국으로부터 보호되던 카자흐 울루 쥬즈(대大쥬즈, 오늘날의 카자흐스탄 동남부 지역에 자리 잡은 부족 연맹)를 정복했다. 이로써 코칸드 칸국은 페르가나 지방, 타슈켄트, 남부 카자흐스탄을 지배하는 대국이 되었다.

그러나 1842년에 망기트 왕조의 통치자 나스르알라의 침공으로 코칸드가 함락되고 무함마드 알리 칸이 살해되면서 코칸드 칸국은 쇠퇴하기 시작했다. 망기트 군대는 이듬해에 축출되었으나, 코칸드 칸국은 그 뒤로 20여 년 동안 우즈벡인, 사르트인, 킵착˚ 등 다양한 집단 사이에서 벌어진 내분에 휘말렸다. 이러한 내부 분열로 약해진 코칸드 칸국은 1864년부터 시작된 러시아의 침공을 효과적으로 방어하지 못했고, 결국 1876년에 러시아 제국에 병합되었다.

### 코칸드에 대한 유진 슐러의 기록

미국 외교관 유진 슐러Eugene Schuyler(사망 1890)는 1873년에 코칸드를 방문한 뒤 다음과 같이 기록했다.

> 코칸드는 비교적 현대적인 도시로, 100년이 채 되지 않은 역사 덕분에 다른 아시아 도시들보다 거리가 넓고 공간이 더 여유롭다. 이 도시는 거의 정사각형 형태이며, 500개의 모스크가 있다고 전해진다. 각 교구마다 평균 30가구가 있다고 가정하면, 인구는 약 7만 5000명에 이를 것으로 추정된다. 이는 합리적인 수치로 보이지만, 성벽 안에는 더 많은 인구가 거주할 수도 있다.
> 카라반세라이의 옥상에서는 도시 전체뿐만 아니라 칸국 전역을 조망할 수 있다. 주변을 둘러보면 넓고 평평한 점토 지붕으로 덮인 바자르가 펼쳐져 있으며, 대부분의 거리가 지붕으로 덮여 있어 한쪽 끝에서 다른 쪽 끝까지 지붕 아래로 쉽게 산책할 수 있다. 왼쪽 근처에는 붉은빛이 도는 회색 벽돌로 지어진 모스크와 마드라사가 모여 있는데, 그것들의 높은 돔은 멜론 모양이고 코니스

---

- 코칸드 칸국의 킵착 집단은 카자흐 칸국에서 페르가나로 이주한 부족이다.

cornice[건축물의 상부 장식]는 쿠란 구절 형상을 한 파란색 타일과 흰색 타일로 장식되어 있다. 전방에는 벽돌 다리인 키슈-쿠프류크Kish-kupriuk가 있는데, 이 다리는 도시를 가르는 작은 개울 위에 지어져 있다. 그 위로는 큰 규모의 칸 마드라사가 우뚝 서 있다. 왼쪽에는 최근에 지어진 칸의 궁전의 아름다운 정면과 대문이 파란색·노란색·초록색의 갓 깔린 타일 장식으로 반짝인다. 도시 전역에서 울창한 초목에 반쯤 가려진 점토 지붕들이 보이는데, 이것들이 눈부신 초록의 정원과 과수원을 에워싸고 있다. 코칸드는 지형이 평탄해서 타슈켄트만큼 그림 같은 경관을 자랑하지는 않지만, 이를 보완하는 장대한 산악 경관이 있다. 서쪽과 남서쪽에는 호젠트Hodjent 근처의 낮은 언덕이, 북쪽에는 높은 차트칼Tchatkal 산맥이, 동쪽과 남쪽에는 코칸드 칸국의 경계를 이루는 장엄한 설산 알라이Alai 산맥이 솟아 있다. 우리는 작지만 매력적인 페르가나 계곡 한가운데에 있다는 것을 알 수 있었는데, 우리가 몇 피트만 더 높은 곳에 있었다면 이 지역의 생명의 젖줄인 시르다리야강을 볼 수 있었을 것이다.

바자르 가장자리에 있는 넓은 광장에서는 하루 종일 과일이 판매된다. 이곳에는 구운 벽돌로 잘 지어진 커다란 마드라사가 두 개 있는데, 하나는 '알리Ali'라고 불리며 무술만 쿨Musulman Kul이 세웠다. 다른 하나는 아직 완공되지 않았으며, 칸의 형제 술탄 무라드 렉Sultan Murad Rek이 어떤 서약을 실천하기 위해 건설하기 시작했다. 앞서 언급한 다리 근처에는 마달리 칸Madali Khan이 건립한 거대한 '칸 마드라사'가 있으며, 200명의 물라가 생활할 수 있는 방을 갖추고 있다. 그러나 이 건물은 원래 설계대로 완공되지는 않았다. … 코칸드의 주요 바자르는 중앙아시아에서 내가 본 것 중 가장 잘 지어진 곳이었다. 이 바자르의 매우 규칙적으로 배치된 거리는 직각으로 교차하며, 상점의 상당수가 구운 벽돌로 지어졌다. 바자르의 거리는 넓은 데다, 전체가 주택보다 높은 기둥이 지탱하는 지붕으로 덮여 있어 그 내부는 그늘이 지고 측면에서 신선한 공기가 충분히 들어올 수 있다. 약 2년 전에 화재로 바자르의 일부가 손실되었으나, 나중에 재건되면서 한층 개선되었다. 바자르의 장날은 매주 목요일과 일요일이며, 거래 규모는 꽤 커 보인다.[47]

## 호레즘의 우즈벡 왕조들

### 아랍샤 왕조

16세기 초에 시반조 우즈벡인은 호레즘 지역에 히바 칸국(1511~1920)으로 알려진 주치 울루스의 계승국가를 건립했다. 이 국가는 1511년에서 19세기 중엽까지 오늘날의 서부 우즈베키스탄과 투르크메니스탄에 해당하는 호레즘과 그 인접 지역을 지배했다. 히바 칸국을 건국한 이들은 칭기스 칸의 후예인 일바르스 칸Ilbārs Khan(재위 1511~1517)과 그의 형제 발바르스Bālbārs다. 일부 학술 문헌에서는 이들이 수립한 왕조 국가를 아랍샤 왕조'Arabshāhids라고 지칭하는데, 이는 그 왕조의 시조가 주치의 다섯째 아들 시반의 후손인 아랍샤'Arabshāh이기 때문이다.* 일바르스 칸은 1510년 메르브 전투 이후에 호레즘에 주둔해온 사파비 제국 군대를 이듬해에 몰아내는 데 성공한 후 히바 칸국을 수립했다.

히바 칸국이 위치한 호레즘** 지역은 아무다리야강 하류의 오아시스 지대로, 키질쿰 사막에 의해 트란스옥시아나와 지리적으로 분리된 곳이었다. 이러한 까닭에 1540년경과 1590년대 아불 하이르 왕조에 의해 잠시 점령된 시기를 제외하면 트란스옥시아나 지역의 우즈벡 국가로부터 독립성을 유지할 수 있었다. 히바 칸국의 수도는 처음에는 우르겐츠였다가 17세기 초에 아랍 무함마드 칸'Arab Muḥammad Khan(재위 1602~1623)이 히바로 천도했다.

히바 칸국은 아랍 무함마드 칸의 아들 아불 가지 바하두르 칸Abū al-Ghāzī Bahādur Khan(재위 1643~1664)과 그의 아들 아불 무자파르 아누샤 무함마드 칸Abū al-Muẓaffar Anūsha Muḥammad Khan(재위 1664~1685)의 치세에 전성기를 맞았다. 아불 가지 칸은 투르크멘 부족들을 정복하고 트란스옥시아나의 우즈벡 국가를 여러 차례 침공했다. 무엇보다도 그는 몽골 제국과 칭기스 칸 후예의 역사를 기록한 《샤자라이 투르크(투르크인의 계보)》를 편찬한 것으로 널리 알려졌다. 아버지의 뒤를 이어 칸위에 오른 아누샤 무함마드 칸 역시 투르크멘 유목민에 대한 지배력을 강화하는 한편 트란스옥시아나를 여러 차례 침공했다. 히바 군대는 1681년에는 부하라를, 1685년에는 사마르칸드를 한동안 점령

---

- 아랍샤의 한 형제의 후손이 아불 하이르 칸이므로, 호레즘의 아랍샤 왕가와 트란스옥시아나의 아불 하이르 왕가는 먼 친척 관계다.
- ** 호레즘(Khorezm)은 화라즘(Khwarazm) 또는 화레즘(Khwarezm)으로도 불린다.

하기도 했다.

그러나 아랍샤 왕조는 아누샤 무함마드의 아들인 무함마드 아랑 1세Muḥammad Arang I(사망 1694/1695?)의 사망 이후 점차 쇠퇴하기 시작했다. 18세기 초에 칸위를 이을 왕족이 소멸하면서 아랍샤 왕조는 단절되었고, 이는 우즈벡 부족장들의 권력 강화로 이어졌다. 우즈벡 부족장들은 카자흐 칸국에서 칭기스 칸의 후예를 초빙해 칸으로 추대했다. 히바 칸국은 시르 가지 칸Shīr Ghāzī Khan(재위 1714~1727)의 통치기인 1717년에 러시아의 표트르 대제Peter the Great(재위 1682~1725)가 보낸 원정군을 섬멸하기도 했으나, 1740년 아프샤르 투르크멘 출신의 정복자 나디르 샤의 침공을 막아내지 못하고 수도를 내주었다. 18세기 하반기는 여러 우즈벡 파벌 사이의 내분과 투르크멘 부족들과의 전쟁으로 점철되었다.

**쿵그라트 왕조**

18세기 중반, 트란스옥시아나에서 칭기스 일족이 망기트 부족장에게 권력을 내주었던 것과 마찬가지로, 히바 칸국 내 칭기스 일족은 쿵그라트 부족장에게 실권을 빼앗겼다. 처음에는 쿵그라트 부족장들이 카자흐 초원에서 초빙한 칭기스 칸의 후손들을 명목상의 칸으로 앉혔으나, 1804년 엘튀제르 칸Eltüzer Khan(재위 1804~1806)이 직접 왕위에 오르면서 칸의 칭호를 사용하기 시작했다. 이로써 쿵그라트 왕조가 공식적으로 출범했다.

쿵그라트 부는 몽골에서 기원한 부족으로, 원래 주치 울루스의 한 부족이었다. 망기트 왕조와 마찬가지로, 쿵그라트 일족 역시 몽골인의 후예임을 내세웠다. 19세기 초, 엘튀제르 칸의 명으로 편찬된 쿵그라트 왕조의 역사서《피르다우스 알이크발Firdaws al-Iqbāl(번영의 낙원)》은 쿵그라트 부를 "몽골 부족"이라고 지칭한다.[48]

19세기 전반, 히바 칸국은 무함마드 라힘 칸Muḥammad Raḥīm Khan(재위 1806~1825)과 알라 쿨리 칸Allāh Quli Khan(재위 1825~1840)의 치세에 번영을 누렸다. 무함마드 라힘 칸은 쿵그라트 왕조의 지배력을 강화하고, 투르크멘 부족들을 복속시키고, 트란스옥시아나의 망기트 왕조와 전쟁을 벌였다. 알라 쿨리 칸은 히바에서 여러 중요한 건축 사업을 추진했는데, 그중에 쿵그라트 칸들의 여름 궁전인 타슈 하울리Tash Khauli 궁전, 도서관 기능을 겸한 알라 쿨리 칸 마드라사가 대표적인 예다.

그러나 쿵그라트 왕조는 19세기 중반에 내분과 투르크멘 부족의 반란으로 쇠퇴하기 시작했다. 1855년에는 무함마드 아민 칸Muḥammad Amīn Khan(재위 1846~1855)이 투르크멘 유목민과 싸우다 전사하기에 이르렀다. 쿵그라트 왕조가 투르크멘 부족들의 반란을 진압했을 무렵, 러시아 제국의 중앙아시아 정복이 시작되었다. 결국 망기트 왕조와 마찬가지로 히바 칸국의 무함마드 라힘 칸 2세Muḥammad Raḥīm Khan II(재위 1864~1910)는 1873년에 이르러 러시아의 종주권을 받아들여야 했다. 쿵그라트 왕조의 마지막 명목상 통치자가 1920년 러시아 내전 시기에 붉은군대에 의해 폐위되면서 히바 칸국은 역사 속으로 사라졌다.

## 망기트 유르트(노가이 오르다)

망기트 유르트Manghit Yurt는 15세기 중반에서 16세기 중반까지 서부 카자흐스탄의 야익강(오늘날의 우랄강)과 엠바강Emba 사이의 초원 지대를 지배했던 주치 울루스의 계승국이다. 트란스옥시아나의 망기트 왕조와 마찬가지로, 이 국가의 핵심을 이룬 집단은 투르크화한 몽골 부족인 망기트(몽골어는 망쿠트Mangqut)였다. 러시아와 오스만 제국의 사료에서는 이들을 '노가이 오르다Nogai Orda'로 부른다.

망기트 유르트의 시조는 15세기 초 주치 울루스에서 '킹 메이커' 역할을 했던 망기트 부의 수령 에디구Edigü(사망 1419)다. 망기트 유르트는 에디구의 손자 바까스Vāqqas(사망 1447)와 바까스의 아들 무사 이븐 바까스Mūsā b. Vāqqas(사망 1502)의 치세에 번영했다. 그러나 16세기 후반에 망기트 유르트는 볼가강 좌안의 대大 노가이 오르다Ulu Nogai Orda와 북서부 코카서스 지역의 소小 노가이 오르다Kichi Nogai Orda로 분열되었다. 1630년대에는 오이라트 유목민*에게 본거지인 볼가강 하류 지역을 빼앗겼다. 그 결과 일부 망기트 유목민은 크림 칸국으로 이주했으며, 또 다른 일부는 카자흐 칸국에 편입되었다. 오늘날 코카서스 지역의 북다게스탄North Dagestan에 거주하는 노가이인Nogai은 이들의 후예다.

---

• 이들의 후예가 현대의 칼믹인(Kalmyk)이다.

# 3

# 카자흐

## 주치 울루스의
## 몽골계 투르크인('투르크-몽골인')

카자흐인은 13세기 킵착 초원에서 몽골계 부족들과 다양한 중앙유라시아 집단이 융합되어 형성된 주치 울루스의 투르크-몽골인이다. 주치 울루스의 유목민은 이슬람교를 국교로 공인한 우즈벡 칸의 치세 이후 '우즈벡'이라는 명칭으로 불렸는데, 16세기 초에 동부 킵착 초원(카자흐 초원)의 우즈벡인은 두 개의 주요 집단으로 분화했다. 첫째 집단은 시반조 우즈벡인으로, 이들은 티무르 제국을 정복한 후 트란스옥시아나 지역으로 남하했다. 둘째 집단은 주치의 열셋째 아들 토카이-티무르의 후예인 자니벡 칸과 기레이 칸을 중심으로 결집한 우즈벡 유목민이다. 이들은 초기에는 '카작-우즈벡인'으로 불렸다가 점차 '카작인(카자흐인)'으로 불리게 되었다. 이들이 세운 카자흐 칸국 Kazakh Khanate은 19세기 중반까지 동부 킵착 초원에서 존속했다.

**카자흐인의 기원과 형성**

카자흐인은 주치 울루스의 직계 후예로, 16세기 이전에는 '우즈벡인'으로 불렸다. 주치 울루스를 전성기로 이끌고 이슬람교를 국교로 공인한 우즈벡 칸의 치세 이후 주치 울루스 유목민이 '우즈벡인'으로 불리게 되었기 때문이다.

카자흐인은 15세기 중반 이후 동부 킵착 초원의 우즈벡 유목민이 '카작 우즈벡인'과 '시반조 우즈벡인'으로 갈라지면서 독립된 집단으로 발전했다. 이들의 분화는 15세기 중반 칭기스 칸의 후손인 자니벡 칸과 기레이 칸이 자신들을 따르는 우즈벡 유목민들과 함께 당시 주치 울루스의 동반부를 지배하던 아불 하이르 칸(재위 1428~1468)에게 반기를 들고 모굴리스탄 지방으로 이주하면서 시작되었다. 그리고 16세기 초에 아불 하이르 칸의 손자 무함마드 시바니 칸이 티무르 왕조를 정복하고 자신을 따르는 우즈벡 유목민들과 함께 트란스옥시아나 지방으로 남하하면서 마무리되었다.

처음에 자니벡 칸과 기레이 칸이 이끈 우즈벡 집단은 투르크어로 '도망자' 또는 '방랑자' 우즈벡인을 의미하는 '카작 우즈벡인Qazaq Uzbeks'으로 불렸다. 그러다 시간이 흐르면서 '카작 우즈벡인'은 단순히 '카작인Qazaq'으로 불리게 되었다. '카자흐Kazakh'는 러시아어식 발음으로, '카작'이 변형된 단어다. 현대 카자흐인들은 스스로를 카작(까작)인Qazaq인이라 부른다.

초기 카자흐인과 시반조 우즈벡인은 동시대인에게 동일한 민족 집단으로 인식되었다.[49] 두 집단 모두 칭기스 울루스에서 기원했으며,[50] 동일한 킵착 투르크어를 사용했고, 주치 울루스를 구성했던 유사한 부족들로 이루어졌기 때문이다. 이들이 과거에 속했던 주치 울루스의 유목민은 13세기 킵착 초원에서 몽골계 부족들과 다양한 유라시아 집단이 융합되면서 형성된 집단이었다. 구체적으로, 카자흐인은 두글라트·망기트·쿵그라트·우신 등 몽골계 부족, 잘라이르·케레이트·나이만 등 몽골 초원 기원의 비몽골계 부족, 킵착 초원의 토착 투르크계 집단인 킵착과 캉글리, 몽골 제국 시기에 새롭게 형성되었거나 명명된 부족인 아르근 등의 부족으로 구성되었다.

16세기 이후 세력을 확장한 카자흐인은 카자흐스탄 동남부 지역에서 당시에 '모굴인'이라 불리던 동차가타이 유목민을, 서부 카자흐스탄에서는 망기트 유목민을 카자흐 울루스로 편입했다.

### 몽골 제국의 유전적 유산

주치 울루스와 차가타이 울루스의 투르크-몽골 유목민의 유전적 구성은 현대 카자흐인의 유전적 특성을 통해 추정할 수 있다. 오늘날 여러 투르크계 민족 중에서 카자흐인이 차가타이 울루스와 주치 울루스 유목민의 가장 대표적인 후예이기 때문이다. 그 이유는 다음과 같다. 우선 카자흐인은 주치 울루스 좌익의 직계 후예다. 또한 서부 카자흐인(키시 쥬즈(소쥬즈)의 카자흐인)과 남동부 카자흐인(울루 쥬즈(대쥬즈)의 카자흐인)은 각각 서부 주치 울루스의 후예인 망기트인과 동부 차가타이 울루스의 후예인 모굴인의 후손을 상당수 포함하고 있다. 더불어, 15~16세기 이전까지 카자흐인과 시반조 우즈벡인이 동일한 유목 민족 집단에 속했다는 점 역시 주목해야 할 요소다.

Y-DNA 하플로그룹 분석에 따르면, 현대 카자흐인은 현대 몽골인처럼 하플로그룹 C2로 특징지어진다. 반면, 키르기즈인은 주로 하플로그룹 R1a를, 투르크멘인은 Q를, 아나톨리아 튀르키예인 Anatolian Turks은 J, R, E 등의 하플로그룹을 주로 보유하고 있다.[51]

현대 카자흐인은 몽골 초원과 킵착 초원 출신의 다양한 부족으로 이루어져 있다. 그중에 주류 부족은 쿵그라트, 우신, 두글라트, 잘라이르, 케레이트, 나이만 등 칭기스 칸이 1206년경에 통합한 몽골 울루스에 속했던 집단들이다. 이들 외에 캉글리와 킵착은 킵착 초원의 토착 유목민 집단이며, 아르근 등은 몽골 제국과 포스트 몽골 시대에 새롭게 형성되거나 명명된 부족이다. 소련 시대에는 카자흐스탄 내 몽골 제국 기원 부족들이 이름과는 달리 실제로는 캉글리와 킵착 유목민의 후예라는 해석이 학계의 지배적 견해였다. 그러나 현대 카자흐 유전학자를 비롯해 세계의 여러 유전학자가 수행한 DNA 연구에 따르면, 현대 카자흐 부족들은 13세기에 존재했던 동명의 집단들과 유전적으로 깊은 연관성이 있는 것으로 확인되었다.[52]

## 카자흐 칸국

카자흐 칸국은 16~17세기에 동부 킵착 초원(오늘날의 카자흐스탄과 대체로 일치하는 지역)을 지배한 칭기스계 유목 국가였다. 이 나라는 우즈벡 칸국이나 크림 칸국과 마찬가지로 주치 울루스의 계승국가다. 우즈벡 칸국이 트란스옥시아나(부하라), 호레즘(히바), 페르가나(코칸드) 지역에 각각 기반을 둔 여러 왕조로 분열되어 존속했던 것과 달리, 카자흐 칸국은 19세기 전반기에 러시아에 합병될 때까지 칭기스 가문의 자니벡 칸의 후손이 지배하는 단일 왕조 체제를 유지했다.

### 카자흐 칸국의 형성

카자흐 칸국은 주치의 열셋째 아들 토카이-티무르의 후손인 자니벡 칸과 기레이 칸에 의해 건국되었다. 자니벡 칸과 그의 친척(혹은 형제) 기레이 칸은 유서 깊은 가문의 일원이었다. 그들의 증조부 우루스 칸Urus Khan(재위 1368?~1378?)은 분열된 주치 울루스를 1370년대에 통합한 강력한 통치자였다. 자니벡 칸의 아버지 바락 칸Barāq Khan(사망 1428)도 주치 울루스의 칸위를 잠시 차지한 적이 있었다. 그러나 바락 칸이 사망한 후 주치의 다섯째 아들 시반의 후손인 아불 하이르 칸이 동부 킵착 초원의 절대적 지배자가 되었다.《타리히 라시디(라시드사)》의 기록에 따르면, 아불 하이르 칸은 주치 가문의 잠재적 칸위 도전자들을 모두 제거하려 했고, 이에 위협을 느낀 자니벡 칸과 기레이 칸은 1450년대 중반에 자신들의 부족민을 이끌고 모굴 칸국으로 망명했다. 1468년에 아불 하이르 칸이 사망하자 이들은 동부 킵착 초원, 즉 주치 울루스 좌익의 투르크-몽골 유목민을 통합하고 카자흐 칸국을 수립했다. 자니벡 칸과 기레이 칸의 사후, 기레이 칸의 아들 부룬둑 칸Burūndūq Khan(재위 1473/1474?~1511?)이 칸위를 계승했으나, 자니벡 칸의 아들 카심Qāsim 역시 실질적인 공동 통치자 역할을 했다.

## '카작' 명칭의 유래

'카작qazaq'이라는 투르크어 단어는 포스트 몽골 시대 중앙아시아 및 킵착 초원에서 '도망자', '방랑자', 또는 '약탈자'라는 뜻으로 사용되었다. 원래 우즈벡인이라 불렸던 카자흐인이 '카작'으로 불리게 된 이유는 《타리히 라시디(라시드사)》와 《바흐르 알아스라르 피 마나킵 알아흐야르(고귀한 이들의 미덕에 관한 비밀의 바다)》에 기록되어 있다. 《타리히 라시디》는 1546년에 몽골 두글라트 부족 출신의 무함마드 하이다르가 페르시아어로 저술한 모굴 칸국의 역사서다. 이에 따르면, 자니벡 칸과 기레이 칸이 이끄는 우즈벡 유목민은 아불 하이르 칸의 우즈벡 집단에서 이탈해 한동안 방랑 생활을 했기 때문에 '카작'이라 불리게 되었다.

> 그들은 처음에 자신들의 민족 집단에서 이탈해 독립적으로, 한동안 빈곤한 상태로 정처 없이 방랑 생활을 했다. 이런 이유로 '카작'이라 불리게 되었으며, 이 명칭이 그들을 지칭하는 별칭으로 굳어졌다.[53]

이 역사적 사건에 대한 기록은 1630년대 중반에 페르시아어로 저술된 《바흐르 알아스라르》에서도 확인할 수 있다. 마흐무드 이븐 아미르 발리가 집필한 이 책은 고대부터 토카이-티무르 왕조 시대까지를 다룬 역사서다. 이 책의 기록에 따르면, 자니벡 칸과 기레이 칸의 우즈벡 유목민이 '카작'이라고 불리게 된 것은 그들이 아불 하

> 이르 칸으로부터 도주해 타국(모굴 칸국)으로 간 뒤에 변경에서 약탈 활동을 벌였기 때문이다.
>
> 그들은 모굴리스탄에 도착한 후 칼막과 키르기즈 부족을 상대로 약탈을 감행하며 지냈으며, 변경에서 마치 늑대처럼 약탈을 일삼았기 때문에 '카작'이라는 명칭으로 불리게 되었다.[54]

### 카자흐 칸국의 전성기

카자흐 칸국은 카심 칸Qāsim Khan(재위 1511?~1521?) 치세에 '유목 제국'으로 부상했다. 서쪽으로는 주치 울루스의 또 다른 계승국가인 망기트 유르트를 제압하고 영토를 야익강까지 확장했으며, 동쪽으로는 차가타이 울루스의 모굴인을 축출하고 제티수 지역을 차지했다. 남쪽으로는 사이람Sayram 등을 점령해 시르다리야강 우안의 일부 지역을 확보했다. 그러나 1518년 또는 1521년에 카심 칸이 사망한 후 무능한 그의 아들 마마슈Mamāsh, 그리고 카심 칸의 동생 아딕 술탄Adīq Sulṭān의 아들인 타히르Tāhir와 부이다슈Buydāsh가 연이어 칸위에 오르면서 카자흐 칸국은 망기트 유르트 및 모굴 칸국과의 전쟁에서 다시 패배하고 붕괴 직전까지 몰렸다.

카심 칸의 아들 학 나자르Haqq Naẓar(재위 1538?~1580?) 치세에 카자흐 칸국은 다시 동부 킵착 초원에서 패권을 확립했다. 그는 야익강 동안의 망기트 유목민을 카자흐 칸국에 통합했으며, 우즈벡 칸국의 도시였던 타슈켄트 점령을 시도했다.

타왁쿨 칸Tawakkul Khan(재위 1582?~1599?)은 1598년에 아불 하이르 왕조의 압달라 칸이 사망하자 우즈벡 칸국의 주요 도시인 타슈켄트, 야시, 안디잔, 사마르칸드를 일시적으로 점령했다. 그러나 우즈벡 칸국의 바키 무함마드 칸(재위 1603~1605)의 반격으로 카자흐군은 패퇴했으며, 타왁쿨 칸은 전투 중에 입은 부상으로 사망했다.

그의 뒤를 이어 즉위한 이심 칸Īshīm Khan(재위 1598~1628)의 치세에 카자흐 칸국은 타슈켄트, 시르다리야강 유역의 도시들을 둘러싸고 우즈벡 칸국과 지속적으로 충돌했다. 이심 칸의 통치는 수도 야시(오늘날의 투르키스탄시)를 중심으로 이루어졌으며, 타슈켄트 총독 투르순 무함마드Tursūn Muḥammad(재위 1614~1627)를 비롯한 일부 카자흐 술탄은 사실상 독립적인 지위를 누렸다.

이심 칸의 사후, 그의 아들 자한기르Jahāngīr(재위 1628?~1652?)가 즉위했다. 그의 치세에 카자흐 칸국은 오이라트인이 세운 준가르 제국과 벌인 전쟁에서 연이어 패배했다. 한편 1646~1647년 무굴 제국군이 티무르 왕조의 트란스옥시아나 지배권을 회복하기 위해 발흐 지방을 침공했을 때 자한기르는 우즈벡군이 무굴 제국군을 격퇴하는 데 군사적 지원을 제공했다.

자한기르 칸의 사후 혼란기를 거쳐, 그의 아들 타우케Tawke(재위 1680?~1718?)가 즉위했다. 타우케는 '제티 자르기jeti jarghy(일곱 개의 법령)'라는 법을 제정한 것으로 널리 알려진 인물이다.

**카자흐 칸국의 쇠퇴**

18세기 초, 카자흐 칸국은 준가르로부터 거듭 침공을 받으면서 급격한 쇠퇴의 길을 걷기 시작했다. 한편 17세기 하반기에 오이라트 집단이 준가르 제국(1634~1758)으로 발전하는 동안 카자흐 칸국은 자니벡 칸의 후손들이 지배하는 '울루 쥬즈(대쥬즈)', '오르타 쥬즈(중쥬즈)', '키시 쥬즈(소쥬즈)'로 구성된 세 개의 '쥬즈(부족 연합)' 체제를 이루고 있었다. 이 시기 카자흐 칸국은 중앙 집권적 국가라기보다는 연방 국가의 성격을 띠었다. 이에 따라 1723년부터 준가르가 카자흐 칸국을 대상으로 대규모 공격을 감행했을 때, 카자흐인은 단일한 지휘 체계 아래에서 효과적으로 대응하지 못했다. 그 결과 수많은 카자흐인이 우즈벡령 트란스옥시아나와 호레즘, 러시아 영토로 대거 피란해야 했다. 이 재난은 카자흐 역사에서 '악 타반 슈비린디aq taban shubyryndy(맨발의 대탈출)'로 기억된다. 이러한 위기 속에서 카자흐 칸들과 술탄들은 러시아에 보호를 요청하고 그 대가로 충성을 맹세해야 했다. 그러나 카자흐인은 러시아의 군사 원조가 아니라, 1756~1757년 만주인의 청淸 제국이 준가르 제국을 멸망시킨 덕분에 이 난국에서 벗어날 수 있었다. 나중에 카자흐 칸들과 술탄들은 청나라 황제에게도 충성을 맹세했다.

18세기 카자흐 칸국에서 가장 주목할 만한 지도자는 오르타 쥬즈의 칸 아블라이Ablai로, 그는 준가르와 벌인 전쟁에서 뛰어난 지도력을 발휘했다. 키시 쥬즈 출신의 칭기스 칸의 후예 술탄 부케이Sultān Bukey와 그를 따르는 카자흐 유목민은 1801년에 야익강 서안으로 이주해 '부케이 오르다Bukey Horde'를 이루었다. 울루 쥬즈의 상당 지역은 1809년부터 우즈벡 코칸드 칸국에 병합되었으며, 러시아 제국은 1822년에 오르타 쥬즈를, 1824년에 키시 쥬즈를, 1845년에 부케이 오르다를, 1848년에 울루 쥬즈의 일부를 차례로 합병했다. 이로써 1206년부터 약 600년간 내륙아시아에서 지속된 칭기스 왕조의 지배는 종식되었다. 카자흐인은 1991년 소련 붕괴와 함께 독립 국가를 이루며 주권을 다시 회복했다.

### 알라샤 칸 전설

카자흐인은 다음의 세 쥬즈에 속해 있다. 첫째, 카자흐스탄 남부 및 남동부 지역에 자리 잡은 '울루 쥬즈', 둘째, 카자흐스탄 중부 및 북부 지역에 분포하는 '오르타 쥬즈', 마지막으로 카자흐스탄 서부에 형성된 '키시 쥬즈'가 그것이다. 각 쥬즈는 다수의 부족으로 구성되며, 각 부족은 다시 씨족 단위로 세분화된다. 개별 카자흐인은 이러한 부족 및 씨족 집단에 소속되어 있다. 그러나 쥬즈 관련 기록이 부족해서 역사학자들은 그 기원을 명확히 규명하거나 형성된 시기를 특정하는 데 어려움을 겪고 있다.

알라샤 칸Alasha Khan* 전설은 카자흐 쥬즈 체제의 기원을 설명

---

• 카자흐스탄에서 최근 발표된 연구들에 따르면, 알라샤 칸의 실제 모델은 자니벡 칸의 증조부이자 카자흐 왕조의 시조인 우루스 칸 또는 16세기 후반기에 카자흐 칸국을 재통합한 학 나자르 칸이다. 이들은 모두 칭기스 칸의 후예다.

하는 구전 전통이다. 이 전설의 여러 버전 중 대다수가 카자흐인은 알라샤라는 버림받은 왕자를 자신들의 칸으로 추대한 방랑 유목민 집단에서 기원했다고 전한다. 이중에서 가장 상세한 서술은 카자흐 역사학자 초칸 발리하노프Chokan Valikhanov(1835~1865)가 채록한 것으로 다음과 같다.

아득히 먼 옛날, 투란Turan에는 압달라, 혹은 다른 전승에 따르면 압달-아지즈 칸이라는 왕이 있었다. 이 왕에게는 나병에 걸린 아들이 있었는데, 그의 얼굴이 얼룩덜룩하여 알라차Alacha라는 이름으로 불렸다. 압달라 왕은 전염병에 걸린 자를 추방하는 오랜 전통에 따라 아들을 궁정에서 내쫓았다. 이와 동시에 압달라의 가혹한 통치에 대한 불만과 기근 때문에 상당수의 백성이 시르다리야강 북쪽 초원과 카라쿰Karakum 사막과 부르숙Bursuq 사막으로 이주해 '카작qazaq' 생활을 시작했다. 용맹한 전사batyr의 수는 점점 늘어나 300명에 달했으며, 짧은 기간 내에 명성과 권력과 부를 얻었다. 몇 년이 지나자 재난이 닥쳤다. 카작 집단은 곳곳에서 이웃 민족에게 연이은 패배를 당했다. 이들 초원의 방랑자들은 기아에 시달렸다. 지도자의 부재와 구성원들 간의 이견이 내부의 분열과 혼란을 초래했다. 설상가상으로 압달라 왕은 이 기회를 틈타 이들을 색출하려 했고, 오직 운명의 힘만이 이들을 최후의 파멸에서 구해주었다. 이러한 절망적인 상황에서, 알라츠Alach('외국인', '외래인'이라는 뜻)라는 현명한 노인이 200명 가운데 나타났다. 그는 매우 강력하고 설득력 있는 이야기를 했고, 이에 감명을 받은 카작들은 그를 자신들의 판관으로 추대하고, 그의 조언에 따라 압달라 왕이 내쫓은 왕자 알라차를 초청해 칸으로 옹립했다. 이로써 이미 조직적인 사회 구조를 갖추고 있고 어떤 의미에서는 민족 집단을 이루고 있던 초원의 방랑자-카작들은 자신들의 독립과 주권을 기념하고, 알라차 칸과 알라츠 판관을 기리기 위해 '알라츠Alach' 또는 '유츠 알라치'('세 알라치'라는 의미)라는 이름을 갖게 되었다. 그러나 이러한 재탄생에도 불구하고 이웃 민족들과 압달라 왕은 여전히 이들을 방랑자-약탈자로 인식했기에 그들에게는 '카작'이라는 명칭이 그대로 남았다. 그 후 알라츠와 알라차, 그리고 300명의 전사는 압달라 왕의 백성들이 기근과 질병에 시달리는 상황을 이용해 왕에게 그들의 독립을 문서로 승인하도록 강요했다. 이리하여 알라츠는 한 민족이 되었고, 알라차는 그들의 칸이 되었다.[55]

알라샤 칸 전설의 또 다른 버전은 투르키스탄의 러시아 총독 니콜라이 이바노비치 그로데코프Nikolai Ivanovich Grodekov(1843~1913)에 의해 기록되었다.

시르다리야 지역에 널리 전하는 전설에 따르면, 키르기즈Kirgiz, 즉 카자흐인Qazaq의 초대 통치자는 알라슈Alash이며, 그는 알라샤 칸Alasha Khan과 동시대 인물이었다.* 이러한 이유로 카자흐의 세 쥬즈에서 쓰이는 전투 개시 함성은 '알라슈'였다. 알라샤 칸은 자신의 영토를 방어하기 위해 서로 다른 우즈벡 씨족 출신의 독신 기마병kholostoy nayezdnik으로 구성된 세 부대를 변경 지역에 파견했다. 이들은 오랜 기간 그곳에서 머무르며 아내 없이 지내다가, 자신들의 부富를 과시하는 이야기를 전하며 300여 명의 집시 혹은 방랑민을 유인했다. 나중에 이들은 방랑민들의 아내들과 공모해 그 남편들을 살해한 뒤, 그 여성들을 아내로 맞았다. 알라슈 사후, 그의 세 아들이 세 쥬즈의 우두머리가 되었다. 장자는 바이슈라Bayshura, 차자는 잔슈라Dzanshura, 막내는 카라슈라Karashura였다. 세력이 확장되고 부유해진 키르기즈, 즉 카자흐인은 사방으로 퍼져 나갔으며, 다음과 같은 지역을 각각 차지했다. 대쥬즈 Great Orda는 남쪽의 정착지 인근 지역을, 중쥬즈Middle Orda는 가축 방목에 적합한 지역을, 소쥬즈Junior Orda는 러시아와 접경한 지역을 차지했다.[56]

알라샤 칸 전설의 좀더 긴 이형異形은 러시아 민족지학자 그리고리 니콜라예비치 포타닌Grigoriy Nikolayevich Potanin(1835~1920)에 의해 채록되었다.

과거에 투르키스탄시 인근에 어느 칸이 있었다. 500여 가구로 이루어진 카작-키르기즈Kazak-Kirgiz 민족, 즉 카자흐인의 선조 코

---

• 러시아 제국에서는 1925년까지 카자흐인을 '키르기즈(Kirgiz)' 또는 '키르기즈-카이삭(Kirgiz-Kaisak)'이라 불렀는데, 러시아어로 '카작(Kazak)'으로 발음되는 슬라브계 '코사크(Cossack)'와 구별하기 위해서였다. 한편 '키르기즈인(Qirghiz)'은 '카라-키르기즈(Kara-Kirgiz)'라고 불렀다.

탄Kotan도 그 시대에 살았다. 이 칸은 첫째 부인에게서 자식을 얻지 못해, 어딘가에서 사로잡은 처녀를 둘째 부인으로 맞았다. 그는 둘째 부인을 통해 후계자를 얻고자 했고, 마침내 둘째 부인은 아들을 하나 출산했는데, 이 아이는 얼굴에 얼룩ala, 즉 점이 있었다. 칸의 첫째 부인은 이에 질투와 분노를 느꼈고, 칸에게 후계자가 얼굴에 반점이 있는 것은 부계 혈통을 오염시키는 것과 다름없으며, 후손들이 모두 그러한 모습으로 태어나면 조화롭지 못하고 평화롭게 살 수 없을 것이라고 주장했다. 그리고 만약 그 아이를 죽일 수 없다면 어떤 방식으로든 없애야 한다고 강조했다. 결국 칸은 그녀의 말을 따르기로 하고, 아이를 상자에 넣어 약간의 음식과 함께 바다에 띄워 보냈다. 당시 아이는 이미 스스로 음식을 섭취할 수 있을 만큼 성장한 상태였다.

그러다 상자는 바다 건너편으로 떠내려갔는데, 한 가난한 남성이 아이를 발견해 거두어 길렀다. 세월이 흘러 아이는 성장해서 보가티르bogatyr, 즉 강한 전사로 자라났으며, 100여 명의 젊은이를 모아 함께 바람타baramta, 즉 약탈을 일삼으며 방랑 생활을 즐겼다. 이 소식을 들은 칸은 자신의 아들을 찾고자 했다. 그는 부유한 남성 코탄의 장남인 우이순Uysun을 100명의 무리와 함께 파견했다. 그러나 우이순과 그의 일행은 칸의 아들의 자유로운 생활 방식에 매료되어 돌아가지 않았다. 이에 칸은 코탄의 차남인 불라트Bulat를 또다시 100명과 함께 보냈으나, 그들 역시 그곳에 머물렀다. 칸은 마지막으로 코탄의 삼남인 알친Alchin을 100명과 함께 보냈으나, 이들도 마찬가지로 자유로운 삶에 매력을 느껴서 돌아

**도판 4.5** 알라샤 칸의 영묘

오지 않았다.

칸의 아들 주위에 모여든 이들은 초원을 누비며 약탈 활동을 했다. 이들은 독신 남성이었고, 타타르인·칼믹인·러시아인을 비롯한 다양한 민족의 여자들을 아내로 맞이하기 시작했다. 이렇게 코탄의 아들들과 함께 온 300명의 남자들로부터 카작-키르기즈인이 유래했다. 이들이 다양한 민족 출신의 여성을 아내로 맞았기에, 카작-키르기즈인들의 얼굴은 서로 다른 특징을 가지게 되었다. 이들은 지도자를 선출하기로 결정했으며, 칸의 아들이자 자신들의 수장이었던 얼굴에 얼룩이 있는 보가티르를 칸으로 추대하기로 했다. 전통적으로 칸을 선출할 때는 양질의 카펫 위에 올려서 추대했으나, 카작-키르기즈인은 그런 직물을 생산하지 않았기에

3. 카자흐

오늘날 알라치alachi라 불리는 줄무늬 직물을 대신 사용했다. 그들은 얼굴에 얼룩이 있는 칸의 아들을 그 천 위에 들어 올려 칸으로 선포했다. 그 뒤로 그는 알라샤 칸Alasha Khan 혹은 알라차 칸 Alacha Khan이라 불리게 되었다. 우이순과 그의 무리로부터 '울루 쥬즈'가 형성되었으며, 불라트와 그의 무리로부터 '오르타 쥬즈'가, 알친과 그의 무리로부터 '키시 쥬즈'가 형성되었다. 이렇게 카작-키르기즈의 대·중·소쥬즈가 시작되었다.[57]

## 4

# 크림 타타르

## 서부 주치 울루스의
## 몽골계 투르크인('투르크-몽골인')

러시아 제국은 러시아와 시베리아에서 거주하던 다양한 내륙아시아 민족을 '타타르인'이라고 불렀다. 원래 '타타르'는 루스 공국, 오스만 제국, 러시아 제국 등이 몽골인을 지칭할 때 사용한 타칭이었다. 포스트 몽골 시대의 여러 '타타르' 집단 중 역사적으로 가장 중요한 민족은 15세기 중반에 크림 칸국을 세운 크림 타타르인Crimean Tatars이다. 크림 칸국은 16세기에서 17세기 중반까지 동유럽에서 군사 최강국으로 군림했을 뿐만 아니라 오스만 제국의 가장 중요한 군사 동맹국으로도 활약했다. 크림 타타르인은 신흥 유목 민족이 아니라 카잔 칸국과 아스트라한 칸국의 유목민 지배층과 마찬가지로 서부 주치 울루스 유목민의 후예였다. 이들은 동부 주치 울루스의 유목민인 시반조 우즈벡인 및 카자흐인과 동일한 혈통의 유목 민족이다. 양 집단 모두 킵착 투르크어를 사용했으며, 주치 울루스에서 유래한 부족들로 이루어져 있었다. 크림 칸국의 주치 울루스계 유목민은 아마도 15세기 말부터 '타타르'라는 집단명을 자칭으로 사용하기 시작했던 듯하다. 현대 타타르인은 크림 타타르 유목민과 본래는 '타타르인'으로 불리지 않았던 크림반도의 고트인, 그리스인, 이탈리아인, 아르메니아인, 알란인, 아나톨리아 출신의 투르크인과 같은 정주민이 융합되어 형성된 민족이다.

**크림 타타르인의 기원과 형성**

크림 타타르인은 서부 주치 울루스 유목민의 후예다. 16세기 중엽에 러시아에 합병된 카잔 칸국과 아스트라한 칸국의 유목민 지배층도 서부 주치 울루스 유목민에 속했다. 러시아 제국은 이들뿐만 아니라 러시아와 시베리아에서 거주하던 다양한 내륙아시아 민족을 '타타르인'이라고 불렀다. 그들 대다수가 한때 주치 울루스에 속했기 때문이다. 원래 '타타르'는 루스 공국, 오스만 제국, 러시아 제국 등에서 몽골인을 지칭할 때 사용하던 타칭이었다. 크림 칸국의 주치 울루스계 유목민은 아마도 15세기 말부터 '타타르'라는 집단명을 자칭으로 사용하기 시작했던 듯하다.

크림 타타르인은 동부 주치 울루스 유목민인 시반조 우즈벡인 및 카자흐인과 동일한 혈통의 유목 민족이다. 이들 모두 킵착 투르크어를 사용했으며, 주치 울루스에서 유래한 부족들로 이루어져 있었다. 이 부족들은 크게 몽골계와 비몽골계 부족으로 나눌 수 있는데, 크림 타타르 유목민에는 몽골계 망기트(만수르), 시지부트Sijivut, 쿵그라트, 바린 부, 이란계 시린 부, 투르크계 킵착 부, 그리고 기원이 불분명한 아르근 부 등이 있었다.* 시반조 우즈벡인과 카자흐인과 마찬가지로, 크림 타타르인 역시 몽골 제국의 후예라는 의식을 가지고 있었다. 크림 칸국의 역사서인《움데툴 아흐바르Umdet ü'l-aḥbār(역사의 기둥)》와《에스-세부스-세이야르 피 아흐바르 물루쿠 타타르Es-Sebu's-Seyyar fi Ahbar-ı Mulük-ü Tatar(타타르 군주들의 역사의 일곱 행성)》는 크림 타타르인을 오스만 투르크인과 구분하면서 몽골 제국의 후예로 묘사한다. 또한 몽골인의 여성 시조인 알란 고아Alan Qo'a를 크림 왕조의 선조로 기술한다.[58]

크림 칸국의 주민들은 상이한 성격의 두 집단으로 구성되어 있었다. 북부 크림반도에서 거주한 유목민 계열의 크림 타타르인은 카자흐인과 유사한 내륙아시아인의 외모를 지니고 있었고 킵착 투르크어를 사용했다. 반면에 고트인, 그리스인, 이탈리아인, 아르메니아인, 알란인, 아나톨리아 출신 투르크인 등의 후예로 이루어진 정주민 집단은 크림반도의 해안 및 산악 지역에서 거주했으며,[59] 혼합된 형태의 투르크어 또는 (오스만인이 사용한) 오구즈 투르크어를 사용했다.[60] 현대 타타르인은 크림 타타르 유목민과 본래는 '타타르인'으로 불리지 않았던 크림반도의 정주민 집단이 융합되어 형성된 민족이다.[61]

---

- 크림 칸국의 네 개 핵심 부족은 시린, 바린, 아르근, 킵착이다.

## 크림반도와 서부 킵착 초원의
## '타타르인'에 대한 서구인의 기록

크림 타타르인은 항상 탁 트인 초원에서 생활한다. 이들은 그리스 도교도들과 싸우지 않을 때면 서로 전쟁을 벌인다. 도둑질을 할 수 있을 때는 거리낌없이 행한다. 이는 그들 사이에서 부정한 행위로 간주되지 않기 때문이다. 크림 타타르인은 일반적으로 키가 작고 어깨가 넓으며, 이마가 넓고 눈이 작은 특징을 보인다. 가장 기형적으로 생긴 이들이 가장 고귀한 태생이라고 한다. 한편 이들이 투르크인과 조우할 때면 항상 우위를 점한다고 전한다. 결과적으로 투르크인이 그리스인을 이기고, 그리스인은 타타르인을 이긴다는 이야기가 전한다.[62]
— 페로 타푸르Pero Tafur(1410~1487?), 스페인 남부 코르도바 출신의 카스티야인 여행가


이들은 모두 이슬람교를 신봉하지만, '투르크인'이라 불리는 것을 크게 불쾌하게 여기며 모욕으로 간주한다. 반면에 '베세르마니Besermani[무슬림]'라 불리는 것을 기뻐하는데, 이는 [오스만] 투르크인도 마찬가지다. 남성들은 보통 키에 얼굴은 넙데데하고 살이 올라 있으며, 눈은 안쪽으로 움푹 들어간 모양이다. 또한 수염을 제외하고 머리카락을 완전히 면도하는 특징이 있다.[63]
— 지기스문트 폰 헤르베르슈타인Sigismund von Herberstein(1486~1566), 막시밀리안 1세가 모스크바 대공국에 파견한 신성 로마 제국의 사절

이들은 신장이 크지 않으며, 가장 키가 큰 남성조차 우리나라 사람[프랑스인]의 평균 신장을 넘지 않는다. 대체로 키가 작은 편에 속하지만, 체격이 다부지고 사지四肢가 매우 발달했다. 복부는 높게 돌출되어 있으며, 어깨는 넓고 목이 짧다. 머리는 크고, 얼굴은 거의 원형에 가깝고 이마가 넓다. 눈매는 갸름하며, 눈동자는 커다랗고 새카맣다. 코는 짧고 입은 작으며, 치아는 상아처럼 희다. 피부색은 어두운 편이고, 머리카락은 매우 검으며 말갈기처럼 거칠다.[64]
— 기욤 르 바쇠르 드 보플랑Guillaume Le Vasseur de Beauplan(사망 1673), 17세기 폴란드 왕국에서 복무한 프랑스인 군사 공학자

## 찰스 헨리 스콧이 서술한 두 부류의 크림 타타르인

크림 타타르인은 평원 지역의 집단과 산악 지역의 집단, 둘로 나뉜다. 이들은 생활 방식과 생업뿐만 아니라 혈통에서도 차이를 보인다. 평원 지역의 타타르인은 반도의 북부 초원 지대에서 흩어져 거주하는데, 농경과 소와 말 사육을 생업으로 삼고, 굽지 않은 흙벽돌로 조악한 가옥을 짓고 생활한다. 이들의 얼굴은 몽골인의 특징을 보인다. 반면에 산악 지역의 타타르인은 다양한 수공업에 종사하며 원예를 즐기고, 담배·아마·포도 등을 재배한다. 이들의 외모는 코카서스 인종의 특징을 띠며, 평원 지역의 타타르인보다 수염이 많고 신장이 평균보다 크다. 또한 크림반도에서 거주했던

> 여러 민족이 혼합된 것으로 추정되며, [오스만] 투르크인 또는 유
> 럽인의 외모를 닮은 경우가 많다. 이들 중 상당수는 갈색 머리칼
> 과 밝은 피부색을 가지고 있다. 그들은 세련된 태도와 품위 있는
> 행동을 보이고, 정중하고 환대하는 성향이 있으며, 정직한 거래와
> 검소한 식생활을 실천한다.[65]
> — 찰스 헨리 스콧Charles Henry Scott, 19세기 러시아 제국을 여행한
> 탐방가

## 크림 칸국

크림 칸국은 15세기 중반에서 18세기 중반까지 크림반도와 그 북부 및 동부 인접 지역을 지배했던 칭기스 왕조 국가다. 시반조 우즈벡 및 카자흐 칸국이 주치 울루스의 좌익에서 기원한 반면, 크림 칸국은 주치 울루스의 우익에서 분파되었다. 크림 칸국을 지배한 기레이 왕가는 칭기스 칸의 맏아들 주치의 열셋째 아들인 토카이-티무르의 후예다. 크림 칸국은 200여 년 동안 동유럽 및 오스만 제국 역사에서 중요한 역할을 했다. 강력한 군사력을 바탕으로 17세기 후반까지 모스크바 대공국/러시아, 폴란드-리투아니아, 다뉴브 공국들로부터 공물을 징수했다. 또한 오스만 제국이 유럽 국가들 및 이란의 사파비 왕조를 상대로 수행한 모든 주요 군사 원정에 동맹국으로서 경기병을 파견해 오스만 제국의 영토를 확장하고 방어하는 데에도 크게 기여했다.

## '타타르' 명칭의 의미

중앙유라시아 역사에서 '타타르Tatar'라는 명칭은 시대에 따라 여러 다른 집단을 지칭했다. 몽골 제국 이전 시기에는 동몽골 초원에서 거주하던 몽골어 사용 부족 연맹의 명칭이었다. 이들은 8세기 돌궐의 오르혼 비문에서 '오투즈 타타르Otuz Tatar(서른 타타르)'와 '토쿠즈 타타르Toquz Tatar(아홉 타타르)'라고 지칭된다. 10세기 초, 이들 중 일부는 오늘날 북부 카자흐스탄과 서부 시베리아 지역에서 키멕Kimek 부족 연맹의 형성에 중요한 역할을 했던 것으로 보인다.

타타르 유목민은 13세기 초까지 동몽골 초원을 지배하던 주요 세력이었으나, 오랜 적대 관계에 있던 몽골인에 의해 전멸되었다. 그런데 몽골 제국이 성립될 무렵, 중국 및 이슬람 문헌에서는 몽골 초원의 유목민을 '타타르'라고 지칭했다.* 라시드 알딘은 저서 《집사》에서 몽골이 부상하기 전에는 타타르 유목민이 강한 군사력과 명성을 가지고 있어서 '타타르'가 몽골 초원 유목민을 지칭하는 포괄적 명칭이 되었다고 설명한다.[66] 이러한 배경에서, 몽골인이 정복 활동을 시작했을 때 외부 세계에서는 이들을 타타르인이라고 불렀다.

---

• 중국에서는 '달단(韃靼, Dada)', 중동에서는 '타타르(تتار, Tatār)', 유럽에서는 '타르타르(Tartar)'라고 불렀다. 중세 서유럽인은 타타르(Tatar)를 타르타르(Tartar)로 변형해서 사용했다. 지옥을 의미하는 타르타로스(Tartarus)에서 온 존재로 몽골인을 묘사하기 위해서였다.

몽골 제국이 붕괴한 이후에도 '타타르'는 러시아와 오스만 제국을 비롯한 여러 국가에서 몽골인 및 그 후예를 지칭하는 용어로 계속 사용되었다. 러시아 제국에서는 이 명칭을 러시아와 시베리아에서 거주하는 다양한 내륙아시아 유목민에게 포괄적으로 적용했다. 15세기 말 크림 칸국의 주치 울루스계 유목민과 19세기 말 볼가 지역의 투르크어 사용 무슬림 주민은 이러한 타칭을 자칭으로 받아들였다. 현대에 와서 '타타르'는 주로 크림 타타르인, 볼가 타타르인, 시베리아 타타르인을 가리키는 용어로 사용된다.

### 크림 칸국의 형성

크림 칸국은 1440년대에 주치의 후손인 하지 기레이Hajji Girāy(재위 1440년대~1456)가 세운 주치 울루스의 계승국가다. 하지 기레이의 아들인 멩글리 기레이Mengli Girāy(재위 1466~1514) 치세에 강국으로 부상했으며, 1502년에는 주치 울루스의 또 다른 계승국가였던 울루 오르다Ulu Orda•를 격파하고 서부 킵착 초원에서 가장 강력한 유목 국가로 자리 잡았다. 또한 멩글리 기레이는 사위 셀림 1세가 오스만 제국의 제위를 차지하는 과정에서 군사적 지원을 제공함으로써 오스만 제국의 역사에서도 중요한 역할을 했다.

---

• '울루 오르다'는 옛 주치 울루스의 중심부이기도 한 볼가강 유역의 사라이(Sarai) 지역에 근거지를 두었다.

## 크림 칸국과 오스만 제국의 '군사적 동맹 관계'

크림 칸국은 오스만 제국의 술탄 메흐메드 2세(재위 1444~1446, 1451~1481)에게 충성을 서약한 칸위 계승자 멩글리 기레이가 1478년에 메흐메드의 지원으로 크림 칸국의 권력을 재장악하면서 오스만 제국의 종주권을 인정하는 국가가 되었다.

그러나 크림 칸국은 멸망하는 18세기까지 '자치 국가'의 지위를 유지했다. 크림 칸국은 오스만 제국에 공물을 바치지 않았으며, 오스만 제국에서도 크림 칸국에 총독을 파견하지 않았다. 더욱이, 크림 칸의 이름이 '금요 예배(후트바khutba)'에서 호명되었으며, 칸의 이름이 새겨진 주화(시카sikka)가 주조되었다. 이 두 가지 권한은 이슬람 세계에서 독립 군주의 특권으로 간주되었으니 크림 칸국은 오스만 제국의 일반적인 속국은 아니었다.

크림 칸국은 또한 오스만 제국의 주요 군사 원정에 경기병을 파견했는데, 이에 대한 대가로 현금을 받았다. 크림 타타르 기마병은 오스만 제국이 유럽 국가들, 이란의 사파비 왕조를 상대로 수행한 주요 전쟁에 매번 참전해 활약했다. 따라서 크림 칸국은 16~17세기에 오스만 제국의 가장 중요한 동맹국이었다고 평가할 수 있다.

## 17세기 타타르 복합궁과 초기 화기의 비교

크림 타타르 기마궁수는 17세기 중반까지도 동유럽 전역에서 성공적인 원정을 수행했는데, 이는 이들이 사용한 복합궁이 여전히 위력을 발휘한 덕분이었다. 복합궁은 명중률, 사거리, 연사 속도, 관통력 등의 측면에서 장전 속도가 느린 화승총이나 머스킷총 등의 초기 화기보다 우수한 성능을 보였다. 휴대용 총기가 초원의 기마궁수가 사용하던 복합궁과 대등한 성능을 갖추게 된 시기는 17세기 이후로, 연발 화기 등 효율적인 개인 화기의 개발이 이루어지면서부터다.

타타르인은 매우 뛰어난 기마술을 갖추고 있어, 달리는 말에서 내린 후 즉각 다른 말로 옮겨 탈 수 있다. 그들은 활, 화살, 시미터 scimitar[곡도曲刀] 외에는 별다른 무장을 하지 않는다. 이들은 후퇴할 때 더 안정적이고 정확하게 활을 쏜다. 타타르인이 휴대하는 식량은 햇볕에 말린 적은 양의 고기로, 아주 잘게 썬다. 또한 안장 머리에 밧줄을 충분히 갖추어놓는다. 요컨대 정예군이 아닌 이상 러시아군 200명은 타타르군 100명을 상대로 늘 진다.[67]
— 자크 마르게레Jacques Margeret(1591~1621년에 활동), 17세기 초 러시아군에서 복무한 프랑스 출신 용병

[크림 타타르인들은] 여러 차례 공격하는 척하며 우리 머리 위로 화살을 비처럼 퍼부은 후 철수했다. 그들의 화살은 우리 화기의

> 사거리보다 적어도 두 배는 더 멀리 날아갔다.[58]
> — 기욤 르 바쇠르 드 보플랑, 17세기 폴란드 왕국에서 복무한 프랑스인 군사 공학자

### 크림 칸국의 전성기

16세기 전반, 크림 칸국은 서쪽으로는 베사라비아Bessarabia에서 동쪽으로는 북코카서스에 이르는 광범위한 지역을 지배하는 유목 제국으로 발전했다. 멩글리 기레이의 아들인 메흐메드 기레이Meḥmed Girāy(재위 1514~1523)는 폴란드 국왕에게 보낸 외교 서신에서 스스로를 "대大오르다와 킵착 초원 그리고 모든 몽골인의 대칸인 파디샤Pādshāh 메흐메드 기레이 칸"이라고 칭했는데,[69] 이는 그의 정치적 위상을 반영하는 표현이다. 메흐메드 기레이는 일시적으로나마 크림 칸국, 카잔 칸국, 아스트라한 칸국을 통합해 과거 주치 울루스의 서반부를 재통합하는 데 성공했기 때문이다. 1521년, 그는 동생 사힙 기레이를 카잔 칸국의 칸으로 즉위시킨 후, 모스크바 대공국을 침공해 바실리 3세 Vasili III(재위 1505~1533)의 항복을 받아냈다. 이어 1523년에는 볼가강 하류에 자리 잡은 주치 울루스의 계승국가인 아스트라한 칸국을 점령하며 주치 울루스 서반부의 통합을 완성했다. 하지만 귀환길에 적의 습격을 받아 사망했다.

크림 칸국은 사힙 기레이 칸Ṣāḥib Girāy Khan(재위 1532~1551)과 데블렛 기레이 칸Devlet Girāy Khan(재위 1551~1577)의 치세에 번영을 누리

### 볼가 타타르인

볼가 타타르인(Volga Tatars)은 오늘날 러시아 타타르스탄 공화국에 거주하는 투르크어 사용 민족이다. 이들은 1445년에서 1552년까지 존속한 카잔 칸국을 수립한 킵착 초원의 주치 울루스 유목민이 볼가 불가르인, 핀-우그리아계 주민 등 볼가-카마 지역의 토착집단들과 융합되어 형성된 민족이다. 19세기 후반까지 볼가 타타르인은 스스로를 '무슬림Muslim' 또는 '카잔르Kazanlï(카잔 출신)' 등으로 칭했으나, 19세기 이후 러시아인이 그들을 지칭하던 타칭인 '타타르'를 자신들의 집단 명칭으로 채택했다.

며 전성기를 맞았다. 이 시기에 수도 바흐체사라이Bahçesaray에 왕궁을 비롯해 모스크, 공중목욕탕, 마드라사 등이 건립되었다. 사힙 기레이 칸은 1546/1547년 아스트라한 칸국을 재정복해 크림 칸국, 카잔 칸국, 아스트라한 칸국 삼국을 재통일했다. 데블렛 기레이 칸은 1571년에 러시아 원정을 단행해 모스크바를 점령했으며, 이에 따라 러시아 차르 이반 4세Ivan IV(재위 1533~1584)는 한동안 중단되었던 크림 칸국에 대한 공납tiyish 지급을 재개할 수밖에 없었다.

16세기 내내 크림 칸국은 오스만 제국이 유럽 국가들, 이란의 사파비 왕조를 상대로 수행한 주요 전쟁에 동맹 세력으로서 참여했다. 예컨대, 데블렛 기레이 칸의 아들인 메흐메드 기레이 2세Meḥmed Girāy Khan II(재위 1577~1584)는 오스만 제국이 코카서스 전역과 타브리즈

도판 4.6 16세기부터 크림 칸국의 칸들이 거주했던 바흐체사라이 궁전

를 정복한 1578~1590년의 오스만-사파비 전쟁에서 활약하며 오스만 제국의 승리에 기여했다. 또한 크림 타타르 기마군은 1596년에 오스만-합스부르크 전쟁 중에 벌어진 메조케레슈테스Mezőkeresztes 전투에서 오스만 제국의 승리에 이바지했다.

### 17세기의 크림 칸국

17세기 들어 크림 칸국은 실질적으로도 오스만 제국의 봉신국封臣國이 되었다. 오스만 술탄이 크림 칸국의 군주를 폐위하고 교체하는 일이 빈번해졌다. 그럼에도 크림 칸국은 17세기 내내 동유럽의 주요 군사·정치 세력으로서의 위상을 유지했다. 폴란드-리투아니아 연방 및 러시아로부터 공납을 징수하는 한편, 17세기 말까지 이들 국가를 대상으로 지속적인 노예 사냥 원정을 감행했다.

17세기 중반, 크림 칸국은 폴란드-리투아니아 연방에 대항해 봉기한 우크라이나 코사크의 지도자 헤트만 보흐단 흐멜니츠키Hetman Bohdan Khmelnytsky(재위 1648~1654)에게 군사 원조를 제공했다. 당시 크림 타타르 기병대와 우크라이나 코사크 보병 연합군은 "폴란드-리투아니아 연방이 동원할 수 있는 어떠한 군대도 격파할 수 있는 가장 강력한 조합"으로 평가받았다.[70] 1648~1653년에 타타르-코사크 연합군은 베레스테츠코Berestechko 전투(1651)를 제외한 모든 전투에서 폴란드-리투아니아군을 상대로 승리를 거두었다. 이들의 승리는 우크라이나 최초의 독립 국가로 평가되는 코사크 헤트만국Cossack Hetmanate(1649~1764)의 수립으로 이어졌다.

1653년, 즈바네츠Zhvanets 전투에서 타타르-코사크 연합군이 폴란드-리투아니아군을 격파한 후, 크림 타타르의 칸 메흐메드 기레이 4세Meḥmed Girāy Khan IV(재위 1641~1666)와 폴란드 국왕 얀 2세 카지미에시 바사John II Casimir Vasa(재위 1648~1668) 사이에 새로운 군사 동맹이 체결되었다. 이에 맞서 우크라이나 코사크는 러시아와 동맹을 맺었다. 1655년, 크림 칸국과 폴란드-리투아니아군은 오크마티우Okhmativ 전투에서 러시아와 우크라이나 코사크를 격파했다. 몇 년 후, 동맹 관계가 뒤바뀌어 우크라이나 코사크는 크림 타타르 및 폴란드-리투아니아군과 손을 잡고 1659년에 코노토프Konotop 전투에서 러시아군을 무찔렀다.

크림 칸국은 1655~1660년에 벌어진 제2차 북방 전쟁Second Northern War에도 참전했다. 이 전쟁은 폴란드-리투아니아 연방과 스웨덴 사이의 전쟁으로, 양측의 여러 동맹국이 개입한 국제전이었다. 1656년, 크림 타타르와 폴란드 연합군은 프로스트키Prostki 전투에서 스웨덴 및 독일 브란덴부르크 연합군을 격파했다. 이어 1657년에는 폴란드와 적대 관계였던 헝가리계 국가 트란실바니아 공국Principality of Transylvania(1570~1711)을 침공해 약탈했다.

17세기 후반에도 크림 칸국은 여전히 군사 강국의 지위를 잃지 않았다. 1660년, 크림 타타르와 폴란드 연합군은 추드노프Chudnov(추드니프Chudniv) 전투에서 다시 한번 러시아와 우크라이나 코사크 연합군을 무찔렀다. 1672년, 셀림 기레이 칸Selim Girāy Khan(재위 1671~1691)이 이끄는 크림 기병대는 오스만 제국의 폴란드-리투아니아 연방을 대상으로 한 군사 원정에 참여해, 오스만 제국군이 승리를 거두고 우크라이나 남서부의 포돌리아 지방을 점령하는 데 도움을 주었다. 1683년 제2차 빈 공성전에서는 크림 타타르군이 페트로넬Petronell 전투에서 오스트리아군을 격파했다. 빈 공성전에 이어 오스만 제국의 방어전에서도 크림 타타르는 중요한 역할을 수행했다. 크림 타타르 역사 전문가 브라이언 윌리엄스Brian G. Williams에 따르면, "17세기 후반 타타르군은 대체로 승리를 거두었으나 오스만 제국은 패배를 거듭했다."•71 1687년과 1689년, 소피아 알렉세예브나Sophia Alekseyevna의 섭정 기간(1682~1689)에 러시아의 외교 정책을 주도한 정치가 바실리 골리친 공Prince Vasily Golitsyn(1643~1714)은 크림 칸국 정복을 시도했으나, 크

---

• 예컨대, 크림 타타르군은 1688년 캅착 전투(Battle of Kapchak)와 1689년 베오그라드(Beograd) 인근에서 오스트리아군을 격파했다.

림 타타르군은 두 차례의 러시아 침공을 모두 격퇴하는 데 성공했다.

### 크림 타타르인의 백인 노예 사냥 원정

크림 타타르인은 17세기 말까지 폴란드-리투아니아-루테니아 국가[*72]와 러시아를 대상으로 지속적인 노예 사냥 원정을 감행했다. 1500년경에서 1700년경까지, 많게는 약 200만 명에 달하는 우크라이나인, 러시아인, 폴란드인이 포로로 잡혀 오스만 제국에 노예로 판매된 것으로 추정된다.[73] 이에 대응해 우크라이나 및 다른 슬라브계 코사크는 오스만 제국의 흑해 연안을 공격하며 그 주민들을 포로로 잡아들였다.[74]

우크라이나에서는 크림 타타르인에 의해 포로로 잡혀 오스만 제국에 노예로 팔린 우크라이나인의 슬픔과 고통을 표현하는 민속 요가 널리 불렸다. 그중 하나를 소개하면 다음과 같다.

> 터키의 가난한 노예는 인사를 전한다,
> 무함마드의 땅에서 그리스도교 도시들로,

---

* 루테니아인(Ruthenian, 라틴어 Ruthenus에서 유래)은 리투아니아 대공국과 폴란드 왕국에서 거주했던 동슬라브인(주로 우크라이나인)을 지칭하는 데 사용되었던 타칭이다. 이 명칭은 '루스(Rus)' 또는 우크라이나어 '루신(rusyn)'에서 유래했다. 루테니아인은 폴란드-리투아니아 연방에서 상당히 높은 인구 비율을 차지했다. 또한 크림 칸국과 지리적으로 인접한 곳이어서, 루테니아인(우크라이나인)은 크림 타타르인이 펼친 노예 사냥의 주요 대상이 되었다.

> 그의 아버지와 어머니에게,
> 그는 그들에게 인사할 수 없지만,
> 회색 비둘기에게 인사를 전한다,
> 오, 회색 비둘기여,
> 높이 날아 멀리 떠도는 새여!
> 너는 그리스도교 도시들로 가서, 내 아버지와 어머니에게 전해다오,
> 그들의 마당으로 내려가 슬픈 소리를 내어,
> 내 코사크의 운명을 그들에게 상기시켜다오,
> 내 아버지와 어머니에게 내 고통을 알려다오,
> 그들이 자신들의 재산을 희생하여,
> 내 코사크 머리를 비참한 노예 상태에서 풀어주기를.[75]

## 크림 칸국의 쇠퇴와 멸망

17세기 후반부터 러시아 제국과 크림 칸국 사이의 세력 균형이 러시아에 유리하게 급격히 변화하면서 크림 타타르인은 더 이상 러시아 영토에서 노예를 사로잡거나 북방 이웃 국가들로부터 공납을 징수할 수 없게 되었다. 18세기 들어 쇠락의 길을 걷던 크림 칸국은 1768～1774년의 러시아-오스만 전쟁에서 오스만 제국이 패배한 후 체결된 퀴췩 카이나르자Küçük Kaynarca 조약에 따라 오스만 제국과의 관계를 단절해야 했다. 그 뒤 크림 칸국은 러시아의 위성국으로 전락했으며, 1783년 여제 예카테리나 2세Catherine II the Great(재위 1762～1796) 지배하의 러시아 제국에 병합되었다.

## 맺음말

6세기 중반 몽골 초원에 돌궐 제국이라는 최초의 투르크계 유목 제국이 등장한 이후, 투르크 민족들은 천 년 넘게 유라시아 대륙에서 광대한 영토를 정복하고 수많은 제국과 국가를 세웠다. 또한 이들은 몽골 제국의 건설과 운영 과정에도 참여했으며, 몽골 제국의 상당 지역을 투르크화했다.

투르크계와 더불어 몽골계 유목민이 수립한 제국들은 전근대 중국, 중동, 유럽의 역사에 중대한 영향을 미쳤다.* '스텝 제국empire des steppes'이라는 용어를 처음 사용한 프랑스의 저명한 역사학자 르네 그루세René Grousset(1885~1952)는 "지배 민족, 제국을 건설하는 민족은 극히 드물다. 투르크-몽골인은 로마인과 마찬가지로 그러한 민족에 속한다"라고 평가했다.[1]

이 책은 투르크 민족들의 역사를 단일 민족 집단의 유구한 역사로 다루지 않고 각기 독자적인 기원과 정체성을 가진 개별 민족의 복합

---

• 유라시아 유목 제국들은 실크로드를 보호함으로써 유라시아 대륙의 동서 지역 간 물품과 사상의 교류를 가능하게 했다. 그리하여 유라시아 전체의 지적 발전에 직간접적으로 기여했다.

적인 역사로, 그리고 다양한 인도-유럽어족, 우랄어족, 몽골어족 집단들의 투르크화 과정을 포함한 역사로 다룸으로써 독자들에게 투르크 민족들에 대한 비판적 통찰을 제공하고자 했다.*

투르크인의 기원은 사료의 부족으로 정확하게 알 수 없으며, 학자들 사이에서도 많은 이견이 존재한다. 그러나 한 가지 분명한 점은, 서기전 3세기 무렵 몽골 초원의 북부 지역에서 거주하던 '정령'이 사료를 통해 확인할 수 있는 최초의 투르크계 민족 혹은 부족 집단이라는 사실이다. 중국 사서들은 이들을 흉노 시대(서기전 250~서기 100)에는 '정령', 유연 시대(4세기 중엽~555)에는 '고차', 돌궐 시대(552~745)에는 '철륵'으로 지칭했다. 또 돌궐 및 위구르 비문은 철륵 유목민을 '오구즈'라 불렀다.

5세기 후반 흑해 초원 지역에 등장한 불가르를 비롯한 오구르 투르크어 사용 유목민은 철륵 부족 연맹의 서부 집단에서 기원한 것으로 보인다. 몽골 초원 및 준가르 초원에서 거주하던 철륵 부족은 수 세기에 걸쳐 흉노, 선비, 유연, 돌궐 등이 건설한 몽골 초원의 유목 제국과 갈등을 겪었으나, 8세기 중반에 이르러 위구르 제국(744~840)을 수립

---

• 이 책이 주관적 해석이나 추측이 아닌 역사적 자료의 비판적 분석을 통해 새롭게 제시하는 주요 논점은 다음과 같다. 첫째, 사료를 통해 확인할 수 있는 가장 초기의 투르크인 집단은 흉노가 아니라 철륵이었다. 둘째, 돌궐과 철륵은 별개의 투르크계 민족 집단이었다. 셋째, 위구르는 돌궐의 후예가 아니었다. 넷째, 예니세이 키르기즈인은 그 기원이 돌궐계도 철륵계도 아니었으며, 천산 지역 키르기즈인의 조상이 되었다. 다섯째, 카라한 왕조는 서돌궐의 후예였으나 아시나 왕가의 후손은 아니었다. 여섯째, 하자르, 불가르, 킵착, 오구즈 유목민 집단은 유라시아 동부 초원의 투르크계 집단과 유라시아 중부 및 서부 초원의 다양한 토착 집단이 융합되어 형성되었다. 마지막으로 일곱째, 포스트 몽골 시대의 주요 투르크 민족 집단은 오구즈 투르크인과 몽골계 투르크인으로 구분될 수 있다.

할 수 있었다. 위구르인은 소그드인과의 교류를 통해 초원 지역에 도시와 정착지를 건설하고 마니교로 개종했다. 또한 당나라(618~907)와 우호적 관계를 유지하면서 군사적 지원을 제공하는 대가로 교역 특권을 확보했다. 840년에 위구르 제국이 붕괴하자, 투르판 오아시스(나중에는 위구리스탄으로 불림)로 이주한 위구르인은 동이란어 및 토하라어를 사용하는 인도-유럽계 토착 주민과 융합해 새로운 위구르 집단을 형성했다. 투르판 지역의 위구르인은 그 뒤 몽골 제국에서 관리 혹은 서기로 고용되어 중요한 정치적·문화적 역할을 수행했다. 현대의 신장(동투르키스탄)에서 거주하는 위구르인은 투르판 위구르인과 카라한 투르크인, 투르크화한 토착 인도-유럽계 주민이 융합되어 형성된 민족이다. 한편 현대 중국의 소수민족 중 하나인 서西유구르인은 감숙성에 정착한 위구르 유목민의 직계 후예다.

늦어도 흉노 시대부터 시베리아의 예니세이강 유역에서 거주했던 키르기즈인은 현존하는 가장 오래된 투르크계 혹은 투르크화한 민족이다. 철륵과 마찬가지로 이들은 흉노, 위구르, 돌궐 등 몽골 초원을 기반으로 한 유목 제국들을 상대로 수 세기에 걸쳐 항쟁을 벌이다 840년에 위구르 제국을 전복시키고 동부 유라시아 초원의 최강자로 부상했다. 그러나 키르기즈인은 몽골 초원에 새로운 유목 제국을 건설하지 않고 예니세이강 유역으로 되돌아갔으며, 그 결과 몽골 초원에서의 투르크계 유목민의 지배가 종식되는 결과를 초래했다. 13세기 초 키르기즈인은 몽골 제국에 복속되었으며, 포스트 몽골 시대에 천산산맥 방면으로 남하했다. 현대 키르기즈인은 예니세이 키르기즈인의 직계 후예다.

돌궐 유목민은 6세기 중반에 역사상 최초의 투르크계 제국인 돌궐 제국(552~745)을 건설했다. 이들을 이끈 아시나 왕가는 인도-유럽계 민족에서 기원한 집단이었거나, 여러 혈통이 섞인 집단이었을 가능성이 있다. 돌궐 제국은 철륵 부족들을 통합해 거의 200년에 걸쳐 유라시아 초원의 상당 지역을 지배하며 투르크어의 확산을 촉진하고 '투르크Turk'(아랍어 복수형은 '아트락Atrāk')라는 명칭을 이슬람 세계에 전파했다. 돌궐 제국은 6세기 후반에 동돌궐과 서돌궐로 분열되었으며, 그 뒤로 약 반세기 동안 당나라의 지배하에 놓였다. 682년, 돌궐 제2제국을 수립한 동돌궐인은 유목 민족 최초로 문자를 만들었고, 내륙아시아 유목민들 최초의 토착 역사 기록물이라 할 수 있는 비문을 남겼다. 이들이 만든 돌궐 문자는 위구르와 키르기즈에 계승되었다. 한편 서돌궐은 7세기 중반 이후 투르게슈, 하자르, 카라한 등 여러 계승국가로 이어졌다.

카라한 왕조(10세기 중후반~1212)는 10세기 말 사툭 부그라 칸의 치세에 중앙아시아의 투르크계 국가로는 최초로 이슬람을 국교로 선포했다. 999년, 카라한 왕조는 이란계 사만 왕조(819~999)를 정복했는데, 이로써 중앙아시아에서 이란계 국가의 지배가 종식되고 투르크계의 지배가 본격적으로 시작되었다. 11세기 중엽, 카라한 왕조는 트란스옥시아나와 타림 분지를 각각 지배하는 두 개의 독립 국가로 분열되었다. 그럼으로써 카라한 왕조 시대에 인도-유럽어권에 속했던 이 두 오아시스 지역의 투르크화가 본격적으로 시작되었다.* 19세기 유럽에서는 이 두 지역을 각각 '서투르키스탄'과 '동투르키스탄'으로 지칭했다. 현대 우즈벡인과 현대 위구르인이 사용하는 카를룩 투르크어는 카라한 왕조에서 사용되었던 투르크어다. 현대 위구르인은 카라한 투르크인, 투르판 위구르인, 투르크화한 토착 인도-유럽계 주민이 융합되어 형성된 민족이다.

서돌궐의 또 다른 후예인 하자르인은 서돌궐 유목민을 비롯해, 6세기 초부터 볼가 지역과 북코카서스 지역에서 유목하던 투르크계 집단인 사비르, 그리고 이들의 지배를 받던 다양한 투르크계 집단이 융합되어 형성된 집단이다. 7세기에 하자르인은 북코카서스 지역에서 하자르 제국(7세기 중반~968/969)을 건설하고 흑해 초원에서 불가르 유목민을 몰아냈다. 8세기에 이르러, 하자르 제국은 흑해 북안에서 아랄해에 이르는 광대한 초원 지역을 지배하는 강력한 유목 제국으로 성장했다. 10세기 말까지 존속한 하자르 제국은 북유럽과 이슬람 세계를 연결하는 교역로를 통제함으로써 번영을 누렸다. 또한 동유럽으로 이슬람 세력이 침투하는 것을 저지하는 역할을 했다. 8세기 말 또는 9세기 초에 하자르 지배층은 유대교로 개종했다.

오구르 투르크계 유목민인 불가르인은 7세기경 흑해 초원의 지배 세력으로 부상했다. 그러나 이들은 하자르 제국의 압박으로 해당 지역에서 축출되었으며, 일부 집단은 서쪽으로 이동해 769년경 발칸반도에서 다뉴브 불가리아를 건설했다. 이들은 현지 슬라브계 주민들에게 동화되어 소멸했지만, '불가리아'라는 국가 명칭을 유산으로 남겼다.** 또 다른 불가르인 집단은 북쪽으로 이동해 볼가-카마 지역에

---

• 타림 분지(동투르키스탄)의 투르크화는 몽골 제국 등장 이전에 이루어졌으나, 트란스옥시아나(서투르키스탄)의 투르크화는 19세기까지도 진행 중이었다.

볼가 불가리아를 건설했다. 이곳에서 이들은 핀-우그리아계 토착 주민과 융합되었으며, 921년경에 이슬람교로 개종했다. 그 후 볼가 불가르인은 킵착 투르크어를 사용하는 주치 울루스의 유목민과 융합되어 현대 볼가 타타르인으로 발전했다. 한편 이슬람교로 개종하지 않은 볼가 불가르인의 후예는 현대의 추바슈인이 되었다.

11세기 중반부터 13세기 초까지, 킵착 부족 연맹은 흑해 초원, 카스피해 초원, 카자흐 초원에 이르는 광대한 유라시아 초원 지대를 지배했다. 그 결과 중세 이슬람 세계에서는 이 지역이 '다슈티 킵착(킵착 초원)'으로 불리게 되었다. 킵착 유목민은 이 지역에서 거주하던 다양한 투르크계 및 비투르크계 집단과 동부 유라시아 초원에서 유입된 집단이 융합되어 형성된 것으로 보인다. 이슬람 세계에서 '맘룩' 혹은 '굴람'으로 불린 노예 군인 중 상당수는 킵착 초원 유목민 출신이었다. 이들은 이집트의 맘룩 술탄국(1250~1517)을 비롯한 여러 노예 군인 왕조를 수립했다. 13세기 몽골 제국에 의해 정복된 이후, 일부 킵착 유목민은 원나라(1271~1368)에서 외인부대로 복무했다. 그러나 대다수 킵착 유목민은 주치 울루스 내에서 몽골인과 융합되어 15~16세기에 크림 타타르인, 우즈벡인, 카자흐인 등으로 발전했다.

오구즈는 9세기부터 10세기까지 아랄해·카스피해 초원 지역에서 거주한 투르크계 부족 연맹이다. 이 연맹은 과거 철륵 부족 연맹에 속했던 유목민들이 다른 투르크계 및 토착 이란계 집단과의 융합을 통

---

•• 고대 불가리아(Bulgharia)와 현대 불가리아(Bulgaria)의 라틴 알파벳 전사는 서로 다르다. 전자는 'Bulyaria'의 전사다.

해 형성된 것으로 보인다. 965년, 서부 오구즈 유목민은 키이우 루스와 연합해 하자르 제국을 공격하고 파괴했다. 10세기 후반부터 이슬람교로 개종하기 시작한 오구즈 유목민은 11세기 들어 킵착 유목민의 압력을 피해 트란스옥시아나, 호레즘, 호라산 지역으로 남하했다. 대략 이 시기부터 이슬람화한 오구즈 유목민은 이슬람 세계에서 '투르크멘'으로 불리기 시작했다. 오구즈인은 이란계 주민들과 섞였기 때문에 이들이 사용한 오구즈 투르크어는 페르시아어 어휘를 다수 포함하게 되었다. 투르크멘 유목민은 역사상 수적으로 가장 번성한 투르크계 유목 집단으로 성장했다. 이들은 트란스옥시아나에서 이란을 거쳐 아나톨리아 중부에 이르는 영토를 지배한 수니파 이슬람 국가인 셀주크 제국(1037~1194)뿐만 아니라 세계사에서 매우 강력한 제국 중 하나인 오스만 제국(1299~1922)을 건설했다. 오스만 제국에 포함되지 않은 투르크멘인은 서아시아에서 카라 코윤루, 악 코윤루, 사파비, 아프샤르, 카자르 왕조 등 여러 오구즈 투르크계 국가를 세웠다. 포스트 몽골 시대에 중앙아시아의 투르크멘 유목민은 우즈벡 칸국의 속민이 되었다. 현대 투르크메니스탄의 투르크멘인, 아제르바이잔과 이란의 아제리인은 투르크멘 유목민과 투르크화한 페르시아계 주민이 융합되어 형성되었다. 그런가 하면 현대 튀르키예인은 중앙아시아에서 이주한 투르크멘 유목민과 아나톨리아 및 발칸반도의 토착 민족들이 융합되어 형성된 민족이다.

　내륙유라시아 초원의 유목민은 13세기 몽골 제국에 의해 하나로 통합되었다. 이들은 킵착 초원과 중앙아시아에서 각각 주치 울루스와 차가타이 울루스를 이루었다. 14세기 이후 이 두 울루스(유목 민족)는 이슬람교를 수용하고 투르크어(킵착 투르크어 또는 카를룩 투르크어)를 공용어로 사용하면서 새로운 투르크계 유목 민족으로 발전했다. 그 후 주치 울루스는 우즈벡인, 카자흐인, 크림 타타르인 등으로 분화했으며, 차가타이 울루스는 차가타이인과 모굴인으로 나뉘었다. 그러나 이들은 동시대의 투르크멘인, 키르기즈인, 오스만인과 비교할 때 왕조 및 부족 혈통 측면에서 몽골인에 더 가까운 민족 집단이었다. 그리고 스스로 몽골 울루스의 일부 혹은 후예로 인식했다. 이들에게 셀주크 제국이나 카라한 왕조 혹은 킵착의 후예라는 의식은 없었다. 동시대의 오스만 제국과 러시아를 비롯한 주변 국가들 역시 이들을 몽골 제국의 계승자로 인식했다.*

차가타이 울루스 출신의 티무르와 그의 후손 바부르가 이끄는 차가타이인은 각각 중앙아시아와 남아시아에서 티무르 제국과 무굴 제국을 건설하고, 타직인과 힌두인 등 인도-유럽계 언어 사용 정주민을 지배했다. 16세기 초, 모굴인은 신장(동투르키스탄) 지역으로 거점을 옮긴 후 17세기 말까지 카라한 투르크인, 투르판 위구르인, 투르크화한 토착 인도-유럽계 정주민을 지배하며 이들을 하나로 통합함으로써 현대 위구르인의 형성에 기여했다.

주치 울루스의 투르크-몽골 유목민은 이슬람교를 국교로 공인한 우즈벡 칸의 치세 이후 '우즈벡'이라는 이름으로 불리게 되었다. 동부 킵착 초원의 우즈벡 유목민은 15세기 하반기에 시반조 우즈벡인과

---

• 따라서 차가타이인, 모굴인, 우즈벡인, 카자흐인, 크림 타타르인의 역사는 몽골 제국사의 제2기에 해당한다고 볼 수 있다.

카자흐인으로 분화했다. 카자흐인은 킵착 초원에서 카자흐 칸국을 건설했고, 시반조 우즈벡인은 16세기 초에 티무르 제국을 정복한 후 중앙아시아의 오아시스 지역으로 남하했다. 시반조 우즈벡인은 트란스옥시아나, 호레즘, 페르가나 지역에서 여러 칭기스계 및 비칭기스계 왕조를 수립했으며, 19세기 중반 러시아 제국이 중앙아시아를 정복할 때까지 이들 지역을 지배했다. 현대 우즈벡인은 1924년 소련 당국이 '우즈벡인'의 범주에 시반조 우즈벡인뿐만 아니라 중앙아시아 오아시스 지역 인구의 상당수를 차지하던 (투르크화된 이란계 정주민인) 사르트인과 (이란어 사용 정주민인) 타직인을 포함시켜 새롭게 창설한 민족이다. 카자흐인은 16세기에 동부 킵착 초원을 통합해 19세기 중반까지 지배했다. 주치 울루스 유목민의 직계 후예인 현대 카자흐인은 몽골인과 더불어 몽골 제국 및 내륙아시아 유목 제국들의 가장 대표적인 후예다. 크림 타타르인은 서부 킵착 초원의 주치 울루스 유목민이었다. 이들은 루스, 모스크바 대공국, 오스만 제국 등이 몽골인을 지칭하던 명칭인 '타타르'라는 타칭을 늦어도 15세기 말부터 자신들의 집단 명칭으로 사용하기 시작했다. 이들이 건설한 크림 칸국은 16세기에서 17세기 중반까지 동유럽에서 군사 최강국으로 군림했다. 시간이 흐르면서 크림 타타르 유목민은 크림반도의 다양한 정주민 집단—고트인, 그리스인, 이탈리아인, 아르메니아인, 알란인, 슬라브계 주민, 아나톨리아의 투르크인 등—과 융합되어 현대 크림 타타르인으로 발전했다.

요컨대 지난 2000년 동안 세계사의 흐름에 중대한 영향을 미친 여러 투르크 민족은 저마다 독자적인 형성 과정을 거치면서 고유한 정체성을 확립했다. 이들의 역사는 하나의 단일 민족, 단일 언어 집단에 의한 정복의 역사가 아니라 유목민과 정주민 간의 상호작용 속에서 전개된 역사이며, 투르크계 언어를 사용한 집단들과 인도-유럽어족, 몽골어족, 우랄어족 등 비투르크어족에 속하는 언어를 사용한 다양한 집단들 사이의 융합 과정이었다. 어쩌면 이러한 융합적 성격이 투르크계 민족들이 이루어낸 뛰어난 업적과 지속적인 생명력의 원동력으로 작용했다고 볼 수 있다.

오늘날 투르크계 민족들은 아나톨리아, 아제르바이잔, 이란, 볼가-카마 지역, 중앙아시아의 오아시스 지역, 카자흐 초원, 서부 몽골 지역, 동부 시베리아 등 유라시아 대륙에 널리 퍼져서 거주하고 있다. 21세기에 이르러, 투르크계 민족들은 다시금 국제사회에서 중요한 존재로 부상하고 있다. 이들 중 인구와 경제력에서 선두에 서 있는 국가인 튀르키예는 투르크 세계의 지도국이 되는 것을 목표로 삼고 있다. 2020년 나고르노-카라바흐Nagorno-Karabakh 지역을 둘러싸고 아제르바이잔과 아르메니아 사이에서 전쟁이 발발했을 때, 튀르키예는 무인기를 포함한 군사 장비를 지원함으로써 아제르바이잔의 승전을 도왔다. 튀르키예는 아제르바이잔, 카자흐스탄, 키르기스스탄, 튀르키예, 우즈베키스탄이 정회원국으로 참여하는 '투르크 국가 기구Organization of Turkic States'(옛 투르크 평의회Turkic Council)의 주요 회원국으로서 투르크계 국가들 간의 연대 강화와 투르크 세계의 통합도 목표로 삼고 있다. 카자흐스탄은 1991년 독립 이후 중앙아시아에서 가장 발전한 국가이자 지역 강국으로 부상했다. 카자흐스탄의 남쪽 이웃 국가인 우즈베키스탄은 중앙아시아에서 인구수가 가장 많은 국가이며, 지정학적으로 핵심적인 위치를 점하고 있다. 우즈베키스탄은 찬란한 티무르 제국의 유산에 대한 자부심을 바탕으로 과거의 영광을 되찾고자 한다. 볼가 타타르인과 추바슈인은 러시아 연방의 자치 공화국인 타타르스탄 공화국과 추바슈 공화국 내에서 각각 주류를 이루고 있다. 크림 타타르인은 1991년 소련이 해체된 후 크림반도가 우크라이나 영토에 속하게 되면서 우크라이나 국적을 취득했다. 그러나 2014년 러시아의 크림반도 강제 병합 이후, 크림 타타르인의 정치적·사회적 미래는 불확실한 상태에 놓여 있다. 국제법상 크림반도는 여전히 우크라이나 영토로 간주되며, 현재 진행 중인 러시아–우크라이나 전쟁의 향방에 따라 크림 타타르인의 운명도 크게 영향을 받을 것으로 예상된다. 한편 현대의 위구르인은 자신들의 민족적·종교적 정체성을 지키기 위해 투쟁하고 있으며, 중국으로부터의 독립을 열망한다. 현재 중국 정부는 위구르인의 민족적·종교적 정체성을 말살하기 위한 정책을 시행하면서 심각한 인권 침해를 자행하고 있다. 이처럼 크림반도와 신장(동투르키스탄)은 21세기 국제 정세에서 매우 민감한 지정학적 분쟁 지역으로 부상했다.

 필자는 투르크 민족들의 역사에 대한 포괄적 지식은 세계사의 흐름에 대한 거시적 이해와 오늘날의 국제 질서에 대한 통찰력을 얻기 위해서 꼭 필요하다는 점을 강조하며 책을 끝맺고자 한다.

# 부록 1
# 투르크어족

투르크어족The Turkic Language Family은 유라시아 대륙에 널리 퍼져 있는 수많은 언어로 구성된다. 투르크어 연구자 라르스 요한손Lars Johanson에 따르면, 현대 투르크어족은 크게 다음과 같이 분류할 수 있다.[1]

**표 부록1** 투르크어족

| | | | |
|---|---|---|---|
| 공통 투르크어 (Common Turkic) | 남서 또는 오구즈 투르크어 (Southwestern or Oghuz branch) | 서 오구즈어(West Oghuz) | 가가우즈어(Gagauz) 아제르바이잔어(Azeri) 튀르키예어(Turkish) |
| | | 동 오구즈어(East Oghuz) | 투르크멘어(Turkmen) 호라산 투르크어(Khorasan Turkic) |
| | | 남 오구즈어(South Oghuz) | 카슈카이어(Kashkay) 손고르어(Songor) |
| | 북서 또는 킵착 투르크어 (Northwestern or Qipchaq branch) | 서 킵착어(West Qipchaq) | 카라차이-발카르(Karachay-Balkar) 쿠믹어(Kumyk) 크림 타타르어(Crimean Tatar) 카라임어(Karaim) |
| | | 북 킵착어(North Qipchaq) | 타타르어(Tatar) 미샤르 타타르어(Mishar Tatar) 바슈키르어(Bashkir) |
| | | 남 킵착어(South Qipchaq) | 노가이어(Nogai) 카자흐어(Kazakh) 카라칼팍어(Karakalpak) 킵착계 우즈벡어(Qipchaq Uzbek) |
| | 남동 또는 카를룩 투르크어 (Southeastern or Qarluq branch) | 동부 분파(Eastern sub-branch) | 현대 키르기즈어(Kyrgyz) 남 알타이어(South Altay) |
| | | 서 카를룩어(West Qarluq) | 현대 우즈벡어(Modern Uzbek) |
| | | 동 카를룩어(East Qarluq) | 현대 위구르어(Modern Uyghur) |

| 공통 투르크어 (Common Turkic) | 북동 또는 시베리아 투르크어 (Northeastern or Siberian branch) | 북시베리아 투르크어(North Siberian) | | 야쿠트/사하어(Yakut/Sakha) 돌간어(Dolgan) |
|---|---|---|---|---|
| | | 남시베리아 투르크어 (South Siberian) | 사얀 방언 (Sayan varieties) | 투바어(Tuvan) 토판어(Tofan) 두카어(Dukhan) 투한어(Tuhan) 소요트어(Soyot) |
| | | | 예니세이 방언 (Yenisei varieties) | 하카스어(Khakas) 쇼르어(Shor) |
| | | | 푸위어(Fuyü) | |
| | | | 남 알타이어(옛 오이로트어Oyrot) 및 그 방언들인 텔레우트어(Teleut), 텔렝기트어(Telengit) 등 | |
| | | | 북 알타이어(North Altay) 및 그 방언들인 투반어(Tuban), 쿠만딘어(Kumandin) 등 | |
| | | | 출림어(Chulym) | |
| | | | 서 유구르어(Yellow Uyghur/Western Yugur) | |
| 오구르 투르크어 (The Oghur branch) | 추바슈어(Chuvash) | | | |
| 아르구 투르크어 (The Arghu branch) | 할라즈어(Khalaj) | | | |

부록 2

# 투르크 민족들의 계보

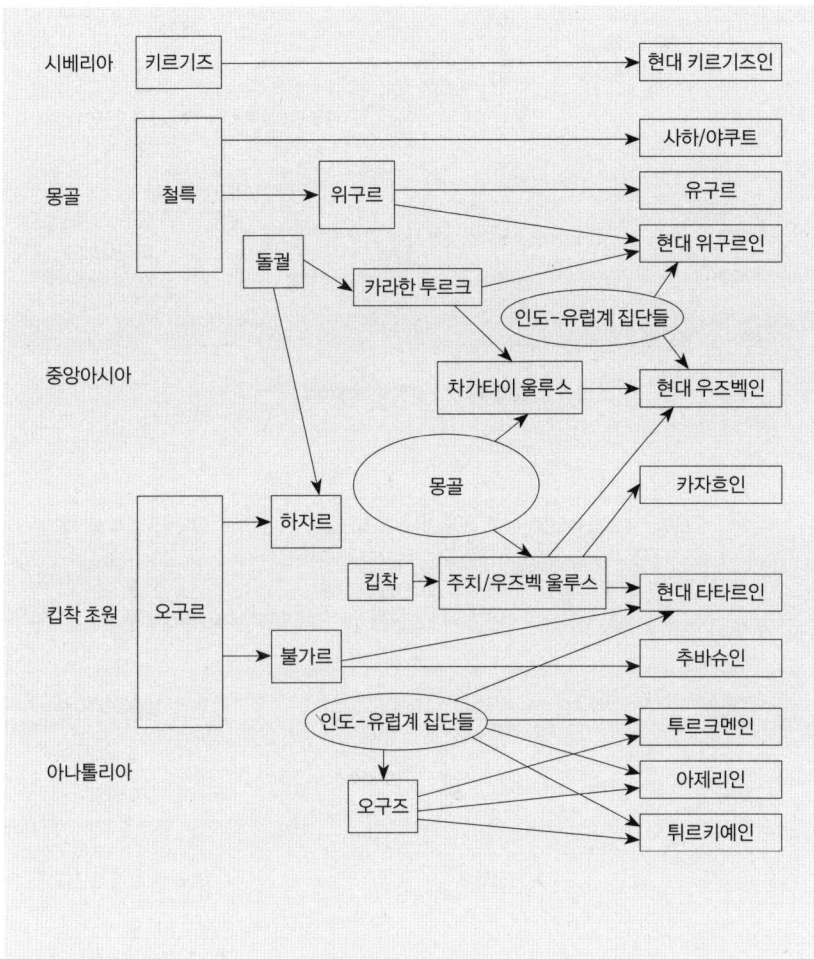

**도표 부록2.1** 투르크 민족들의 계보

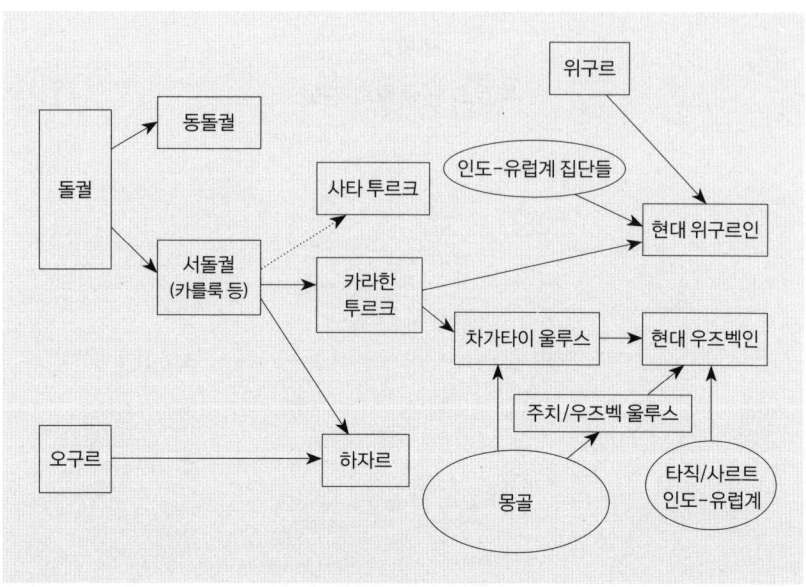

**도표 부록2.2** 돌궐과 그 후예들

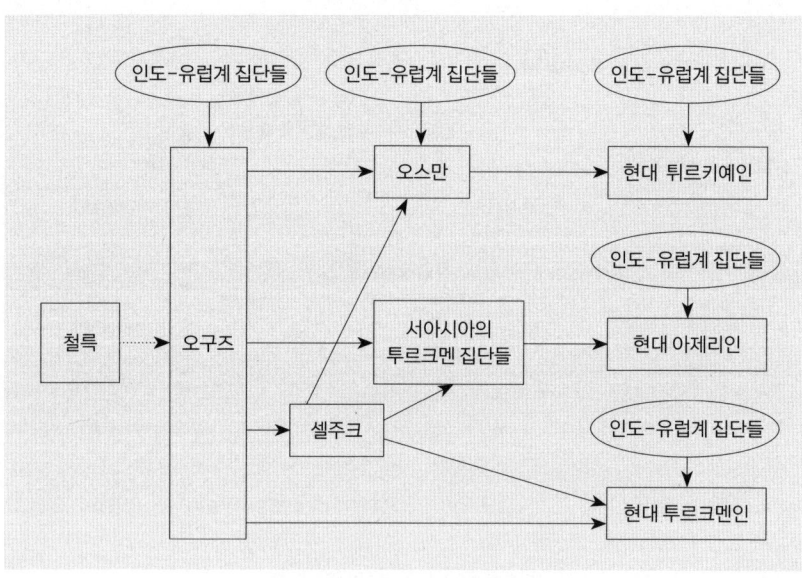

**도표 부록2.3** 오구즈 투르크계 민족들

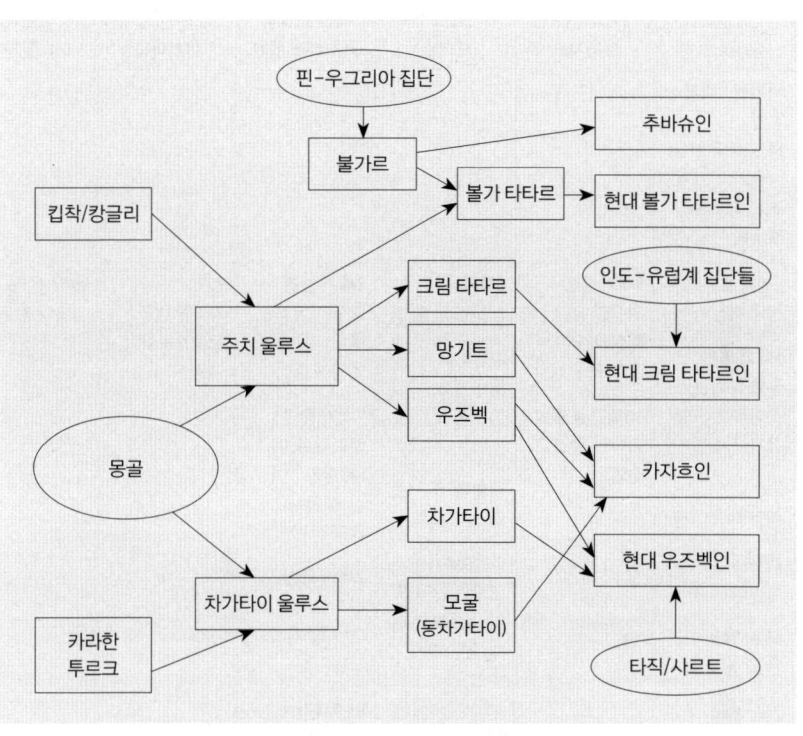

**도표 부록2.4** 몽골계 투르크(투르크-몽골) 민족들

## 부록 3
## 연대표

| 몽골과 준가르 초원 | 타림과 투르판 오아시스 | 카자흐 초원과 제티수 | 흑해 초원과 카스피해 초원 | 트란스옥시아나 | 이란과 아나톨리아 |
|---|---|---|---|---|---|
| 서기전 3세기 후반<br>흉노 제국 부상; 정령과 키르기즈가 흉노에 복속됨 | | | | | |
| 2세기 초<br>선비 부상<br><br>5세기 후반<br>철륵 유목민, 준가르 초원에 고차국 수립<br><br>552<br>돌궐 제국 부상<br><br>629~646<br>설연타 카간국<br><br>682~745<br>돌궐 제2제국<br><br>744~840<br>위구르 제국<br><br>840<br>키르기즈, 위구르 제국 멸망시킴 | 9세기 중반<br>위구르 유민, 투르판 오아시스 지역에 정착<br><br>10세기 중후반<br>카라한 왕조 성립 | 6세기 후반<br>서돌궐 독립<br><br>8세기 초<br>투르게슈 카간국<br><br>766<br>카를룩, 옛 서돌궐 영토 점령<br><br>9~10세기<br>오구즈 유목민, 아랄해·카스피해 초원 지배 | 5세기 중반<br>오구르 유목민, 흑해·카스피해 초원에 등장<br><br>7세기 중반<br>쿠브라트, 대(大)불가리아 건국; 하자르 제국 성립<br><br>7세기 후반<br>하자르 제국, 대(大)불가리아 멸망시킴<br><br>8~9세기<br>불가르 유목민 일부, 볼가-카마로 이동<br><br>920년대 초<br>볼가 불가르인, 이슬람교로 개종<br><br>965~969<br>하자르 제국 멸망 | 999<br>카라한 왕조, 트란스옥시아나 정복 | 977~1186<br>가즈나 왕조 |

| 몽골과 준가르 초원 | 타림과 투르판 오아시스 | 카자흐 초원과 제티수 | 흑해 초원과 카스피해 초원 | 트란스 옥시아나 | 이란과 아나톨리아 |
|---|---|---|---|---|---|
| | | | **11세기 중반** 킵착 유목민, 흑해·카자흐 초원 지배 | **10세기 후반~ 11세기 중반** 셀주크 일족, 트란스옥시아나로 남하하고 이슬람교로 개종<br><br>**1141** 카라 키타이 (서요), 카트완 전투에서 셀주크군 격파 | **1040** 셀주크군, 단단칸 전투에서 가즈나 군 격파<br><br>**1055** 셀주크 제국, 바그다드 점령<br><br>**1071** 셀주크군, 만지케르트 전투에서 동로마 제국군 격파<br><br>**1072~1092** 셀주크 제국, 말릭 샤 치세의 전성기<br><br>**1077~1308** 아나톨리아의 룸 셀주크 술탄국 |
| **1206** 칭기스 칸, 몽골계·투르크계 부족 통합 | | **14세기 중반** 모굴인(동차가타이인), 투글룩-티무르 치세에 이슬람교로 개종 | **1240** 몽골 제국이 키이우 루스, 킵착 부족 연맹, 불가 불가리아를 정복<br><br>**14세기 초반** 주치 울루스, 우즈벡 칸 치세에 이슬람으로 개종 | **1370~1405** 티무르, 몽골 제국의 서반부 재통합 | **1299** 오스만 왕조 수립 |

| 몽골과 준가르 초원 | 타림과 투르판 오아시스 | 카자흐 초원과 제티수 | 흑해 초원과 카스피해 초원 | 트란스옥시아나 | 이란과 아나톨리아 |
|---|---|---|---|---|---|
| | | 15세기 중반 아불 하이르 칸, 우즈벡 유목민 (동부 주치 울루스) 통합; 자니벡 칸과 기레이 칸, 카자흐 칸국 수립; 예니세이 키르기즈 유목민, 천산산맥 일대로 남하 | 15세기 중반 크림, 카잔, 아스트라한 칸국 수립 | | 1452~1457 악 코윤루, 우준 하산 치세의 전성기

1453 오스만 제국의 메흐메트 2세, 콘스탄티노플 점령 |
| | 16세기 초 모굴 칸국, 중심지를 제티수에서 타림 분지로 옮김 | 16세기 초 카자흐 칸국, 카심 칸 치세에 유목 제국으로 성장 | 1552~1556 러시아, 카잔·아스트라한 칸국 정복

16세기 크림 칸국, 사힙 기레이 칸과 데블렛 기레이 칸 치세의 전성기 | 1500~1507 시바니 칸, 티무르 왕조 정복하고 우즈벡 칸국 수립

1511 일바르스 칸, 호레즘에서 히바 칸국 수립

1526 바부르, 인도에서 무굴 제국 수립

1556~1605 무굴 제국, 악바르 치세의 전성기

1598 토카이-티무르 왕조, 아불 하이르 왕조를 대체 | 1501 사파비 제국 성립

1514 오스만군, 찰디란 전투에서 사파비군 격파

1516~1517 오스만 제국, 맘룩 왕조를 정복하고 시리아·헤자즈·이집트 합병

1520~1566 오스만 제국, 술레이만 대제 치세의 전성기 |

| 몽골과 준가르 초원 | 타림과 투르판 오아시스 | 카자흐 초원과 제티수 | 흑해 초원과 카스피해 초원 | 트란스옥시아나 | 이란과 아나톨리아 |
|---|---|---|---|---|---|
| 1634~1758 준가르 제국 | 1670년대 말 준가르 제국, 모굴 칸국 정복<br><br>1757~1759 청 제국, 타림 분지 정복 | 1822~1848 러시아 제국, 카자흐 쥬즈 합병 | 1783 러시아 제국, 크림 칸국 합병 | 1709 우즈벡 밍 부족, 코칸드 칸국 수립<br><br>1753 망기트 왕조, 토카이-티무르 왕조를 대체<br><br>1865~1884 러시아 제국, 트란스옥시아나 정복 | 1683 오스만 제국, 제2차 빈 공략 실패<br><br>1736 나디르 샤, 아프샤르 왕조 수립<br><br>1794~1925 카자르 왕조, 이란 지배 |
| | | 1991 카자흐스탄·키르기스스탄 독립 | | 1991 우즈베키스탄·타지키스탄·투르크메니스탄 독립 | 1923 튀르키예 공화국 수립<br><br>1991 아제르바이잔 독립 |

## 감사의 말

'투르크 민족은 누구인가?' 필자가 지난 20년 이상 탐구해온 질문이다. 그동안의 탐구 과정에서 많은 선배 학자분들의 연구에서 큰 도움을 받았다. 가장 먼저, 투르크 민족 연구의 최고 권위자인 피터 B. 골든Peter B. Golden 교수님께 깊은 감사와 존경을 표한다. 그의 연구는 투르크 민족에 대한 가장 포괄적이고 통찰력 있는 논의와 정확한 분석을 담고 있다. 이 책의 감수자이자 후원자로서 골든 교수님은 필자에게 폭넓고도 유익한 피드백을 제공해주시는 동시에 아낌없는 지지를 보내주셨다. 골든 교수님은 필자의 첫 저서인 《카자클륵 현상과 카자흐 민족의 형성Qazaqlïq, or Ambitious Brigandage, and the Formation of the Qazaqs》, 그리고 《옥스퍼드 연구 백과사전Oxford Research Encyclopedia》 논문 〈몽골 제국 및 포스트 몽골 시대 중앙아시아와 킵착 초원의 투르크 정체성Turkic Identity in Mongol and Post-Mongol Central Asia and the Qipchaq Steppe〉의 심사자로서도 출간의 조건 없는 승인과 함께 꼭 필요한 피드백을 제공해주셨다. 지난 7년 동안 투르크 민족에 대해 같이 토론하는 시간을 내어주신 데 대해서도 깊이 감사드린다. 필자는 골든 교수님을 '학문적 스승'으로 여기며, 이 책은 그분의 투르크 민족사 연구의 연장선상에 있는 학술서라고 생각한다.

　필자의 박사 과정 지도 교수였던 빅터 오스탑축Victor Ostapchuk 교수님께도 무한한 감사의 마음을 전한다. 이분은 필자에게 오스만어와 현대 튀르키예어, 투르크 민족사, 그리고 학자와 교사가 되기 위해 필요한 것들을 가르쳐주셨다. 또한 필자가 2006년부터 2012년까지 토론토 대학교에서 보낸 박사 과정이 더없이 보람되고 의미 있는 시간이 되도록 배려해주셨다. 필자가 박사학위를 취득한 뒤에도 누구나 바라마지 않을 최상의 후원자가 되어주셨고, 필자에게 토론토 대학교에서 투르크-몽골사 관련 과목들을 강의할 수 있도록 기회를 만들어주셨다. 또한 이 책의 원고를 검토하고 날카로운 지적을 해주셨다. 아울러 오스탑축 교수님의 지도교수였던 고故 오멜얀 프리착Omeljan Pritsak 교수님께도 존경과 감사를 표한다. 이분의 선구적 연구들은 필자에게 영감과 통찰을 제공해주었다.

　13년 전 필자의 박사 논문 외부 심사 위원을 맡았을 때부터 변함없이 필자를 격려하고 지지해주신 스티븐 F. 데일Stephen F. Dale 교수님께도 깊은 감사를 드린다. 이분의 칭찬과 신뢰는 필자에게 자긍심을 심어주었다. 필자의 첫 저서는 이분의 학문적 업적이 없었다면 존재하지 않았을 것이다. 오스탑축 교수님과 더불어, 이분은 지난 시간 동안 필자에게 가장 훌륭한 멘토가 되어주셨다.

　킵착 초원의 투르크-몽골 유목민 연구에서 뛰어난 통찰과 지식을 전파해오신 이슈트반 바샤리István Vásáry 교수님께도 깊은 존경과 감사의 마음을 전한다. 2017년 캐나다를 방문하셨을 때 오타와에서 필자에게 중앙유라시아학에 대한 심도 있는 이야기를 들려주신 덕분에 필자는 한층 성숙한 역사가로 성장할 수 있었다. 현재 필자가 제시한 학설들을 강력하게 지지해주시는 학자 가운데 한 분이기도 하다.

티머시 메이Timothy May 교수님은 2017년 시애틀 워싱턴 대학교에서 열린 CESSCentral Eurasian Studies Society 학술 대회에서 필자가 최우수 도서상을 받자 직접 필자에게 오셔서 축하 인사를 건네주셨는데, 그 순간부터 필자의 학자 인생에서 아주 특별한 존재가 되어주셨다. 이분은 몽골 제국사 연구에서 세계적 권위를 지닌 학자로서, 필자의 투르크 및 몽골 민족 관련 학설들을 늘 지지해주셨으며, 자신의 학생들에게도 필자의 논저들을 읽기 과제로 내주신다. 이분이 집필하신 몽골 제국사 저서들은 필자에게 매번 큰 깨달음과 영감을 주었다. 이 책의 추천사를 써주신 바샤리 교수님, 데일 교수님, 골든 교수님, 메이 교수님께 다시 한번 감사드린다.

필자의 연구와 학설을 지지하거나 필자에게 영감을 준 여러 역사학자께도 감사를 전한다. 율라이 샤밀오울르Uli Schamiloglu, 마리아 에바 섭텔니Maria Eva Subtelny, 린다 노스럽Linda Northrup, 크리스토퍼 P. 애트우드Christopher P. Atwood, 주디스 콜바스Judith Kolbas, 패멀라 카일 크로슬리Pamela Kyle Crossley, 스콧 C. 레비Scott C. Levi, 미할리 도브로비츠Mihály Dobrovits, 베르트 G. 프라그너Bert G. Fragner, 언드라시 로너터시András Róna-Tas, 정재훈, 마리 파베로Marie Favereau, 마이클 피너Michael Feener 교수님께 깊이 감사드린다.

필자의 투르크-몽골 민족 연구 논문들을 중국어로 번역해 중국 학계와 독자에게 소개해준 중산中山 대학교의 교수이자 가장 친한 몽골인 친구인 산사르 차히르마Sansar Tsakhirmaa 님에게 깊은 감사를 표한다. 카자흐스탄, 그리고 러시아어 사용 세계의 독자들에게 필자의 연구를 소개해준 카자흐스탄 숀 출판사Shon Publishing House의 가우하르 라흐만베르디예브나 누로바Gaukhar Rakhmanberdievna Nurova 대표님과 카자흐 과학 아카데미 발리하노프 연구소Valikhanov Institute의 연구원 알리야 볼라트칸Aliya Bolatkhan 님에게도 깊은 감사의 뜻을 전한다.

아울러 필자의 연구를 지지해주시고 국내 독자에게 소개해주신 교수·연구자인 김중순, 정세진, 이평래, 조영헌, 양승조, 권용철, 최소영, 최하늘 님에게도 고개 숙여 감사를 표한다.

이 책의 집필을 의뢰해주신 라우틀리지Routledge 출판사의 '세계사의 테마Themes in World History' 시리즈 편집장 피터 스턴스Peter Stearns 교수님께 깊은 감사를 표한다. 이분은 원고 마감일을 지키지 못한 필자에게 인내심을 가지고 격려해주셨다. 또한 이 책이 일반 독자들이 보다 쉽게 이해할 수 있는 책이 될 수 있도록 책의 구성과 서술 방식에 대해 매우 유용하고 실질적인 조언을 해주셨다. 이 책의 집필을 필자에게 맡겨주신 것을 매우 영광스럽게 생각한다. 이 책이 세상에 나올 수 있었던 것은 투르크 민족사가 세계사 연구에 꼭 필요하다는 이분의 확신 덕택이다. 아울러 이 책의 출판 과정에서 전문적 지원을 제공해주신 라우틀리지 출판사의 편집자 앨리슨 삼부치니Allison Sambucini, 이저벨 보이스Isabel Voice, 에밀리 어바인Emily Irvine, 킴벌리 스미스Kimberley Smith, 로나 캐럴Rhona Carroll 님에게도 특별히 감사의 뜻을 전한다.

필자는 지난 20여 년 동안 토론토 대학교에서 만난 친구들의 우정과 도움을 잊지 못한다. 특히 고故 소피아 안Sofia An, 나스린 아스카리Nasrin Askari, 슌투 쿠앙Shuntu Kuang, 파리사 에마미Parisa Emami, 메틴 베직오을루Metin Bezikoğlu, 무라트 야사르Murat Yasar, 마리나 크라베트Maryna Kravet, 에단 멘칭거Ethan Menchinger와 탈리아 멘칭거Talia Menchinger, 다나라 두르두쏘바Danara Dourdoussova, 호쎄인 지바리피란Hossein Zivaripiran, 동유에 수Dong-Yue Su에게 깊은 감사를 표한다.

또한 필자의 가족과 '친지'들에게도 깊은 감사의 마음을 전하고자 한다. 필자는 부모님께 헤아릴 수 없는 큰 은혜를 입었으며, 두 분의 아들로 태어난 것을 가장 큰 축복으로 여긴다. 따뜻한 배려와 아낌없는 지원을 베풀어주신 린 쿠앙Lin Kuang 화인華人 '숙부' 내외분과 '조카' 슌투 쿠앙에게 한없는 감사의 마음을 전한다. 필리핀인 '사촌' 레오폴드 루나 일락Leopold Luna Ilag 스톡홀름 대학교 교수, 고려인 '조카' 최 드미트리Dmitri Choi, 친여동생 이지양, 친사촌 누이 임정은 님에게도 진심 어린 감사의 뜻을 전한다. 아울러 필자의 아이들에게 할머니와 같은 존재이자, 세상의 소외된 아이들에게는 '요정 대모fairy godmother' 역할을 하시는 폴리 왕Polly Wong 님에게도 깊은 존경과 감사를 표한다. 무엇보다도 늘 사랑과 축복, 기도로 필자를 응원해주시는 다도茶道 장인 이숙자 벤자민 누님 수녀님, 필자의 삶을 환하게 밝혀주고 끊임없는 행복의 원천이 되어주는 자녀 재현, 주몽, 재인에게도 한없는 사랑과 감사를 전한다.

필자는 지난 30여 년 동안 가장 가까운 친구이자 동반자로서 삶을 함께해준 아내 임희정 님에게 가장 큰 빚을 지고 있다. 고맙고 미안한 마음을 가지고 이 책을 아내에게 바친다.

# 주

## 서론

1 Joo-Yup Lee, "The Historical Meaning of the Term Turk and the Nature of the Turkic Identity of the Chinggisid and Timurid Elites in Post-Mongol Central Asia," *Central Asiatic Journal* 59 (2016), pp. 118-21; Joo-Yup Lee, "Turkic Identity in Mongol and post-Mongol Central Asia and the Qipchaq Steppe," in *The Oxford Research Encyclopedia of Asian History*, ed. David Ludden (New York: Oxford University Press, 2019), pp. 4-6.

2 예컨대 다음을 참조할 것. S. A. M. Adshead, *Central Asia in World History* (New York: St. Martin's Press, 1993), p. 53.

3 다음을 참조할 것. Lee, "The Historical Meaning of the Term Turk," pp. 103-8; Lee, "Turkic Identity," pp. 12-13.

4 Lee, "Turkic Identity," pp. 2-3; Lee, "The Historical Meaning of the Term Turk," pp. 103-4.

5 이와 관련된 논의는 다음을 참조할 것. Joo-Yup Lee, "Some Remarks on the Turkicization of the Mongols in Post-Mongol Central Asia and the Qipchaq Steppe," *Acta Orientalia Academiae Scientiarum Hungaricae* 71, no. 2 (2018), pp. 124-31; 128-29.

6 Lee, "Some Remarks on the Turkicization of the Mongols," pp. 124-28.

7 투르크 민족들의 유전적 데이터에 대한 자료는 다음을 참조할 것. Joo-Yup Lee and Shuntu Kuang, "A Comparative Analysis of Chinese Historical Sources and Y-DNA Studies with Regard to the Early and Medieval Turkic Peoples," *Inner Asia* 19, no. 2 (2017), pp. 210-39.

8  최신 Y-DNA 하플로그룹 명명법과 Y-SNP 계통수는 다음 웹사이트를 참조할 것. https://www.isogg.org/tree/.
9  Lee and Kuang, "Chinese Historical Sources," pp. 210-22.

### 제1장 초기 투르크 유목 민족들

1  Peter B. Golden, *Central Asia in World History* (Oxford; New York: Oxford University Press, 2011), 26. DNA 연구 역시 흉노가 투르크계 민족인지 아닌지에 대해 결정적 정보를 제공하지는 않는다. 흉노인의 유골 분석을 통해 얻을 수 있는 주요한 정보는 이들이 내륙아시아인과 서유라시아인 간의 혼합 집단이었다는 사실이다. 흉노의 DNA 정보는 다음을 참조할 것. Kijeong Kim et al., "A Western Eurasian Male is Found in 2000-Year-Old Elite Xiongnu Cemetery in Northeast Mongolia," *American Journal of Physical Anthropology* 142, no. 3 (2010), pp. 429-40; L. Kang, T. Jin, F. Wu et al., "Y Chromosomes of Ancient Hunnu People and Its Implication on the Phylogeny of East Asian Linguistic Families," *American Society of Human Genetics Annual Meeting* (2013): Evolutionary and Population Genetics 2041F; C. Keyser, V. Zvénigorosky et al.,"Genetic Evidence Suggests a Sense of Family, Parity and Conquest in the Xiongnu Iron Age Nomads of Mongolia," *Human Genetics* 140, no. 2 (2020), pp. 349-59; Choongwon Jeong, Ke Wang, Shevan Wilkin et al., "A Dynamic 6,000-Year Genetic History of Eurasia's Eastern Steppe," *Cell* 183, no. 4 (2020), pp. 890-904. e29.
2  魏收,《魏書》(北京: 中華書局, 2003), 권103, p. 2307.
3  房玄齡 等,《晉書》(北京: 中華書局, 1974), 권95, p. 2486.
4  A. Vovin, "Did the Xiongnu Speak a Yeniseian Language?" *Central Asiatic Journal* 44, no. 1 (2000), pp. 87-104. 흉노어와 예니세이어족의 연관성에 대한 추가 연구는 다음을 참조할 것. Edwin G. Pulleyblank, "The Consonantal System of Old Chinese," *Asia Major* 9 (1962), pp. 58-144, 206-65; Edwin G. Pulleyblank, "The Hsiung-nu," in Philologiae et Historiae Turcicae Fundamenta, vol. 3, ed. Louis Bazin, György Hazai, and Hans Robert Roemer (Berlin: Klaus Schwarz, 2000), pp. 52-75.
5  Hyun Jin Kim, *The Huns, Rome and the Birth of Europe* (Cambridge and

New York: Cambridge University Press, 2013), p. 29.
6　Martine Robbeets et al., "Triangulation Supports Agricultural Spread of the Transeurasian Languages," *Nature* 599 (2021), pp. 616-21.
7　司馬遷,《史記》(北京: 中華書局, 2003), 권110, pp. 2889-90, 2893.
8　班固,《漢書》(北京: 中華書局, 2003), 권94 상, p. 3787. 우리말 번역문은《한서 외국전 역주 (상)》(서울: 동북아역사재단, 2009), pp. 159-60의 번역문을 옮겼다.
9　范曄,《後漢書》(北京: 中華書局, 1965), 권89, p. 2950.
10　Golden, *Central Asia*, p. 33.
11　이 도판들은 다음에 수록되어 있다. Nasan-Ochir Erdene-Ochir, "Khunnugiin shirdeg, torgo, nekhmel edlel [Felt rugs, silks and embroideries of the Xiongnu]," in *Khunnugiin öv: Nuugdelchdiin ankhny tör — Khunnu gurnii soël* [Treasures of the Xiongnu Culture of Xiongnu, the first Nomadic Empire in Mongolia], ed. G. Eregzen (Ulanbaatar: National Museum of Mongolia; Institute of Archaeology, Mongolian Academy of Sciences, 2011), pp. 254-59.
12　Sergey A. Yatsenko, "Yuezhi on Bactrian Embroidery from Textiles Found at Noyon uul, Mongolia,"*The Silk Road* 10 (2012), pp. 39-48. 프랑스 고고학자 Henri-Paul Francfort 또한 이들을 월지인으로 본다. Henri-Paul Francfort, "Les nomades installés dans la Bactriane (IIe s. av. J.-C.-Ier s. ap. J.-C.): nouvelles découvertes," *Comptes rendus des séances de l'Académie des Inscriptions et Belles-Lettres*157-4 (2013), pp. 1566-69.
13　Natalia V. Polosmak, "We Drank Soma, We Became Immortal…,"*SCIENCE First Hand* 26, no. 2(2010). https://scfh.ru/en/papers/we-drank-soma-we-became-immortal-/#:~:text=%E2%80%9CWe%20drank%20soma%2C%20we%20became%20immortal%2C%20we%20came%20to,.%E2%80%9D%20(Rig%2DVeda.
14　Yatsenko, "Yuezhi on Bactrian Embroidery," p. 45.
15　Juhyeon Lee, Bryan K. Miller, Bryan K. Miller, Bayarsaikhan Jamsranjav et al., "Genetic Population Structure of the Xiongnu Empire at Imperial and Local Scales," *Science Advances* 9, no. 15 (2023):eadf3904.DOI: 10.1126/sciadv.adf3904.

16 陳壽,《三國志》(北京: 中華書局, 1975), 권3, p. 98.
17 타브가츠 부족들 명칭에 대해서는 다음을 참조할 것. 魏收,《魏書》(北京: 中華書局, 2003), 권113, pp. 3005-14.
18 段連勤,《丁零'高車与铁勒》(桂林: 广西师范大学出版社, 2006), pp. 109-15.
19 《魏書》, 권103, p. 2308.
20 《魏書》, 권103, p. 2289.
21 〈칙륵가〉의 기원에 대해서는 다음을 참조할 것. David R. Knechtges and Taiping Chang, eds., *Ancient and Early Medieval Chinese Literature. A Reference Guide, Part One* (Leiden; Boston: Brill, 2010), pp. 122, 407.
22 《魏書》, 권103, p. 2307. 우리말 번역문은《위서 외국전 역주》(서울: 동북아역사재단, 2010), pp. 292-93의 번역문을 옮겼다.
23 Peter B. Golden, "Some Thoughts on the Origins of the Turks and the Shaping of the Turkic Peoples," in *Contact and Exchange in the Ancient World*, ed. Victor H. Mair (Honolulu: University of Hawai'i Press, 2006), p. 137. 'Tiele'를 'tegreg'의 음차로 보는 Golden의 견해는 다음의 연구에 바탕을 둔 것이다. E. G. Pulleyblank, "The Chinese and Their Neighbors in Prehistoric and Early Historic Times," in *The Origins of Chinese Civilization*, ed. D. N. Keightley (Berkeley-Los Angeles: University of California Press, 1983), pp. 411-66; J. R. Hamilton, "Toquz Oγuz et On Uyγur," *Journal Asiatique* (1962), pp. 23-64.
24 劉昫 等,《舊唐書》(北京: 中華書局, 2002), 권195, p. 5195. 우리말 번역문은《구당서 외국전 역주 (상)》(서울: 동북아역사재단, 2011), pp. 224-26의 번역문을 옮겼다.
25 魏徵 等,《隋書》(北京: 中華書局, 2008), 권84, pp. 1879-80. 우리말 번역문은《주서·수서 외국전 역주》(서울: 동북아역사재단, 2010), pp. 338-45의 번역문을 옮겼다.
26 《新唐書》, 권217 상, pp. 6111, 6114. Maḥmūd al-Kāšġarī, *Compendium of the Turkic Dialects (Dīwān Luġāt at-Turk)*, ed. and trans. Robert Dankoff, in collaboration with James Kelly, 3 pts. ([Cambridge, MA: Department of Near Eastern Languages and Civilizations, Harvard University], 1982-85), 1:83. 바스밀에 대한 연구는 다음을 참조할 것. Peter B. Golden, "Cumanica V:

Basmıls and Qıpčaqs," *Archivum Eurasiae Medii Aevi* 15 (2006-7), pp. 13-42.

27 《魏書》, 권103, pp. 2307-8: 우리말 번역문은《위서 외국전 역주》(서울: 동북아역사재단, 2010), pp. 294-96의 번역문을 옮겼다.

28 L. V. Oshanin, *Anthropological Composition of the Population of Central Asia, and the Ethnogenesis of its Peoples*, trans. Vladimir M. Maurin and ed. Henry Field (Cambridge, Mass: Harvard University Peabody Museum of Archaeology, 1964), p. 20.

29 Peter B. Golden, "The Turkic Peoples: A Historical Sketch," in *The Turkic Languages*, ed. Lars Johanson and Éva A. Csató, 2nd ed., (London: Routledge, 2022), pp. 15-16.

30 정재훈,《돌궐 유목제국사(552~745)》(서울: 사계절, 2016), pp. 65-72.

31 정재훈,《돌궐 유목제국사(552~745)》, pp. 74-75, 89-91.

32 Xiao-Min Yang, Hai-Liang Meng, Jian-Lin Zhang, et al.,"Ancient Genome of Empress Ashina Reveals the Northeast Asian Origin of Göktürk Khanate,"*Current Biology*10(2024): 1016/j.cub.2024.02.059, 34, 7, (1587-1595.e5).

33 이 점에 대해서는 다음을 참조할 것. 정재훈,《돌궐 유목제국사(552~745)》, pp. 66n23, 146.

34 Lee, "Turkic Identity," p. 2.

35 《舊唐書》, 권199 하, p. 5343.

36 Lee, "Turkic Identity," pp. 4-9, 12-13.

37 《周書》, 권50, p. 909.

38 令狐德棻 等,《周書》(北京: 中華書局, 2003), 권50, pp. 907-8. 우리말 번역문은《주서·수서 외국전 역주》(서울: 동북아역사재단, 2010), pp. 69-75의 번역문을 옮겼다.

39 《周書》, 권50, p. 908. 우리말 번역문은《주서·수서 외국전 역주》, pp. 77-81의 번역문을 옮겼다.

40 《隋書》, 권84, p. 1863. 우리말 번역문은《주서·수서 외국전 역주》, pp. 261-64의 번역문을 옮겼다.

41 李延壽,《北史》(北京: 中華書局, 2003), 권99, pp. 3287-89. 우리말 번역문은《북

사 외국전 역주 (하)》(서울: 동북아역사재단, 2010), pp. 469-77의 번역문을 옮겼다.

42 다음 기사를 참조할 것. https://www.turkiyetoday.com/culture/monument-in-mongolia-reveals-first-written-instance-of-word-turk-from-gokturk-era-105880/.

43 《新唐書》, 권217 하, p. 6148; 歐陽修, 《新五代史》(北京: 中華書局, 1974), 권73, p. 907; Denis Sinor, "Some Components of the Civilization of the Türks (6th to 8th Century A.D.)", GunnaJarring and Steffan Rosén, eds., *Altaistic Studies : Papers Presented at the 25th Meeting of the, Permanent International Altaistic Conference at Uppsala June 7-11, 1982*(Stockholm: Almqvist &Wiksell, 1985), pp.152-57.

44 돌궐 문자의 특성에 대해서는 다음을 참조할 것. Omeljan Pritsak, "Turkology and the Comparative Study of Altaic Languages: The System of the Old Turkic Runic Script," *Journal of Turkish Studies* 4 (1980), pp. 83-100.

45 Talat Tekin, 이용성 옮김, 《돌궐 비문 연구: 퀄 티긴 비문, 빌개 카간 비문, 투뉴쿠크 비문》(서울: 제이엔씨, 2008), pp. 88-90.

46 Talat Tekin, 이용성 옮김, 《돌궐 비문 연구: 퀄 티긴 비문, 빌개 카간 비문, 투뉴쿠크 비문》, pp. 90-95.

47 Talat Tekin, 이용성 옮김, 《돌궐 비문 연구: 퀄 티긴 비문, 빌개 카간 비문, 투뉴쿠크 비문》, pp. 81-86.

48 《舊唐書》, 권194 상, p. 5163. 우리말 번역문은 《구당서 외국전 역주 (상)》, pp. 81-82의 번역문을 옮겼다.

49 《漢書》, 권96 하, p. 3901. 우리말 번역문은 《한서 외국전 역주 (하)》(서울: 동북아역사재단, 2009), p. 409n292의 번역문을 옮겼다.

50 《新唐書》, 권218, p. 6153. 우리말 번역문은 《신당서 외국전 역주 (중)》(서울: 동북아역사재단, 2011), pp. 550, 554의 번역문을 옮겼다. 그러나 《구오대사(舊五代史)》에서는 후당(後唐)의 선조 집단이 발야고 부족 출신이라고 서술한다. 薛居正, 《舊五代史》(北京: 中華書局, 2003), 권25, p. 331. 또한 후당의 창시자인 이존욱(李存勖, 885-926)의 부친 이극용(李克用, 856-908)을 기리기 위해 세워진 묘비는 그를 '설연타국군(薛延陀國君)', 즉 '설연타국의 왕'이라 칭한다. M. Barenghi, "Representations of Descent: Origin and Migration. Stories of the Ninth-

and Tenth-century Turkic Shatuo," *Asia Major* 32, no. 1 (2019), p. 62. 발야고와 설연타 모두 철륵에 속했으므로 사타(Shatuo)는 돌궐이 아닌 철륵의 후예였을 가능성이 있다. Edwin G. Pulleyblank에 따르면, 사타의 지배층은 투르크계와 소그드계 집단으로 구성되었다. Pulleyblank, "A Sogdian Colony in Inner Mongolia," *Toung Pao* 41 (1952), pp. 342-47.

51 宋濂 等,《元史》(北京: 中華書局, 2005), 권118, p. 2923. 옹구트 부의 기원과 역사에 대해서는 다음을 참조할 것. Christopher P. Atwood, "Historiography and Transformation of Ethnic Identity in the Mongol Empire: The Öng'üt Case," *Asian Ethnicity* 15, no. 4 (2014), pp. 514-34.

52 후대 유목 제국들의 발전에 영향을 미친 돌궐 제국의 정치·군사 전통에 대해서는 다음을 참조할 것. Peter B. Golden, "The Türk Imperial Tradition in the Pre-Chinggisid Era," in *Imperial Statecraft: Political Forms and Techniques of Governance in Inner Asia, Sixth-Twentieth Centuries*, ed. David Sneath (Bellingham, WA: Western Washington University Center for East Asian Studies, 2006), pp. 23-61.

53 Talat Tekin, "The Tariat (Terkhin) Inscription," *Acta Orientalia Academiae Scientiarum Hungaricae* 37 (1983), pp. 46(원문), 49(번역문).

54 시네-우수(Shine-Usu) 비문의 북면 9-10행을 참조할 것. 森安孝夫, 鈴木宏節, 齊藤茂雄, 健田村, 白玉冬,「シネウス碑文訳注」,《内陸アジア言語の研究》24, 2009, pp. 11(원문), 24(번역문).

55 《舊唐書》, 권195, p. 5195. 우리말 번역문은《구당서 외국전 역주 (상)》, pp. 220-26의 번역문을 옮겼다.

56 《魏書》, 권103, p. 2310.

57 정재훈,《위구르 유목제국사(744~840)》(서울: 사계절, 2024), p. 348;《新唐書》, 권142하, p. 6135.

58 《舊唐書》, 권195, p. 5207. 우리말 번역문은《구당서 외국전 역주 (상)》, pp. 277-78의 번역문을 옮겼다.

59 시네-우수 비문의 서면 5행.

60 V. Minorsky, "Tamīm ibn Baḥr's Journey to the Uyghurs," *Bulletin of the School of Oriental and African Studies* 12, no. 2 (1948), pp. 283-84.

61 《舊唐書》, 권195, p. 5204. 우리말 번역문은《구당서 외국전 역주 (상)》, p. 268의

번역문을 옮겼다.
62 이 비문에 대한 최신 연구는 다음을 참조할 것. Yutaka Yoshida, "Studies of the Karabalgasun Inscription: Edition of the Sogdian Version," *Modern Asian Studies Review* 11 (2020), pp. 1-139.
63 《舊唐書》, 권195, pp. 5212-13. 우리말 번역문은《구당서 외국전 역주 (상)》, pp. 302-3의 번역문을 옮겼다.
64 K. A. Wittfogel and Chia-Sheng Feng. *History of Chinese Society. Liao (907-1125)* (Philadelphia: American Philosophical Society, 1949), pp. 191, 206; 脫脫 等,《遼史》(北京: 中華書局, 2003), 권33, pp. 383-84.
65 脫脫 等,《宋史》(北京: 中華書局, 1977), 권490, pp. 14111-12.
66 Kāšǵarī, *Dīwān Luǵāt at-Turk*, 1권, p. 83.

**제2장 남시베리아, 중앙아시아, 킵착 초원의 투르크 민족**

1 《史記》, 권110, p. 2893.
2 《新唐書》, 권217 하, pp. 6139-45.
3 《周書》, 권50, p. 908.
4 《新唐書》, 권217 하, p. 6147. 예니세이 키르기즈인의 유럽계 외모는 현대 키르기즈인의 Y-DNA 분석을 통해 확인할 수 있다. 현대 키르기즈인의 가장 일반적인 Y-DNA 하플로그룹은 R1a-Z93으로, 이들의 60퍼센트 이상이 이 하플로그룹에 속한다. Patricia Balaresque et al., "Y-Chromosome Descent Clusters and Male Differential Reproductive Success: Young Lineage Expansions Dominate Asian Pastoral Nomadic Populations," *European Journal of Human Genetics* 23 (2015), pp. 1413-22 (Supplementary Figure 1). R1a-Z93은 청동기 시대에 중앙유라시아에서 확산되었던 인도-유럽계 목축민의 대표적인 Y-DNA 하플로그룹이다. 관련 연구는 다음을 참조할 것. Ornella Semino et al., "The Genetic Legacy of Paleolithic Homo Sapiens Sapiens in Extant Europeans: A Y Chromosome Perspective," *Science* 290 (2000), pp. 1156(M17/Eu19는 R1a1에 해당함); Christine Keyser et al., "Ancient DNA Provides New Insights into the History of South Siberian Kurgan People," *Human Genetics* 126 (3) (2009), pp. 406-9; Chunxiang Li et al., "Evidence That a West-East Admixed Population Lived in the Tarim Basin as Early as

the Early Bronze Age," *BMC Biology* 8 (15) (2010), pp. 9-10.
5 《新唐書》, 권217 하, p. 6147.
6 'Abd al-Ḥayy ibn Ẓaḥḥāk Gardīzī, *Tārīkh-i Gardīzī*, tālīf-i Abū Sa'īd 'Abd al-Ḥayy ibn al-Ẓaḥḥāk ibn Maḥmūd Gardīzī; bi-taṣḥīḥ va taḥshīyah va ta'līq-i 'Abd al-Ḥayy Ḥabībī, ed. 'Abd al-Ḥayy Ḥabībī (Tehran: Dunyā-i Kitāb, 1984), 557; A. P. Martinez, "Gardīzī's Two Chapters on the Turks," *Archivum Eurasiae Medii Aevi* 2 (1982), p. 126.
7 《新唐書》, 권217 하, p. 6148.
8 《新唐書》, 권217 하, p. 6146.
9 키르기즈의 기원에 대해서는 다음을 참조할 것. Peter B. Golden, *An Introduction to the History of the Turkic Peoples: Ethnogenesis and State-Formation in Medieval and Early Modern Eurasia and the Middle East* (Wiesbaden: O. Harrassowitz, 1992), pp. 177-78. Golden은 키르기즈가 '투르크화한' 민족일 가능성을 인정하는 반면, Michael R. Drompp는 키르기즈가 본래 투르크계 민족이었는지, 아니면 투르크화한 민족이었는지를 규명하는 것은 불가능하다고 주장한다. 관련 논의는 다음을 참조할 것. Michael R. Drompp, "Breaking the Orkhon Tradition-Kirghiz Adherence to the Yenisei Region after 840," *Journal of the American Oriental Society* 119, no. 3 (1999), pp. 399-400.
10 《新唐書》, 권217 하, p. 6149.
11 《新唐書》, 권217 하, pp. 6146-47.
12 段成式, 《酉陽雜俎》, 권4, https://archive.org/stream/06047413.cn#page/n120/mode/2up /.
13 《新唐書》, 권217 하, pp. 6147-48. 우리말 번역문은 《신당서 외국전 역주 (중)》, pp. 528-30의 번역문을 옮겼다.
14 《史記》, 권110, pp. 2889-90, 2893.
15 《漢書》, 권94 하, p. 3800.
16 《新唐書》, 권217 하, p. 6149.
17 Talat Tekin, 이용성 옮김, 《돌궐 비문 연구: 퀼 티긴 비문, 빌개 카간 비문, 투뉴쿠크 비문》, p. 107.
18 《舊唐書》, 권195, p. 5201.
19 《新唐書》, 권217 하, p. 6149.

20 《新唐書》, 권217 하, p. 6149.
21 《新唐書》, 권217 하, p. 6149. 우리말 번역문은《신당서 외국전 역주 (중)》, p. 532 의 번역문을 옮겼다.
22 《舊唐書》, 권195, p. 5215.
23 키르기즈인이 몽골 초원에 유목 제국을 건설하지 않았던 이유에 대한 다양한 해석은 다음을 참조할 것. Drompp, "Breaking the Orkhon Tradition," pp. 400-3.
24 Drompp, "Breaking the Orkhon Tradition," p. 403.
25 Rashīd al-Dīn Fażlallāh Hamadānī, *Jāmiʿ al-tavārīkh*, ed. Bahman Karīmī (Tehran: Intishārāt-i Iqbāl, 1367/1988), 109; Rashiduddin Fazlullah, *Jamiʿuʾt-tawarikh (Compendium of Chronicles): A History of the Mongols*, trans. W. M. Thackston, 3 pts. ([Cambridge, Mass.]: Department of Near Eastern Languages and Civilizations, Harvard University, 1998-99), 1:77.
26 Rashīd al-Dīn, *Jāmiʿ al-tavārīkh*, 87; Thackston, *Jamiʿuʾt-tawarikh*, 1:61.
27 이와 관련된 논의는 다음을 참조할 것. Golden, *Introduction*, pp. 404-6. 양자의 계승성을 인정하는 연구는 다음을 참조할 것. A. Bernshtam, "On the Origin of the Kirgiz People," in *Studies in Siberian Ethnogenesis*, ed. H. N. Michael (Toronto: University of Toronto Press, 1962), pp. 119-28.
28 키르기즈인의 Y-DNA 및 미토콘드리아 DNA 하플로그룹에 대한 정보는 다음을 참조할 것. Lee and Kuang, "Chinese Historical Sources," pp. 216-17, 224n78.
29 Svatopluk Soucek, *A History of Inner Asia* (Cambridge; New York: Cambridge University Press, 2000), pp. 159-60.
30 Mirza Haydar Dughlat, *Tarikh-i-Rashidi: A History of the Khans of Moghulistan*, trans. and ed. W. M. Thackston, 2 vols, Sources of Oriental Languages and Literatures 37-38 (Cambridge, MA: Department of Near Eastern Languages and Civilizations, Harvard University, 1996), p. 72.
31 Haydar Dughlat, *Tarikh-i-Rashidi*, p. 69.
32 Haydar Dughlat, *Tarikh-i-Rashidi*, p. 85.
33 Golden, *Central Asia*, p. 65. 하자르인의 기원에 대한 상세한 연구는 다음을 참조할 것. Peter B. Golden, "Khazar Studies: Achievements and Perspectives," in *The World of the Khazars: New Perspectives. Selected Papers from the*

*Jerusalem 1999 International Khazar Colloquium Hosted by the Ben Zvi Institute*, ed. Peter B. Golden, Haggai Ben-Shammai, and András Róna-Tas (Leiden and Boston: Brill, 2007), pp. 52-57. 이 주제에 대한 또 다른 심층적 연구는 다음을 참조할 것. D. N. Dunlop, *History of the Jewish Khazars* (Princeton: Princeton University Press, 1954).

34  Peter Golden, "Courts and Court Culture in the Proto-urban and Urban Developments among the pre-Chinggisid Turkic Peoples," in *Turko-Mongol Rulers, Cities and City Life*, ed. David Durand-Guédy (Leiden: Brill, 2013), p.53; *Ḥudūd al-'Ālam: "The Regions of the World," a Persian Geography, 372 AH-982 AD*, ed. and trans. Vladimir Minorsky (London: Luzac & Co., 1937), p.162.

35  《新唐書》, 권221 하, p. 6247.

36  Golden, *Introduction*, pp. 235.

37  Golden, *Introduction*, p. 235.

38  David Christian, *A History of Russia, Central Asia and Mongolia*, vol. 1, *Inner Eurasia from Prehistory to the Mongol Empire* (Oxford: Blackwell, 1998), p. 332.

39  초기 루스에 대한 연구는 다음을 참조할 것. Omeljan Pritsak, *The Origin of Rus'*, vol. 1, *Old Scandinavian Sources other than the Sagas* (Cambridge, Mass.: Harvard Ukrainian Research Institute, 1981), pp. 3-92.

40  이 주제에 대한 논의는 다음을 참조할 것. Peter B. Golden, "The Conversion of the Khazars to Judaism," in *The World of the Khazars: New Perspectives. Selected Papers from the Jerusalem 1999 International Khazar Colloquium Hosted by the Ben Zvi Institute*, ed. Peter B. Golden, Haggai Ben-Shammai, and András Róna-Tas (Leiden and Boston: Brill, 2007), pp. 123-62. 다음 자료도 참조할 것. Dunlop, *History of the Jewish Khazars*, pp. 89-170; Omeljan Pritsak, "The Khazar Kingdom's Conversion to Judaism," *Harvard Ukrainian Studies* 2, no. 3 (1978), pp. 261-81.

41  Golden, *Introduction*, p. 242.

42  Arthur Koestler, *The Thirteenth Tribe* (London: Hutchinson, 1976).

43  Ibn Faḍlān, *Ibn Fadlān and the Land of Darkness: Arab Travellers in the*

*Far* North, trans. Paul Lunde and Caroline Stone (London: Penguin, 2012), pp. 55, 57.

44　Ibn Faḍlān, *Ibn Fadlān and the Land of Darkness*, p. 56.
45　Ibn Faḍlān, *Ibn Fadlān and the Land of Darkness*, p. 56.
46　Ibn Faḍlān, *Ibn Fadlān and the Land of Darkness*, p. 57.
47　Ibn Faḍlān, *Ibn Fadlān and the Land of Darkness*, pp. 57-58.
48　Jacob R. Marcus, *The Jew in the Medieval World: A Sourcebook, 315-1791* (New York: JPS, 1938), pp. 227-32.
49　Golden, "Khazar Studies," p. 14.
50　Uli Schamiloglu, "The Impact of the Black Death on the Golden Horde: Politics, Economy, Society, Civilization,"*Golden Horde Review* 5, no. 2 (2017), pp. 331, 336.
51　Golden, "Khazar Studies," p. 14.
52　다음을 참조할 것. István Zimonyi, *The Origins of the Volga Bulghars*, Studia uralo-altaica 32 (Szeged, 1990), pp. 176-83.
53　Golden, *Central Asia*, p. 50; Golden, *Central Asia*, 50; Peter Golden, "The Peoples of the Russian Forest Belt," in *The Cambridge History of Early Inner Asia*, ed. Denis Sinor (Cambridge: Cambridge University Press, 1990), p. 238.
54　Aḥmad ibn Faḍlān, *Mission to the Volga*, trans. James E. Montgomery (New York: New York University Press, 2017), p. 25.
55　Ibn Faḍlān, *Mission to the Volga*, p. 26.
56　Ibn Faḍlān, *Mission to the Volga*, p. 31.
57　Ibn Faḍlān, *Mission to the Volga*, pp. 31-32.
58　카라한 왕조의 기원에 대해서는 다음을 참조할 것. Golden, *Introduction*, p. 214; Peter Golden, "The Karakhanids and Early Islam," in *The Cambridge History of Early Inner Asia*, ed. Denis Sinor (Cambridge: Cambridge University Press, 1990), pp. 354-58; Biran Michal, "Ilak-khanids (or Qarakhanids)," *Encyclopaedia Iranica*, online edition (2012), https://www.iranicaonline.org/articles/ilak-khanids; Jürgen Paul, "The Karakhanids," in *The Turks*, vol. 2, *Middle Ages*, ed. Hasan Celâl Güzel et

al. (Ankara: Yeni Türkiye, 2002), pp. 71-78. 카라한 왕조에 대한 선구적 연구
는 다음이 있다. W.Barthold, *Turkestan Down to the Mongol Invasion*, trans.
V. and T. Minorsky (London: E. J. W. Gibbs Memorial Trust, 1968), pp.254-
320; Omeljan Pritsak, "Die Karachaniden," *Der Islam* 31, no. 1 (1953), pp.
17-68.
59 Kāšġarī, *Dīwān Luġāt at-Turk*, 1권, p. 159. 이에 대한 논의는 다음을 참조
할 것. Peter B. Golden, "The Turkic World in Maḥmûd al-Kâshgharî," in
*Complexity of Interaction along the Eurasian Steppe Zone in the First
Millennium CE*, ed. J. Bemmann and M. Schmauder, Bonn Contributions to
Asian Archaeology 7 (Bonn: University of Bonn, 2015), p. 507.
60 Kāšġarī, *Dīwān Luġāt at-Turk*, 1권, pp. 82; 2권, p. 337.
61 《宋史》, 권490, pp. 14107-9.
62 《宋史》, 권490, p. 14117.
63 Kāšġarī, *Dīwān Luġāt at-Turk*, 2권, p. 103.
64 *Ḥudūd al-'Ālam*, pp. 95-96.
65 Golden, "The Karakhanids," pp. 354-57.
66 Kāšġarī, *Dīwān Luġāt at-Turk*, 2권, p. 103.
67 Golden, *Introduction*, p. 409; Lee and Kuang, "Chinese Historical Sources,"
pp. 217-19.
68 Golden, *Introduction*, pp. 270-77.
69 *Gardīzī, Tārīkh-i Gardīzī*, pp. 549-51; Martinez, "Gardīzī's Two Chapters
on the Turks," pp. 109-217.
70 *Ḥudūd al-'Ālam*, p. 101.
71 Kāšġarī, *Dīwān Luġāt at-Turk*, 2권, p. 161.
72 Peter B. Golden, "Cumanica IV: The Tribes of the Cuman-Qipčaqs,"
*Archivum Eurasiae Medii Aevi* 9 (1995-97), pp. 99-122.
73 윌베를리가 본래 몽골계 언어 사용 집단이었다고 보는 연구로는 다음이 있다.
Omeljan Pritsak, "The Polovcians and Rus'," *Archivum Eurasiae Medii Aevi*
2 (1982), pp. 336-39; Peter B. Golden, "Cumanica II: The Ölberli (Olperli):
The Fortunes and Misfortunes of an Inner Asian Nomadic Clan," *Archivum
Eurasiae Medii Aevi* 4 (1988), p. 22.

74 Golden, "Cumanica IV," p. 122.
75 Gardīzī, *Tārīkh-i Gardīzī*, pp. 549-51. 영어 번역문은 다음을 참조할 것. Martinez, "Gardīzī's Two Chapters on the Turks," pp. 109-217.

### 제3장 서아시아와 중동의 오구즈계 투르크 민족

1 Golden, *Introduction*, pp. 205-7.
2 Andrew Charles Spencer Peacock에 따르면, 초기 중세 시대의 이슬람 문헌들에서는 오구즈가 '투르크'로 불리지 않았다. Andrew Charles Spencer Peacock, *Early Seljuq History: A New Interpretation* (Abingdon, U.K.: Routledge, 2010), p. 48. 루스 연대기들에서는 오구즈가 '토르크(Tork)' 또는 '토르친(Torchin)'이라고 지칭되었는데, Peter Golden에 따르면 이들은 'Türk' 명칭의 전사일 가능성이 낮다. 'Tork' 또는 'Torchin'에 대한 논의는 다음을 참조할 것. Peter B. Golden, *Ethnicity and State Formation in Pre-Činggisid Turkic Eurasia*, Vol. 1 (Bloomington: Indiana University Press, 2001), p. 16. 'Tork'와 'Türk'가 동일한 명칭인지 아닌지와 관계없이, 오구즈 유목민이 이슬람 세계로 이주하기 전에 이 명칭을 자칭으로 사용했을 가능성은 낮다.
3 Kāšġarī, *Dīwān Luġāt at-Turk*, 1권, p. 85.
4 Kāšġarī, *Dīwān Luġāt at-Turk*, 1권, p. 115.
5 Al-Masʿūdī, *Les prairies d'or* (trans. C. Barbier de Meynard et Pavet de Courteille), vol. 1 (Paris: Société asiatique, 1962), p. 212. 뉴욕 메트로폴리탄 미술관에 소장된 셀주크 일족의 두상들은 이들이 내륙아시아인의 외모를 지니고 있었음을 보여준다. 셀주크 두상들의 사진은 다음을 참조할 것. S. R. Canby, D. Beyazit, M. Rugiadi, A. C. S. Peacock, *Court and Cosmos: The Great Age of the Seljuqs* (New York, NY: Metropolitan Museum of Art, 2016), pp. 44-46, 50. 오늘날의 아프가니스탄, 이란 북부, 우즈베키스탄(카라칼팍스탄)에서 거주하는 투르크멘인의 DNA 분석 결과, 동아시아인의 외모를 지녔던 과거 내륙아시아 유목민의 주요 혈통 중 하나인 하플로그룹 Q가 각각 33.8퍼센트, 42.6퍼센트, 73퍼센트의 비율로 나타났다. 셀주크 일족의 동아시아인 외모는 이 하플로그룹의 존재로 설명된다. Lee and Kuang, "Chinese Historical Sources," pp. 220-21.
6 Rashīd al-Dīn, *Jāmiʿ al-tavārīkh*, pp. 35-36; Thackston, *Jamiʿuʾt-tawarikh*, 1권, p. 31.

7   Ḥāfiẓ Tanish Bukhārī, *Sharaf-nama-ii shakhi: kniga shakhskoy slavy*, ed. and trans. M. A. Salakhetdinova (Moscow: Nauka, GRVL, 1983), fol. 17a(원문), 1권, p. 61(번역문).

8   Abu-l-Gazi, *Rodoslovnaia turkmen: Sochinenie Abu-l-Gazi khana khivinskogo*, ed. and trans. Andreĭ Nikolaevich Kononov (Moscow/Leningrad: Izd-vo Akademii nauk SSSR, 1958), pp. 42(원문), 57(번역문).

9   Kāšġarī, *Dīwān Luġāt at-Turk*, 2권, pp. 362-63.

10  Rashīd al-Dīn, *Jāmiʿ al-tavārīkh*, pp. 35-36; Thackston, *Jamiʻuʼt-tawarikh*, 1권, p. 31.

11  Abu'l-Fazl, *The History of Akbar*, Volume I, ed. and trans. Wheeler M. Thackston (Cambridge, Mass.: Harvard University Press, 2015), pp. 202 (원문), 203(번역문).

12  *Ḥudūd al-ʿĀlam*, pp. 100-1.

13  페체네그에 대한 최근의 종합적인 연구는 다음을 참조할 것. Aleksander Paroń, *The Pechenegs: Nomads in the Political and Cultural Landscape of Medieval Europe* (Leiden: Brill, 2021).

14  동로마 측 사료에 따르면, 페체네그는 과거에 '캉가르(Kangar)'라 불렸다. Paroń, *The Pechenegs*, pp. 86-87.

15  Golden, *Introduction*, p. 265.

16  Kāšġarī, *Dīwān Luġāt at-Turk*, 1권, p. 102.

17  Ibn Faḍlān, *Mission to the Volga*, p. 10.

18  Ibn Faḍlān, *Mission to the Volga*, p. 10-11.

19  Ibn Faḍlān, *Mission to the Volga*, p. 11.

20  Ibn Faḍlān, *Mission to the Volga*, p. 14.

21  Golden, *Introduction*, pp. 217-18. 비잔티움 연대기, 중국 정사, 중세 이슬람 사료 등에 기록된 셀주크의 기원에 관한 정보는 다음을 참조할 것. C. Edmund Bosworth, "The Origins of the Seljuqs," in *The Seljuqs. Politics, Society and Culture*, ed. Christian Lange and Songül Mecit (Edinburgh: Edinburgh University Press, 2010), pp. 13-21. 페르시아어 사료인 《말릭나마(Maliknāma, '왕들의 책')》에 기록된 셀주크의 기원에 관한 정보는 다음을 참조할 것. Claude Cahen, "The Malik-Nāma and the History of Seljuqid Origins," in *The*

*Turks in the Early Islamic World*, ed. Clifford Edmund Bosworth (London: Routledge, 2007), pp. 305-38.

22 Songül Mecit, *The Rum Seljuqs: Evolution of a Dynasty* (Abingdon: Routledge, 2014), p. 4.

23 Peacock, *Early Seljuq History*, pp. 27-35, 59.

24 Metin Kunt, "Characterizing Ottoman Polity: "Turko-Persia" and the Ottomans," in *Horizons of the World: Festschrift for İsenbike Togan*, ed. İlker Evrim Binbaş and Nurten Kılıç-Schubel (Istanbul: İthaki Yayınları, 2011), p. 317.

25 William of Rubruck, *The Mission of Friar William of Rubruck: His Journey to the Court of the Great Khan Möngke, 1253-1255*, trans. Peter Jackson; Introduction, notes and appendices by Peter Jackson with David Morgan, Works Issued by the Hakluyt Society, 2nd ser., no. 173 (London: The Hakluyt Society, 1990), p. 276.

26 Ibn Baṭūṭah, *Voyages d'Ibn Batoutah: Texte arabe, accompagné d'une traduction, par C. Defrémery et le dr. B. R. Sanguinetti*, 4 vols. (Paris: Imprimerie nationale, 1877-93), 2권, p. 255(원문 및 번역문).

27 Kunt, "Characterizing Ottoman Polity: "Turko-Persia" and the Ottomans," p. 319.

28 이에 대한 연구는 다음을 참조할 것. C., R. Cinnioğlu, King, T. Kivisild et al., "Excavating Y-Chromosome Haplotype Strata in Anatolia," *Human Genetics* 114, no. 2 (2004), pp. 127-48. 보다 최근의 한 연구에 따르면, 현대 튀르키예인의 약 10퍼센트에서만 중앙아시아계 상염색체 유전자가 발견되었다. M. Ece Kars, A. Nazlı Başak, O. Emre Onat et al., "The Genetic Structure of the Turkish Population Reveals High Levels of Variation and Admixture," *PNAS* 118, no. 36 (2021), p. 8. 또 다른 연구에서는 현대 튀르키예인의 약 9-22퍼센트만이 중앙아시아 투르크계 민족의 후예로 추정한다. Iosif Lazaridis, Songül Alpaslan-Roodenberg et al., "A Genetic Probe into the Ancient and Medieval History of Southern Europe and West Asia," *Science* 377, no. 6609 (2022), p. 9.

29 "Ekser-i sükkān-i vilāyet-i Rūm meclis-i muḫteliṭ ul-mefhūm olub āʾyā

nında az kimsene bulunur ki nesebi bir müslüm-i cedīde muntehī olmaya." Muṣṭafā ʿĀlī, *Künhü'l-aḫbār*, 5 vols. (Istanbul: Takvimhane-i Amire, 1860-68), 1권, p. 16 ; Cornell H. Fleischer, *Bureaucrat and Intellectual in the Ottoman Empire: The Historian Mustafa Ali (1541-1600)* (Princeton, N.J.: Princeton University Press, 1986), p. 254.

30  Bernard Lewis, *The Emergence of Modern Turkey* (New York: Oxford University Press, 2002), pp. 330-33.

31  Caroline Finkel, *Osman's Dream: The Story of the Ottoman Empire, 1300-1923* (London: John Murray, 2005), p. 548.

32  Robert Dankoff, *An Ottoman Mentality: The World of Evliya Çelebi* (Boston: Brill, 2004), p. 64.

33  Ignatius Mouradgea d'Ohsson, *Tableau général de l'Empire othoman*, vol. 4, part. 1 (Paris, 1791), pp. 372-73.

34  이에 대한 논의는 다음을 참조할 것. Lewis, *The Emergence of Modern Turkey*, pp. 333-61.

35  이 인용문은 Aşikpaşazade, *Die altosmanische Chronik des Asikpasazade*, ed. Friedrich Giese (Leipzig: Harrassowitz, 1929)에 수록되어 있으며, 오스만학 및 투르크학 연구의 석학인 Robert Dankoff가 영어로 번역했다.

36  Rudi Matthee, "Safavid Dynasty," *Encyclopaedia Iranica*, online edition (2008), https://www.iranicaonline.org/articles/safavids/.

37  예를 들어, 카자르 왕조의 제2대 군주인 파트 알리 샤(Fatḥ ʿAlī Shāh, 재위 1797-1834)가 영국 외교관 하퍼드 존스-브리짓스(Harford Jones-Brydges)에게 선물한 카자르 왕조의 역사서 《마아시리 술타니야(Maʾāsir-i Sulṭānīyah, '술탄의 연대기')》는 카자르 왕조가 칭기스 칸의 후손이라고 기술한다. ʿAbd al-Razzāq ibn Najaf Qulī, *The Dynasty of the Kajars, Translated from the Original Persian Manuscript*, trans. Harford Jones-Brydges (London: J. Bohn, 1833), p. 3. 또한 카자르 왕조 나시르 알딘 샤(Nāṣir al-Dīn Shāh, 재위 1848-96)의 궁정 역사가였던 이티마드 알살타나(Itimād al-Saltanah) 역시 저서 《문타짐이 나시리(Muntazim-i Nāsirī, '나시르의 질서')》에서 카자르 왕조가 몽골인의 후손이라고 서술한다. Hormoz Ebrahimnejad, *Pouvoir et succession en Iran: les premiers Qājār 1726-1834*, (Paris: L'Harmattan, 1999), pp. 13-14.

## 제4장 킵착 초원과 중앙아시아의 몽골계 투르크 민족('투르크-몽골인')

1 이들 부족의 몽골 기원에 대해서는 다음을 참조할 것. Rashīd al-Dīn, *Jāmi' al-tavārīkh*, pp. 47-54, 120-26, 129-36, 152, 156; Thackston, *Jami'u't-tawarikh*, 1권, pp. 37-41, 84-89, 91-96, 106, 109.

2 Haydar Dughlat, *Tarikh-i-Rashidi*, p. 85.

3 Ghiyās al-Dīn b. Humām al-Dīn al-Ḥusainī Khvāndamīr, *Tārīkh-i Ḥabīb al-siyar fī akhbār-i afrād-i bashar*, ed. Jalāl al-Dīn Humā'ī, 4 vols. (Tehran: Kitābfurūshī-i Khayyām, 1333/1954-55; 3rd repr. ed., 1362/1984), 3권, p. 398; Khwandamir, *Habibu's-siyar: Tome Three*, trans. W. M. Thackston, 2 pts. *Sources of Oriental Languages and Literatures* 24 ([Cambridge, Mass.]: Harvard University, 1994), p. 230.

4 다음을 참조할 것. Lee, "Turkic Identity," pp. 10-11. 이 주제에 대한 보다 상세한 연구는 다음을 참조할 것. Joo-Yup Lee, "The Timurid View of the Mongols: An Examination of the Mongol Identity of the Timurids," *Iran Namag* 6, nos. 3-4 (2021), pp. 200-16.

5 *Mu'izz al-ansāb fī shajarat al-ansāb*, trans. and ed. M. Kh. Abuseitova and others, Istoriya Kazakhstana v persidskikh istochnikakh 3 (Almaty: Dayk, 2006), fol. 2a.

6 Sharaf al-Din 'Ali Yazdi, *Ẓafar-nāma*, ed. Sayyid Sa' id Mir Muhammad Sadiq (Tehran: Markaz-i Asnad-i Majlis, 1387/2008-9), p. 419.

7 Ruy González de Clavijo, *Narrative of the Embassy of Ruy Gonzalez de Clavijo to the Court of Timour, at Samarcand, A.D. 1403-1406*: Translated for the First Time, with Notes, a Preface, and an Introductory Life of Timour Beg, by Clements R. Markham (London: The Hakluyt Society, 1859), pp. 128-29; and Ruy González de Clavijo, *Historia del gran Tamorlan e itinerario y enarracion del viage, y relacion de la embajada que Ruy Gonzalez de Clavijo le hizo por mandado del muy poderoso señor rey Don Henrique el Tercero de Castilla. Y un breve discurso* (Madrid: Antonio de Sancha, 1782), pp. 146-47.

8 Muḥammad HādīKāmwar Khān, *Taẕkirat al-salāṭīn-i Chaghatā: taẕkirah-'i jānishīnan-i Awrangzīb*, ed. Muzaffar Alam (Bombay & New York: Asia

Publishing House, 1980).
9   Abu'l-Fazl, *The History of Akbar*, 1권, pp. 246, 248(원문), 249(번역문).
10  David Morgan, *The Mongols* (Oxford; New York, NY: Blackwell, 1986), p. 56.
11  Igor de Rachewiltz, trans., *The Secret History of the Mongols: A Mongolian Epic Chronicle of the Thirteenth Century. Translated with a Historical and Philosophical Commentary by Igor de Rachewiltz*, 2 vols., Brill's Inner Asian Library 7 (Leiden: Brill, 2004), 2권, p. 758.
12  다음을 참조할 것. Rashīd al-Dīn, *Jāmiʿ al-tavārīkh*, pp. 21-161; Thackston, *Jamiʿuʾt-tawarikh*, 1권, pp. 21-112.
13  몽골인 정체성에 관한 논의는 다음을 참조할 것. Lee, "Turkic Identity," pp. 9-11, 13-14.
14  Lee, "Some Remarks on the Turkicization of the Mongols," pp. 133-37.
15  Lee, "Some Remarks on the Turkicization of the Mongols," pp. 131-33.
16  Lee, "Turkic Identity," pp. 6-14.
17  Seyfī Çelebī, *L'ouvrage de Seyfī Çelebī: historien Ottoman du XVIe siècle* (Paris: Librairie Adrien Maisonneuve, 1968), pp. 80, 82, 86(번역문), 81, 83, 87(원문).
18  티무르의 실제 출생 연도에 대한 연구는 다음을 참조할 것. Takao Ito, "Al-Maqrīzī's Biography of Tīmūr," *Arabica* 62 (2015), p. 323.
19  Rashīd al-Dīn, *Jāmiʿ al-tavārīkh*, pp. 409, 541; Thackston, *Jamiʿuʾt-tawarikh*, 2권, pp. 279, 374.
20  Yazdi, *Ẓafar-nāma*, p. 117.
21  Clavijo, *Narrative of the Embassy of Ruy Gonzalez de Clavijo*, pp. 169-72.
22  V. V. Barthold, *Four Studies on the History of Central Asia*, trans. V. Minorsky and T. Minorsky, vol. 2, Ulugh-Beg (Leiden: Brill, 1963), p. 43.
23  Robert Devereux, "Judgment of Two Languages: Muhakamat al-Lughatain by Mir ʿAli Shir Nawaʾi," *Muslim World* 54, no. 4 (1964), pp. 275-76.
24  Maria Eva Subtelny, "Tamerlane and His Descendants: From Paladins to Patrons," in *The New Cambridge History of Islam, vol. 3, The Eastern Islamic World, Eleventh to Eighteenth Centuries*, ed. David Morgan and

Anthony Reid (Cambridge: Cambridge University Press, 2010), p. 199.

25  *Chrestomathie en Turk Oriental contant plusieurs ouvrages: De L'emir Ali-Schir*, Ecole royale et speciale des langues orientales vivantes (Paris: Firmin Didot freres, 1841), p. 33.

26  *Chrestomathie en Turk Oriental contant plusieurs ouvrages*, p. 33; Robert Devereux, "Judgment of Two Languages: Muhakamat al-Lughatain by Mir 'Ali Shir Nawa'I," *Muslim World* 55, no. 1 (1965), p. 40.

27  Ferishta, *History of the Rise of the Mahomedan Power in India*, 1권, pp. 489, 598; 2권, p. 67.

28  Khāfī Khān, *Muntakhab-ul lubab*, p. 4.

29  Richard C. Foltz, *Mughal India and Central Asia* (Karachi; New York: Oxford University Press, 1998), p. 13.

30  Abu'l-Fazl, *The History of Akbar*, 1권, pp. 198, 200, 212(원문), 199, 201, 213(번역문).

31  Zahiruddin Muhammad Babur, *The Baburnama: Memoirs of Babur, Prince and Emperor*, trans. Wheeler M. Thackston (New York; Oxford: Oxford University Press, 1996), p. 121.

32  Babur, *The Baburnama*, p. 232.

33  Babur, *The Baburnama*, p. 332.

34  John F. Richards, *The Mughal Empire* (Cambridge: Cambridge University Press, 1993), p. 24.

35  '우즈벡(Uzbek)' 명칭의 기원과 의미에 대해서는 다음을 참조할 것. Joo-Yup Lee, *Qazaqlïq, or Ambitious Brigandage, and the Formation of the Qazaqs: State and Identity in Post-Mongol Central Eurasia* (Leiden: Brill, 2016), pp. 121-24.

36  차가타이 및 시반조 우즈벡인의 몽골인 정체성에 대해서는 다음을 참조할 것. Lee, "Turkic Identity," pp. 10-11.

37  족치 우즈벡인과 욕치 우즈벡인의 특성에 대해서는 다음을 참조할 것. Peter Finke, *Variations on Uzbek Identity: Strategic Choices, Cognitive Schemas and Political Constraints in Identification Processes* (New York: Berghahn Books, 2014), pp. 216-19.

38 Aboul-Ghâzi Béhâdour Khân, *Histoire des Mongols et des Tatares*, trans. Petr I. Desmaisons (St. Petersburg, 1871-74; repr., Amsterdam: Philo, 1970), pp. 174-75(원문), 18(번역문).

39 "Shajarat al-Atrāk," in *Sbornik materialov, otnosyashchikhsya k istorii Zolotoy ordy*, Vol. 2, *Izvlecheniya iz persidskikh sochineniy*, trans. and ed. V. G. Tizengauzen (Moscow and Leningrad: Izd-vo Akademiya nauk SSSR, 1941), pp. 266(원문), 206-7(번역문).

40 Makhmud ibn Vali, *More tayn otnositel'no doblestey blagorodnykh (geografiya)*, trans. B. A. Akhmedov (Tashkent: Izdatel'stvo "Fan", 1977), fols. 156a-156b.

41 이 주제에 대해서는 다음도 참조할 것. W. Barthold and M. E. Subtelny, "Sārt," in *Encyclopaedia of Islam, Second Edition*, ed. P. Bearman, Th. Bianquis, C.E. Bosworth, E. van Donzel, W.P. Heinrichs; Maria E. Subtelny, "The Symbiosis of Turk and Tajik," in *Central Asia in Historical Perspective*, ed. Beatrice F. Manz, John M. Olin Critical Issues Series (Boulder, CO: Westview, 1994), pp. 45-61.

42 Edward Delmar Morgan and Charles Henry Coote, eds., *Early Voyages and Travels to Russia and Persia by Anthony Jenkinson and Other Englishmen, with Some Account of the First Intercourse of the English with Russia and Central Asia By Way Of the Caspian Sea* (Cambridge: Cambridge University Press, 2010), pp. 81-83.

43 ʿĀlam Khān, *Kāṭirahā-yi Āmīr Sayyid ʿĀlam Khān: Tārīkh-i h.uzn al-milal-i Bukhārā* (Tehran: Markaz-i mutalaʿat-i īrānī, 1953), pp. 33-34.

44 Alexander Burnes, *Travels into Bokhara: A Voyage up the Indus to Lahore and a Journey to Cabool*, Tartary & Persia, 3 vols. (London, 1836), 1권, pp. 301-3.

45 Niyāz Muḥammad b. Mullā ʿAshūr, *Taarikh Shakhrokhi: Istoriya vladeteley Fergany*, ed. N. N. Pantusov (Kazan: Tipografiya Imperatorskago Universiteta, 1885), pp. 173-74.

46 Scott C. Levi, *The Rise and Fall of Khoqand, 1709-1876* (Pittsburgh: University of Pittsburgh Press, 2017), p. 82.

47 Eugene Schuyler, *Turkistan: Notes of a Journey in Russian Turkistan, Khokand, Bukhara, and Kuldja*, 2 vols. (New York: Scribner, Armstrong & Co., 1877), 2권, pp. 11-14.
48 Shīr Muḥammad Mīrāb Mūnis and Muḥammad Rīżā Mīrāb Āgahī, *Firdaws al-Iqbāl: History of Khorezm*, ed. Yuri Bregel (Leiden, The Netherlands: Brill, 1988), p. 193; and Shīr Muḥammad Mīrāb Mūnis and Muḥammad Rīā Mīrāb Āgahī, *Firdaws al-iqbāl: History of Khorezm*, trans. Yuri Bregel (Leiden, The Netherlands: Brill, 1999), p. 82.
49 Lee, *Qazaqlïq, or Ambitious Brigandage, and the Formation of the Qazaqs*, pp. 127-34.
50 카자흐인의 몽골 제국 계승 의식에 대해서는 다음을 참조할 것. Lee, "Turkic Identity," p. 14.
51 Lee, "Some Remarks on the Turkicization of the Mongols," pp. 214-22.
52 카자흐인의 Y-DNA 하플로그룹에 대한 정보는 다음을 참조할 것. Elmira Khussainova, Ilya Kisselev, Olzhas Iksan et al., "Genetic Relationship among the Kazakh People Based on Y-STR Markers Reveals Evidence of Genetic Variation Among Tribes and Zhuz," *Frontiers in Genetics* 12 (2022): doi: 10.3389/fgene.2021.801295; Maxat Zhabagin, Zhaxylyk Sabitov, Inkar Tazhigulova et al., "Medieval Super-Grandfather founder of Western Kazakh Clans from Haplogroup C2a1a2-M48," *Journal of Human Genetics* 66, no. 7 (2021), p. 712: Maxat Zhabagin, Zhaxylyk Sabitov, Pavel Tarlykov et al., "The Medieval Mongolian Roots of Y-Chromosomal Lneages from South Kazakhstan," *BMC Genetics* 21, no. suppl. 1 (2020), p. 87; Ashirbekov, "Great Zhuz Kazakh Tribal Union," p. 93.
53 Muḥammad Ḥaidar Dughlāt Mīrzā, *Tārīkh-i Rashīdī*, ed. ʿAbbāsqulī Ghaffārī Fard (Tehran: Mīrās-i Maktūb, 2004), p. 404.
54 Maḥmūd b. Amīr Valī, *Baḥr al-asrār fī manāqib al-akhyār*, MS, Tashkent, Institute of Oriental Studies, Academy of Sciences of the Republic of Uzbekistan, 1375, fol. 132a.
55 Chokan Valikhanov, "Kirgizskoye rodosloviye," in *Izbrannye proizvedeniya*, ed. S. Mazhitov et al. (Almaty: Izdatel'stvo Arys, 2009), pp. 126-27.

56 N. I. Grodekov, *Kirgizi i karakirgizy Syr-Dar'inskoi oblasti*, vol. 1 (Tashkent: Tipo-Litografya S. I. Lakhtina, 1889), pp. 2-3.

57 G. N. Potanin, *Kazakhskiy fol'klor v sobranii G. N. Potanina (Arkhivnye materialy i publikatsii)*, ed. M. G. Gabdullin, M. S. Sil'chenko, and N. S. Smirnova (Alma-Ata: Nauka, 1972), pp. 67-68.

58 Abdulgaffar Kyrymi, *Umdet al-Akhbar*, vol. 1, *Transkrptsiya, facsimile*, ed. I. M. Mirgaleyev (Kazan: Institut istorii im. SH. Mardzhani AN RT, 2014), pp. 22-24; vol. 2, *Perevod*, trans. Yu. N. Karimovoy and I. M. Mirgaleyev (Kazan: Institut istorii im. SH. Mardzhani An RT, 2018), pp. 12-14; Seyid-Mukhammed Riza, *Sem' planet v izvestiyakh o korolyakh tatarskikh*, vol. 1, *Transliteratsiya*, ed. R.R. Abduzhemilev (Kazan: Institut istorii im. SH. Mardzhani AN RT, 2019), pp. 38, 54-56; vol. 2, *Perevod*, trans. I.R. Gibadullin (Kazan: Institut istorii im. SH. Mardzhani An RT, 2023), pp. 15, 47-50. 16세기 크림 칸국 역사서인《타리히 사힙 기레이 칸(Tārīḫ-i Ṣāḥib Girāy Ḫān, '사힙 기레이 칸의 역사')》또한 크림 칸국을 몽골 제국의 계승국가로 다룬다. Remmal Khoja, *Tarih Sahib Giray Han: Histoire de Sahib Giray, Khan de Crimée de 1532 à 1551*, trans. and ed. Özalp Gökbilgin (Ankara, Turkey: Atatürk Üniversitesi Edebiyat Fakültesi, 1973).

59 Brian Glyn Williams, "The Ethnogenesis of the Crimean Tatars. An Historical Reinterpretation," *Journal of the Royal Asiatic Society* 11 (2001), pp. 330-35.

60 Williams, "The Ethnogenesis of the Crimean Tatars," p. 330. 크림 칸국에서 사용된 투르크어 방언들에 대해서는 다음을 참조할 것. Brian Glyn Williams, *The Crimean Tatars: The Diaspora Experience and the Forging of a Nation* (Leiden: Brill, 2001), pp. 52-53.

61 Williams, "The Ethnogenesis of the Crimean Tatars," pp. 347-48.

62 Pero Tafur, *Travels and Adventures (1435-1439)*, trans. Malcolm Letts (New York; London: Harper & Brothers, 1926), p. 136.

63 Sigmund Herberstein, *Notes upon Russia: Being a Translation of the Earliest Account of that Country, Entitled Rerum Moscoviticarum Commentarii*, vol. 2 (London: The Hakluyt Society, 1851-52; repr., New

York: Burt Franklin, 1963), p. 53.
64 Guillaume Le Vasseur Beauplan, *A Description of Ukraine. Guillaume Le Vasseur, Sieur de Beauplan*, trans. and ed. Andrew B. Pernal and Dennis F. Essar (Cambridge, Mass.: Harvard University Press, 1993), p. 41.
65 Charles Henry Scott, *The Baltic, the Black Sea, and the Crimea: Comprising Travels in Russia, a Voyage Down the Volga to Astrachan, and a Tour Through Crim Tartary* (London: Richard Bentley, 1854), p. 306.
66 Rashīd al-Dīn, *Jāmiʿ al-tavārīkh*, pp. 57-58; Thackston, *Jamiʻuʼt-tawarikh*, 1권, p. 44.
67 Jacques Margeret, *The Russian Empire and Grand Duchy of Muscovy: A 17th Century French Account*, trans. Chester S.L. Dunning (Pittsburgh, Pa.: University of Pittsburgh Press, 1983), p. 45.
68 Beauplan, *A Description of Ukraine*, p. 57.
69 V. Veliaminof-Zernof, *Matériaux pour servir à l'histoire du Khanat de Crimée: Extrait, par ordre de l'Académie impériale des sciences, des archives centrales du Ministére des affaires étrangéres, à Moscou* (St. Petersberg, Russia, 1864), p. 2.
70 Victor Ostapchuk, "Cossack Ukraine In and Out of Ottoman Orbit, 1648-1681," in *The European Tributary States of the Ottoman Empire in the Sixteenth and Seventeenth Centuries*, ed. Gábor Kármán and Lovro Kunčevič (Leiden: Brill, 2013), 130-31.
71 관련 연구는 다음을 참조할 것. Brian Glyn Williams, *The Sultan's Raiders: The Military Role of the Crimean Tatars in Ottoman History* (Washington DC: Jamestown Foundation, 2013), p. 34.
72 이에 대한 연구는 다음을 참조할 것. Maryna Kravets and Victor Ostapchuk, "Cossacks as Captive-Takers in the Ottoman Black Sea Region and Unfreedom in the Northern Countries," in *Slavery in the Black Sea Region, c. 900-1900: Forms of Unfreedom at the Intersection Between Christianity and Islam*, ed. Felicia Roşu (Boston: Brill, 2022), pp. 250-335; Serhii Plokhy, *The Origins of the Slavic Nations: Premodern Identities in Russia, Ukraine, and Belarus* (Cambridge and New York: Cambridge University

Press, 2006).
73 Dariusz Kołodziejczyk, "Slave Hunting and Slave Redemption as a Business Enterprise: The Northern Black Sea Region in the Sixteenth to Seventeenth Centuries," *Oriente Moderno* 25 (86), no. 1 (2006), pp. 151-52.
74 크림 타타르의 노예 사냥에 대한 우크라이나 코사크의 대응에 대해서는 다음을 참조할 것. Kravets and Ostapchuk, "Cossacks as Captive-Takers."
75 Michael Hrushevsky, *A History of Ukraine*, ed. O. J. Frederiksen ([Hamden, Conn.]: Archon Books, 1970), pp. 160-61.

## 맺음말

1 René Grousset, *The Empire of the Steppes: A History of Central Asia*, trans. Naomi Walford (New Jersey: Rutgers, 1970), p. xxx.

## 부록 1

1 Lars Johanson, "The History of Turkic," in The *Turkic Languages*, ed. Lars Johanson and Éva Ágnes Csató, 2nd ed. (London: Routledge, 2022), 84-85; "The Classification of the Turkic Languages," in *The Oxford Guide to the Transeurasian Languages*, ed. Martine Robbeets and Alexander Savelyev (Oxford: Oxford University Press, 2020), 108-10.

# 참고문헌

**1차 사료**

Aboul-Ghâzi Béhâdour Khân. *Histoire des Mongols et des Tatares par Aboul-Ghâzi Béhâdour Khân*. Edited and translated by Petr I. Desmaisons. St. Petersburg, 1871-1874. Reprint, Amsterdam: Philo, 1970.

Al-Mas'ūdī. *Les prairies d'or*. Translated by C. Barbier de Meynard et Pavet de Courteille. Vol. 1. Paris: Société asiatique, 1962.

Aşikpaşazade. *Die altosmanische Chronik des 'Asikpasazade*, edited by Friedrich Giese, 6-35. Leipzig, 1929. Translated by Robert Dankoff as "From 'Ashiqpashazada's History of the House of 'Osman." Edited and annotated by John E. Woods [photocopy].

Clavijo, Ruy González de. *Historia del gran Tamorlan e itinerario y enarracion del viage, y relacion de la embajada que Ruy Gonzalez de Clavijo le hizo por mandado del muy poderoso señor rey Don Henrique el Tercero de Castilla. Y un breve discurso*. Madrid: Antonio de Sancha, 1782.

_____. *Narrative of the Embassy of Ruy Gonzalez de Clavijo to the Court of Timour, at Samarcand, A.D. 1403-1406*. Translated for the First Time, with Notes, a Preface, and an Introductory Life of Timour Beg, by Clements R. Markham. London: The Hakluyt Society, 1859.

Dughlat, Mirza Muhammad Haidar. *A History of the Moghuls of Central Asia Being the Tarikh-i Rashidi*. Edited by N. Elias. Translated by E. Dennison Ross. London, 1895. Reprint, London: Curzon Press, 1972.

Gardīzī, 'Abd al-Ḥayy ibn Ẓaḥḥāk. *Tārīkh-i Gardīzī*. Edited by 'Abd al-Ḥayy

Ḥabībī. Tehran: Dunyā-i Kitāb, 1363/1985.

Ḥaidar Dughlat Mīrzā, Muḥammad. *Tārīkh-i Rashīdī*. Edited by 'Abbās Qulī Ghaffārī Fard. Tehran: Mīrās-i Maktūb, 2004.

Haydar Dughlat, Mirza. [Muḥammad Ḥaidar Dughlat]. *Tarikh-i-Rashidi: A History of the Khans of Moghulistan*. Edited and translated by Wheeler McIntosh Thackston. 2 vols. Sources of Oriental Languages and Literatures 37-38. Cambridge, MA: Department of Near Eastern Languages and Civilizations, Harvard University, 1996.

*Ḥudūd al-ʿĀlam: "The Regions of the World," a Persian Geography, 372 AH-982 AD*. Edited and translated by Vladimir Minorsky. London: Luzac & Co., 1937.

Ibn Baṭūṭah. *Voyages d'Ibn Batoutah: Texte arabe, accompagné d'une traduction, par C. Defrémery et le dr. B. R. Sanguinetti*. 4 vols. Paris: Imprimerie nationale, 1877-1893.

Ibn Faḍlān. *Ibn Fadlān and the Land of Darkness: Arab Travellers in the Far North*. Translated by Paul Lunde and Caroline Stone. London: Penguin, 2012.

_____. *Mission to the Volga*. Translated by James E. Montgomery. New York: New York University Press, 2017.

Ibragimov, S. K., et al., comp. and trans. *Materialy po istorii kazakhskikh khanstv 15-18 vekov*. Alma-Ata: Nauka, 1969.

Khwandamir. *Habibu's-siyar: Tome Three*. Translated by Wheeler McIntosh Thackston. 2 pts. Sources of Oriental Languages and Literatures 24. Cambridge, MA: Department of Near Eastern Languages and Civilizations, Harvard University, 1994.

Maḥmūd al-Kāšġarī. *Compendium of the Turkic Dialects (Dīwān Luġāt at-Turk)*. Edited and translated by Robert Dankoff, in collaboration with James Kelly. 3 pts. Sources of Oriental Languages and Literatures 7. Cambridge, MA: Department of Near Eastern Languages and Civilizations, Harvard University, 1982-1985.

Makhmud ibn Vali. *More tayn otnositel'no doblestey blagorodnykh (geografiya).*

Translated by B. A. Akhmedov. Tashkent: Izdatel'stvo "Fan", 1977.

Nizam al-Mulk. *The Book of Government or Rules for Kings: The Siyar al-Muluk or Siyasat-Nama*. Translated by Hubert Darke. 3rd ed. London; New York: Routledge, 2002.

Rashīd al-Dīn Fażlallāh Hamadānī. *Jāmiʿ al-tavārīkh*. Edited by Bahman Karīmī. Tehran: Intishārāt-i Iqbāl, 1367/1988.

―――. *Jāmiʿ al-tavārīkh*. Edited by Muḥammad Raushan and Muṣṭafā Mūsavī. 4 vols. Tehran, 1373/1994-1995.

―――. *Jami'u't-tawarikh (Compendium of Chronicles): A History of the Mongols*. Translated by Wheeler McIntosh Thackston. 3 pts. Sources of Oriental Languages and Literatures 45. Cambridge, MA: Department of Near Eastern Languages and Civilizations, Harvard University, 1998-1999.

Seyfi Çelebī. *L'ouvrage de Seyfi Çelebī: historien Ottoman du XVIe siècle*. Paris: Librairie Adrien Maisonneuve, 1968.

*The Book of Dede Korkut: a Turkish epic*. Translated by Ahmet E. Uysal, Faruk Sümer, and Warren S. Walker. Austin: University of Texas Press, 1972.

*The Secret History of the Mongols: A Mongolian Epic Chronicle of the Thirteenth Century*. Translated by Igor de Rachewiltz. 2 vols. Brill's Inner Asian Library, Vol. 7. 2nd ed. Leiden: Brill, 2006.

Yazdī, Sharaf al-Dīn ʿAlī. *Zafar-name: Kniga pobed Amira Temura*. Edited and translated by Ashraf Akhmedov. Tashkent: San'at, 2008.

―――. *Ẓafar-nāma*. Edited by Sayyīd S'aīd Mīr Muḥammad Ṣādiq. Tehran: Markaz-i Asnād Majlis, 1387/2008-2009.

班固,《漢書》,北京:中華書局,2003.

房玄齡 等,《晉書》,北京:中華書局,1974.

范曄,《後漢書》,北京:中華書局,1965.

司馬遷,《史記》,北京:中華書局,2003.

薛居正,《舊五代史》,北京:中華書局,2003.

宋濂等,《元史》,北京:中華書局,2005.

令狐德棻 等,《周書》,北京:中華書局,2003.

歐陽修 等,《新唐書》,北京: 中華書局, 2003.
歐陽修,《新五代史》,北京: 中華書局, 1974.
魏徵 等,《隋書》,北京: 中華書局, 2008.
魏收,《魏書》,北京: 中華書局, 2003.
劉昫 等,《舊唐書》,北京: 中華書局, 2002.
李延壽,《北史》,北京: 中華書局, 2003.
陳壽,《三國志》,北京: 中華書局, 1975.
脫脫 等,《宋史》,北京: 中華書局, 1977.
脫脫 等,《遼史》,北京: 中華書局, 2003.

《구당서 외국전 역주 (상)》, 서울: 동북아역사재단, 2011.
《북사 외국전 역주 (하)》, 서울: 동북아역사재단, 2010.
《신당서 외국전 역주 (중)》, 서울: 동북아역사재단, 2011.
《위서 외국전 역주》, 서울: 동북아역사재단, 2010.
《주서·수서 외국전 역주》, 서울: 동북아역사재단, 2010.
《한서 외국전 역주 (상)》, 서울: 동북아역사재단, 2009.
《한서 외국전 역주 (하)》, 서울: 동북아역사재단, 2009.

**2차 사료**

Adshead, Samuel Adrian M. *Central Asia in World History*. New York: St. Martin's Press, 1993.

Amoretti, Biancamaria Scarcia, Rudi Matthee. "Ṣafavid Dynasty." In *The Oxford Encyclopedia of the Islamic World*, edited by John L. Esposito. Oxford; New York, NY: Oxford University Press, 2009.

Atwood, Christopher P. *Encyclopedia of Mongolia and the Mongol Empire*. New York: Facts on File, 2004.

_____. "Historiography and Transformation of Ethnic Identity in the Mongol Empire: The Öng'üt Case." *Asian Ethnicity* 15, no. 4 (2014): 514-34.

_____. "Huns and Xiōngnú: New Thoughts on an Old Problem." In *Dubitando: Studies in History and Culture in Honor of Donald Ostrowski*, edited by Brian J. Boeck, Russell E. Martin, and Daniel Rowland, 27-52.

Cambridge: Cambridge University Press, 2012.

———. "The Notion of Tribe in Medieval China: Ouyang Xiu and the Shatuo Dynastic Myth." In *Miscellanea Asiatica: Festschrift in Honour of Françoise Aubin*, edited by Denise Aigle, Isabelle Charleux, Vincent Goossaert, and Roberte Hamayon, 593-621. Sankt Augustin: Institut Monumenta Serica, 2011.

Bainbridge, Margaret, ed. *The Turkic Peoples of the World*. London: Kegan Paul International, 1993.

Barthold, Vasilii Vladimirovitch. *Four Studies on the History of Central Asia*. Translated by Vladimir Minorsky and Tatiana Minorsky. Vol. 2, *Ulugh-Beg*; Vol. 3, *Mīr ʿAlī-Shīr* and *A History of the Turkman People*. Leiden: Brill, 1958-1962.

———. *Sochineniya*. Edited by Ilia PavlovichPetrushevskii et al. 9 vols. in 10. Moscow: Nauka, 1963-1977.

———. *Turkestan Down to the Mongol Invasion*. Translated by V. Minorsky and T. Minorsky. London: E. J. W. Gibbs Memorial Trust, 1968.

Barthold, W. and M. E. Subtelny. "Sārt." In *Encyclopaedia of Islam*, 2nd ed., edited by P. Bearman, Th. Bianquis, C. E. Bosworth, E. van Donzel, W. P. Heinrichs. [Consulted online on 15 August 2022].

Baumer, Christoph. *The History of Central Asia*. 4 vols. London; New York: I.B. Tauris, 2012-2018.

Biran, Michal. *The Empire of the Qara Khitai in Eurasian History: Between China and the Islamic World*. Cambridge: Cambridge University Press, 2005.

———. "Ilak-khanids (or Qarakhanids)." *Encyclopaedia Iranica*, online edition (2012), https://www.iranicaonline.org/articles/ilak-khanids.

Bregel, Yuri. *An Historical Atlas of Central Asia*. Handbook of Oriental Studies 8, Central Asia 9. Leiden: Brill, 2003.

———. "Uzbeks, Qazaqs and Turkmen." In *The Cambridge History of Inner Asia: The Chinggisid Age*. Edited by Nicola Di Cosmo, Allen J. Frank, and Peter B. Golden, 221-36. Cambridge: Cambridge University Press, 2009.

Brose, Michael C. "The Medieval Uyghurs of the 8th through 14th Centuries." In *The Oxford Research Encyclopedia of Asian History*, edited by David Ludden. New York: Oxford University Press, 2017. doi: 10.1093/acrefore/9780190277727.013.232

_____. *Subjects and Masters: Uyghurs in the Mongol Empire*. Bellingham: Western Washington University Press, 2007.

Burnes, Alexander. *Travels into Bokhara: a Voyage up the Indus to Lahore and a Journey to Cabool, Tartary & Persia*. Vol. 1. London, 1836.

Burton, Audrey. *The Bukharans: A Dynastic, Diplomatic and Commercial History 1550-1702*. New York: St. Martin's, 1997.

Çağatay, Ergun and Doğan Kuban, eds. *The Turkic Speaking Peoples: 2,000 Years of Art and Culture from Inner Asia to the Balkans*. Munich; New York: Prestel, 2006.

Canby, Sheila R., Deniz Beyazit, Martina Rugiadi, and Andrew Charles Spencer Peacock. *Court and Cosmos: The Great Age of the Seljuqs*. New York, NY: Metropolitan Museum of Art, 2016.

Canfield, Robert, ed. *Turko-Persia in Historical Perspective*. Cambridge: Cambridge University Press, 1991.

Chen, Hao. *A History of the Second Türk Empire (ca. 682-745 AD)*. Brill's Inner Asian Library 40. Leiden; Boston, MA: Brill, 2021.

Cheng, Fangyi. "The Research on the Identification between Tiele (鐵勒) and the Oyuric Tribes." *Archivum Eurasiae Medii Aevi* 19 (2012): 81-113.

Clavijo, Ruy González de. *Historia del gran Tamorlan e itinerario y enarracion del viage, y relacion de la embajada que Ruy Gonzalez de Clavijo le hizo por mandado del muy poderoso señor rey Don Henrique el Tercero de Castilla. Y un breve discurso*. Madrid: Antonio de Sancha, 1782.

_____. *Narrative of the Embassy of Ruy Gonzalez de Clavijo to the Court of Timour, at Samarcand, A.D. 1403-1406*. Translated for the First Time, with Notes, a Preface, and an Introductory Life of Timour Beg, by Clements R. Markham. London: The Hakluyt Society, 1859.

Crossley, Pamela Kyle. *Hammer and Anvil: Nomad Rulers at the Forge of the*

*Modern World*. Lanham; Boulder; New York; London: Rowman & Littlefield Publishers, 2019.

Curta, Florin, ed. *The Other Europe in the Middle Ages: Avars, Bulgars, Khazars, and Cumans*. Leiden; Boston, MA: Brill, 2008.

Dale, Stephen Frederic. *Babur: Timurid Prince and Mughal Emperor, 1483-1530*. New Delhi: Cambridge University Press, 2018.

———. *The Garden of the Eight Paradises: Babur and the Culture of Empire in Central Asia, Afghanistan and India (1483-1530)*. Brill's Inner Asian Library 10. Leiden: Brill, 2004.

———. "India under Mughal Rule." In *The New Cambridge History of Islam*. Vol. 3, *The Eastern Islamic World, Eleventh to Eighteenth Centuries*, edited by David Morgan and Anthony Reid, 266-314. Cambridge: Cambridge University Press, 2010a.

———. "The Later Timurids c. 1450-1526." In *The Cambridge History of Inner Asia: The Chinggisid Age*, edited by Nicola Di Cosmo, Allen J. Frank, and Peter B. Golden, 199-218. Cambridge: Cambridge University Press, 2009.

———. *The Muslim Empires of the Ottomans, Safavids, and Mughals*. New York: Cambridge University Press, 2010b.

de Rachewiltz, Igor. "Turks in China under the Mongols: A Preliminary Investigation of Turco-Mongol Relations in the 13th and 14th Centuries." In *China among Equals*, edited by Morris Rossabi, 281-310. Berkeley; Los Angeles: University of California Press, 1983.

DeWeese, Devin A. *Islamization and Native Religion in the Golden Horde: Baba Tükles and Conversion to Islam in Historical and Epic Tradition*. University Park: Pennsylvania State University Press, 1994.

Di Cosmo, Nicola. *Ancient China and Its Enemies: The Rise of Nomadic Power in East Asian History*. Cambridge: Cambridge University Press, 2002a.

———, ed. *Inner Asian Warfare (500-1800)*. Leiden: Brill, 2002b.

Di Cosmo, Nicola, Allen J. Frank, and Peter B. Golden, eds. *The Cambridge History of Inner Asia: The Chinggisid Age*. Cambridge: Cambridge University, Press, 2009.

D'Ohsson, Ignatius Mouradgea. *Tableau général de l'Empire othoman*. Vol. 4, part. 1. Paris, 1791.

Drompp, Michael Robert. "Breaking the Orkhon Tradition: Kirghiz Adherence to the Yenisei Region after A.D. 840." *Journal of the American Oriental Society* 119, no. 3 (1999): 390-403.

_____. "The Kök Türk Empires." In *The Oxford Research Encyclopedia of Asian History*, edited by David Ludden. New York: Oxford University Press, 2018. doi: 10.1093/acrefore/9780190277727.013.52

_____. *Tang China and the Collapse of the Uighur Empire: A Documentary History*. Leiden: Brill Academic Publishers, 2004.

_____. "The Uyghur Empire (744-840)." In *The Oxford Research Encyclopedia of Asian History*, edited by David Ludden. New York: Oxford University Press, 2017. https://doi.org/10.1093/acrefore/9780190277727.013.53

Dunlop, Douglas Morton. *The History of the Jewish Khazars*. Princeton, NJ: University Press, 1954.

Favereau, Marie. *The Horde. How the Mongols Changed the World*. Cambridge, MA: The Belknap Press of Harvard University Press, 2021.

Findley, Carter Vaughn. *The Turks in World History*. Oxford; New York: Oxford University Press, 2005.

Finke, Peter. *Variations on Uzbek Identity: Strategic Choices, Cognitive Schemas and Political Constraints in Identification Processes*. New York: Berghahn Books, 2014.

Fisher, Allen. *The Crimean Tatars*. Stanford, CA: Hoover Institution Press, 1978.

Fleet, Kate. "The Rise of the Ottomans." In *The New Cambridge History of Islam*. Vol. 2, *The Western Islamic World, Eleventh to Eighteenth Centuries*, edited by Maribel Fierro, 313-331. Cambridge: Cambridge University Press, 2010.

Foltz, Richard C. *A History of the Tajiks: Iranians of the East*. London: I.B. Tauris & Co. Ltd, 2019.

_____. *Mughal India and Central Asia*. Karachi; New York: Oxford University Press, 1998.

Frank, Allen J. *Islamic Historiography and 'Bulghar' Identity Among the Tatars and Bashkirs of Russia.* Leiden: Brill, 1998.

———. "The Qazaqs and Russia." In *The Cambridge History of Inner Asia: The Chinggisid Age*, edited by Nicola Di Cosmo, Allen J. Frank, and Peter B. Golden, 363–379. Cambridge: Cambridge University Press, 2009.

Frenkel, Yehoshua. *The Turkic Peoples in Medieval Arabic Writings.* Abingdon; Oxon; New York: Routledge, 2015.

Frye, Richard N. *The Heritage of Central Asia: From Antiquity to the Turkish Expansion.* Princeton, NJ: Markus Wiener, 1996.

Golden, Peter B. *Central Asia in World History.* New York: Oxford University Press, 2011.

———. "Cumanica II: The Ölberli (Ölperli): The Fortunes and Misfortunes of an Inner Asian Nomadic Clan." *Archivum Eurasiae Medii Aevi* 4 (1988): 5–29.

———. "Cumanica IV: The Tribes of the Cuman-Qıpčaqs." *Archivum Eurasiae Medii Aevi* 9 (1995–97): 99–122.

———. "Cumanica V: The Basmils and Qipchaqs." *Archivum Eurasiae Medii Aevi* 15 (2006): 13–42.

———. "The Conversion of the Khazars to Judaism." In *The World of the Khazars: New Perspectives. Selected Papers from the Jerusalem 1999 International Khazar Colloquium Hosted by the Ben Zvi Institute*, edited by Peter B. Golden, Haggai Ben-Shammai, and András Róna-Tas, 123–62. Leiden and Boston: Brill, 2007.

———. *Ethnicity and State Formation in Pre-Činggisid Turkic Eurasia.* Vol. 1. Bloomington: Indiana University Press, 2001.

———. "The Ethnogonic Tales of the Türks." *The Medieval History Journal* 21 (2018): 291–327.

———. *An Introduction to the History of the Turkic Peoples: Ethnogenesis and State-Formation in Medieval and Early Modern Eurasia and the Middle East.* Wiesbaden: O. Harrassowitz, 1992.

———. "The Karakhanids and Early Islam." in *The Cambridge History of*

*Early Inner Asia*, edited by Denis Sinor, 343-70. Cambridge: Cambridge University Press, 1990.

_____. "Khazar Studies: Achievements and Perspectives." In *The World of the Khazars: New Perspectives. Selected Papers from the Jerusalem 1999 International Khazar Colloquium Hosted by the Ben Zvi Institute*, edited by Peter B. Golden, Haggai Ben-Shammai, and András Róna-Tas, 7-57. Leiden and Boston: Brill, 2007.

_____. *Khazar Studies: An Historico-Philological Inquiry into the Origins of the Khazars*. Budapest: Akadémiai Kiadó, 1980.

_____. "Khazaria and Judaism." *Archivum Eurasiae Medii Aevi* 3 (1983): 127-56.

_____. "Migrations, Ethnogenesis." In *The Cambridge History of Inner Asia: The Chinggisid Age*, edited by Nicola Di Cosmo, Allen J. Frank, and Peter B. Golden, 109-19. Cambridge: Cambridge University Press, 2009.

_____. "The Migrations of the Oğuz." *Archivum Ottomanicum* 4 (1972): 45-84.

_____. "Nomads and Sedentary Societies in Medieval Eurasia." In *Agricultural and Pastoral Societies in Ancient and Classical History*, edited by Michael Adas, 71-115. Philadelphia: Temple University Press, 2001.

_____. *Nomads and their Neighbours in the Russian Steppe: Turks, Khazars and Qipchaqs*. Variorum Collected Studies Series. Aldershot: Ashgate, 2002.

_____. "Nomads of the Western Eurasian Steppes: Oγurs, Onoγurs and Khazars." In *History of the Turkic Peoples in the Pre-Islamic Period: Histoire des Peuples Turcs à l'Époque Pré-Islamique*, edited by H. R. Roemer, cooperation W.-E. Scharlipp, 282-302. Berlin, 2000.

_____. "The Peoples of the Russian Forest Belt." in *The Cambridge History of Early Inner Asia*, edited by Denis Sinor, 229-55. Cambridge: Cambridge University Press, 1990.

_____. "The Peoples of the South Russian Steppes." in *The Cambridge History of Early Inner Asia*, edited by Denis Sinor, 256-84. Cambridge: Cambridge University Press, 1990.

———. "Religion Among the Qıpchaqs of Medieval Eurasia." *Central Asiatic Journal* 42, no. 2 (1998): 180-237.

———. "Some Thoughts on the Origins of the Turks and the Shaping of the Turkic Peoples." In *Contact and Exchange in the Ancient World*, edited by Victor H. Mair, 136-157. Honolulu: University of Hawai'i Press, 2006.

———. "*The Türk Imperial Tradition in the Pre-Chinggisid Era.*" In *Imperial Statecraft: Political Forms and Techniques of Governance in Inner Asia, SixthTwentieth Centuries*, edited by David Sneath, 23-61. Bellingham, WA: Western Washington University Center for East Asian Studies, 2006.

———. "The Turkic Peoples: A Historical Sketch." In *The Turkic Languages*, edited by Lars Johanson and Éva A. Csató, 13-25. 2nd ed. London: Routledge, 2022.

———. "The Turkic World in Maḥmûd al-Kâshgharî." In *Complexity of Interaction along the Eurasian Steppe Zone in the First Millennium CE*, edited by J. Bemmann and M. Schmauder, 503-55, Bonn Contributions to Asian Archaeology 7. Bonn: University of Bonn, 2015.

———. "Wolves, Dogs and Qipčaq Religion." *Acta Orientalia Academiae Scientiarum Hungaricae* 50, nos. 1-3 (1997): 87-97.

Hambly, Gavin, ed. *Central Asia*. New York: Delacorte Press, 1969.

Hodgson, Marshall G. S. *The Venture of Islam: Conscience and History in a World Civilization. Vol. 2, The Expansion of Islam in the Middle Periods*. Chicago, IL: University of Chicago Press, 1974.

Howard, Douglas A. *A History of the Ottoman Empire*. Cambridge: Cambridge University Press, 2017.

Inalcık, Halil. *The Ottoman Empire: the Classical Age, 1300-1600*. Translated by Norman Itzkowitz and Colin Imber. London: Weidenfeld and Nicolson, 1973.

Ivanics, Maria. "Crimean Tatars." In *Encyclopedia of the Ottoman Empire*, edited by Gabor Agoston and Bruce Masters, 158-160. New York: Facts on File, 2009.

Johanson, Lars. "The Classification of the Turkic Languages." In *The Oxford*

*Guide to the Transeurasian Languages*, edited by Martine Robbeets and Alexander Savelyev, 105-14. Oxford: Oxford University Press, 2020.

Johanson, Lars, and Éva Ágnes Csató, eds. *The Turkic Languages*. 2nd ed. London: Routledge, 2022.

Kim, Hodong. "The Early History of the Moghul Nomads: The Legacy of the Chaghatai Khanate." In *The Mongol Empire and Its Legacy*, edited by Reuven Amitai-Preiss and David O. Morgan, 290-318. Islamic History and Civilization, Vol. 24. Leiden: Brill, 1999.

Kim, Hyun Jin. *The Huns (Peoples of the Ancient World)*. Milton Park; Abingdon; Oxon: Routledge, 2016.

Kochnev, Boris D. "The Origins of the Karakhanids: A Reconsideration." *Der Islam* 73 (1996): 352-57.

Kolodziejczyk, Dariusz. *The Crimean Khanate and Poland-Lithuania: A Study of Peace Treaties Followed by Annotated Documents*. Boston, MA: Brill, 2011.

Kravets, Maryna. "From Nomad's Tent to Garden Palace: Evolution of a Chinggisid Household in the Crimea." In *History and Society in Central and Inner Asia: Papers Presented at the Central and Inner Asian Seminar, University of Toronto, 16-17 April 2004*, edited by Michael Gervers, Uradyn E. Bulag, and Gillian Long, 47-57. Toronto Studies in Central and Inner Asia, no. 7. Toronto: Asian Institute, University of Toronto, 2005.

Kravets, Maryna and Victor Ostapchuk. "Cossacks as Captive-Takers in the Ottoman Black Sea Region and Unfreedom in the Northern Countries." In *Slavery in the Black Sea Region, c. 900-1900: Forms of Unfreedom at the Intersection Between Christianity and Islam*, edited by Felicia Roşu, 250-335. Boston, MA: Brill, 2022.

Kunt, Metin. "Characterizing Ottoman Polity: "Turko-Persia" and the Ottomans." In *Horizons of the World: Festschrift for İsenbike Togan*, edited by İlker Evrim Binbaş and Nurten Kılıç-Schubel, 311-24. Istanbul: İthaki Yayınları, 2011.

Lee, Joo-Yup. "The Historical Meaning of the Term *Turk* and the Nature of the

Turkic Identity of the Chinggisid and Timurid Elites in Post-Mongol Central Asia." *Central Asiatic Journal* 59 (2016a): 101-32.

———. "The Kazakh Khanate." In *The Oxford Research Encyclopedia of Asian History*, edited by David Ludden. New York: Oxford University Press, 2019a. doi: 10.1093/acrefore/9780190277727.013.60

———. *Qazaqlïq, or Ambitious Brigandage, and the Formation of the Qazaqs: State and Identity in Post-Mongol Central Eurasia*. Studies in Persian Cultural History 8. Leiden, The Netherlands: Brill, 2016b.

———. "Some Remarks on the Turkicization of the Mongols in Post-Mongol Central Asia and the Qipchaq Steppe." *Acta Orientalia Academiae Scientiarum Hungaricae* 71, no. 2 (2018): 121-44.

———. "The Timurid View of the Mongols: An Examination of the Mongol Identity of the Timurids." *Iran Namag* 6, nos. 3-4 (2021): 200-16.

———. "Turkic Identity in Mongol and post-Mongol Central Asia and the Qipchaq Steppe." In *The Oxford Research Encyclopedia of Asian History*, Edited by David Ludden. New York: Oxford University Press, 2019b. doi: 10.1093/acrefore/9780190277727.013.443

Lee, Joo-Yup and Shuntu Kuang. "A Comparative Analysis of Chinese Historical Sources and Y-DNA Studies with Regard to the Early and Medieval Turkic Peoples." *Inner Asia* 19, no. 2 (2017): 197-239.

Levi, Scott C. *The Rise and Fall of Khoqand, 1709-1876: Central Asia in the Global Age*. Pittsburgh, PA: University of Pittsburgh Press, 2017.

Lewis, Bernard. *The Emergence of Modern Turkey*. New York: Oxford University Press, 2002.

Mackerras, Colin. *The Uighur Empire according to the T'ang Dynastic Histories: A Study in Sino-Uighur Relations, 744-840*. Columbia: University of South Carolina Press, 1972.

———. "The Uighurs." in *The Cambridge History of Early Inner Asia*, edited by Denis Sinor, 317-342. Cambridge: Cambridge University Press, 1990.

Mano, Eiji. "Moghūlistān." *Acta Asiatica* 34 (1978): 46-60.

Manz, Beatrice F. "The Development and Meaning of Chaghatay Identity." In

*Muslims in Central Asia: Expressions of Identity and Change*, edited by Jo-Ann Gross, 36-44. Durham, NC: Duke University Press, 1992.

　　──────. "Historical Background." In *Central Asia in Historical Perspective*, edited by Beatrice F. Manz, 4-24. Boulder, CO: Westview, 1994.

　　──────. "Multi-ethnic Empires and the Formation of Identity." *Ethnic and Racial Studies* 26, no. 1 (2003): 70-101.

　　──────. *The Rise and Rule of Tamerlane*. Cambridge: Cambridge University Press, 1989.

　　──────. "Tamerlane and the Timurids." In *The Oxford Research Encyclopedia of Asian History*. Ed. David Ludden. New York: Oxford University Press, 2018. doi: 10.1093/acrefore/9780190277727.013.10

　　──────. "Temür and the Early Timurids to ca. 1450." In *The Cambridge History of Inner Asia: The Chinggisid Age*, edited by Nicola Di Cosmo, Allen J. Frank, and Peter B. Golden, 135-54. Cambridge: Cambridge University Press, 2009.

　　──────. "The Timurid Empire." In *Short-term Empires in World History*, edited by R. Rollinger, J. Degen and M. Gehler, 87-101. Studies in Universal and Cultural History. Wiesbaden: Springer VS, 2020.

Martin, Virginia. *Law and Custom in the Steppe: The Kazakhs of the Middle Horde and Russian Colonialism in the Nineteenth Century*. Richmond: Curzon, 2001.

Martinez, Arsenio P. "Gardīzī's Two Chapters on the Turks." *Archivum Eurasiae Medii Aevi* 2 (1982): 109-217.

Matthee, Rudi. "Safavid Dynasty." *Encyclopaedia Iranica*, online edition (2008), https://www.iranicaonline.org/articles/safavids.

May, Timothy. *The Mongol Conquests in World History*. London: Reaktion Books, 2012.

　　──────. *The Mongol Empire*. Edinburgh: Edinburgh University Press, 2018.

　　──────. *The Mongols*. Leeds: Arc Humanities Press, 2019.

　　──────. "Pastoral Nomads." In *The Cambridge World History*. Vol. 4, *A World with States, Empires, and Networks, 1200 BCE-900 CE*, edited by Craig

Benjamin, 235-67. Cambridge: Cambridge University Press, 2015.

McChesney, Robert Duncan. *Central Asia: Foundations of Change*. Princeton, NJ: Darwin, 1996.

———. "The Chinggisid Restoration in Central Asia: 1500-1785." In *The Cambridge History of Inner Asia: The Chinggisid Age*, edited by Nicola Di Cosmo, Allen J. Frank, and Peter B. Golden, 277-302. Cambridge: Cambridge University Press, 2009.

———. "Islamic Culture and the Chinggisid Restoration: Central Asia in the Sixteenth and Seventeenth Centuries." In *The New Cambridge History of Islam. Vol. 3, The Eastern Islamic World, Eleventh to Eighteenth Centuries*, edited by David Morgan and Anthony Reid, 239-65. Cambridge: Cambridge University Press, 2010.

Mecit, Songul. *The Rum Seljuqs: Evolution of a Dynasty*. London; New York: Routledge, Taylor & Francis Group, 2014.

Menges, Karl. *The Turkic Languages and Peoples, an Introduction to Turkic Studies*. Wiesbaden: Harrassowitz, 1995.

Millward, James. "Eastern Central Asia (Xinjiang): 1300-1800." In *The Cambridge History of Inner Asia: The Chinggisid Age*, edited by Nicola Di Cosmo, Allen J. Frank, and Peter B. Golden, 260-76. Cambridge: Cambridge University Press, 2009.

Minorsky, Vladimir. "Tamīm ibn Baḥr's Journey to the Uyghurs." *Bulletin of the School of Oriental and African Studies* 12, no. 2 (1948): 275-305.

Morgan, Edward Delmar and Charles Henry Coote, eds. *Early Voyages and Travels to Russia and Persia by Anthony Jenkinson and Other Englishmen, with Some Account of the First Intercourse of the English with Russia and Central Asia By Way Of the Caspian Sea*. Cambridge: Cambridge University Press, 2010.

Noda, Jin. "The Kazakhs, 16th-19th Centuries." In *The Oxford Research Encyclopedia of Asian History*, edited by David Ludden. New York: Oxford University Press, 2021. https://doi.org/10.1093/acrefore/9780190277727.013.317

Northrup, Linda S. *From Slave to Sultan: The Career of Al-Manṣūr Qalāwūn and the Consolidation of Mamluk Rule in Egypt and Syria (678-689 A.H./1279-1290 A.D.)*. Freiburger Islamstudien, Band 18. Stuttgart: Franz Steiner Verlag, 1998.

Oshanin, L. V. *Anthropological Composition of the Population of Central Asia, and the Ethnogenesis of its Peoples*. Translated by Vladimir M. Maurin and edited by Henry Field. Cambridge, MA: Harvard University Peabody Museum of Archaeology, 1964.

Ostapchuk, Victor. "Cossack Ukraine In and Out of Ottoman Orbit, 1648-1681." In *The European Tributary States of the Ottoman Empire in the Sixteenth and Seventeenth Centuries*, edited by Gábor Kármán and Lovro Kunčević, 123-52. Leiden: Brill, 2013.

_____. "Long-Range Campaigns of the Crimean Khanate in the Mid-Sixteenth Century." *Journal of Turkish Studies* 29 (2004): 75-99.

_____. "The Zaporozhian Cossack Dnipro River Refugium." In *Mediterranean Rivers in Global Perspective*, edited by Johannes Bernhardt, Markus Koller, and Achim Lichtenberger, 273-302, Mittelmeerstudien 19. Paderborn: Ferdinand Schöningh, 2019.

Paroń, Aleksander. *The Pechenegs: Nomads in the Political and Cultural Landscape of Medieval Europe*. Leiden: Brill, 2021.

Paul, Jürgen. "Karakhanids." In *Encyclopaedia of Islam, THREE*, edited by Kate Fleet, Gudrun Krämer, Denis Matringe, John Nawas, Everett Rowson. Consulted online on 15 August 2022.

_____. "The Karakhanids." In *The Turks*. Vol. 2, *Middle Ages*, edited by Hasan Celâl Güzel et al., 71-78. Ankara: Yeni Türkiye, 2002.

Peacock, Andrew Charles Spencer. *Early Seljuq History: A New Interpretation*. Abingdon: Routledge, 2010.

Potts, Daniel T. *Nomadism in Iran: From Antiquity to the Modern Era*. Oxford: Oxford University Press, 2014.

Pritsak, Omeljan. "Die Karachaniden." *Der Islam* 31, no. 1 (1953): 17-68.

_____. "The Distinctive Features of the "Pax Nomadica."" In *Popoli delle steppe. Unni, Avari, Ungari*, 2: 749-80. Spoleto: Centro Italiano di Studi sull'Alto Medioevo, 1988.

———. "The Khazar Kingdom's Conversion to Judaism." *Harvard Ukrainian Studies* 2, no. 3 (1978): 261-81.

———. "The Pechenegs: A Case of Social and Economic Transformation." *Archivum Eurasiae Medii Aevi* 1 (1975): 211-35.

———. "The Polovcians and Rus'," *Archivum Eurasiae Medii Aevi* 2 (1982): 321-80.

———. "The Turcophone Peoples in the Area of the Caucasus from the Sixth to the Eleventh Century." In *Il Caucaso: cerniera fra culture dal Mediterraneo alla Persia (secoli IV-XI)*. SSCISSM 43, Spoleto, 1996, 223-45.

———. "'Two Migratory Movements in the Eurasian Steppe in the 9th-11th Centuries." In *Proceedings of the 26th International Congress of Orientalists, New Delhi 1964*, Vol. 2. New Delhi, 1968, 157-63. Reprinted in Pritsak, Omeljan, *Studies in Medieval Eurasian History*. London: Variorum Reprints, 1981.

Pulleyblank, Edwin G. "The Consonantal System of Old Chinese." *Asia Major* 9 (1962): 58-144, 206-65.

———. "The "High Carts": A Turkish-Speaking People Before the Türks." *Asia Major* 3, no. 1 (1990): 21-26.

———. "The Hsiung-nu," in *Philologiae et Historiae Turcicae Fundamenta*, vol. 3, ed. Louis Bazin, György Hazai, and Hans Robert Roemer, 52-75. Berlin: Klaus Schwarz, 2000.

———. "A Sogdian Colony in Inner Mongolia." *T'oung Pao* 41 (1952): 317-56.

Quataert, Donald. *The Ottoman Empire, 1700-1922*. Cambridge: Cambridge University Press, 2000.

Quinn, Sholeh A. "Iran under Safavid Rule." In *The New Cambridge History of Islam*. Vol. 3, *The Eastern Islamic World, Eleventh to Eighteenth Centuries*, edited by David Morgan and Anthony Reid, 201-38. Cambridge: Cambridge University Press, 2010.

Richards, John F. *The Mughal Empire. (The New Cambridge History of India)*. Cambridge; New York: Cambridge University Press, 1993.

Robbeets, Martine, Remco Bouckaert, Matthew Conte, Alexander Savelyev, Tao Li, Deog-Im An, Ken-ichi Shinoda et al. "Triangulation Supports Agricultural Spread of the Transeurasian Languages." *Nature* 599 (2021): 616-21.

Robinson, Francis. *The Mughal Emperors: And the Islamic Dynasties of India, Iran, and Central Asia*. London: Thames & Hudson, 2007.

Roux, Jean-Paul. *Histoire des Turcs: Deux mille ans du Pacifique à la Méditerranée*. Paris: Fayard, 1984.

Roy, Olivier. *La nouvelle Asie Centrale, ou la fabrication des nations*. Paris: Éditions du Seuil, 1997.

Schamiloglu, Uli. "The Impact of the Black Death on the Golden Horde: Politics, Economy, Society, Civilization." *Golden Horde Review* 5, no. 2 (2017): 325-43.

_____. "Tribal Politics and Social Organization in the Golden Horde." PhD diss., Columbia University, 1986.

Schuyler, Eugene. *Turkistan: Notes of a Journey in Russian Turkistan, Khokand, Bukhara, and Kuldja*. 2 vols. New York: Scribner, Armstrong & Co., 1877.

Scott, Charles Henry. *The Baltic, the Black Sea, and the Crimea: Comprising Travels in Russia, a Voyage Down the Volga to Astrachan, and a Tour Through Crim Tartary*. London: Richard Bentley, 1854.

Sela, Ron. *The Legendary Biographies of Tamerlane. Islam and Heroic Apocrypha in Central Asia*. Cambridge; New York: Cambridge University Press, 2011.

_____. "Revisiting the Origin Myths of the Turks. Central Asia in a Historical Context" (blog).

Sinor, Denis, ed. *The Cambridge History of Early Inner Asia*. Cambridge: Cambridge University Press, 1990.

Soucek, Svat. *A History of Inner Asia*. Cambridge: Cambridge University

Press, 2000.

Streusand, Douglas E. *Islamic Gunpowder Empires: Ottomans, Safavids, and Mughals.* Abingdon: Taylor & Francis Group, 2018.

Subtelny, Maria E. "Art and Politics in Early 16th Century Central Asia." *Central Asiatic Journal* 27, nos. 1-2 (1983): 121-48.

———. "The Symbiosis of Turk and Tajik." In *Central Asia in Historical Perspective*, edited by Beatrice F. Manz, 45-61. John M. Olin Critical Issues Series. Boulder, CO: Westview, 1994.

———. "Tamerlane and His Descendants: From Paladins to Patrons." In *The New Cambridge History of Islam*. Vol. 3, *The Eastern Islamic World, Eleventh to Eighteenth Centuries*, edited by David Morgan and Anthony Reid, 169-200. Cambridge: Cambridge University Press, 2010.

———. "The Timurid Legacy: A Reaffirmation and a Reassessment." In "L' héritage timouride: Iran—Asie centrale—Inde, IV$^e$-IVIII$^e$ siècles," edited by Maria Szuppe, special issue, *Cahiers d'Asie Centrale* 3-4 (1997): 9-19.

———. *Timurids in Transition: Turko-Persian Politics and Acculturation in Medieval Iran.* Leiden; Brill, 2007

Tekin, Talat. *A Grammar of Orkhon Turkic.* Bloomington: Indian University Publications, 1968.

———. "The Tariat (Terkhin) Inscription." *Acta Orientalia Academiae Scientiarum Hungaricae* 37 (1983): 43-68.

*The Great Ottoman-Turkish Civilisation.* Edited by Kemal Çiçek, Nejat Göyünç, Ercüment Kuran, and Ilber Ortayli. 4 vols. Ankara: Yeni Turkiye, 2000.

Togan, A. Zeki Velidi. *Bugünkü Türkili (Türkistan) ve yakın tarihi.* Istanbul: Arkadaş, Ibrahim Horoz ve Güven Basımevleri, 1942.

Vásáry, István. "The Beginnings of Coinage in the Blue Horde." *Acta Orientalia Academiae Scientiarum Hungaricae* 62, no. 4 (2009): 371-85.

———. "The Crimean Khanate and the Great Horde (1440s-1500s): A Fight for Primacy." In *The Crimean Khanate between East and West (15th-18th Century)*, edited by Denise Klein, 13-26. Otto Harrassowitz:

Wiesbaden, 2012.

―――. *Cumans and Tatars: Oriental Military in the Pre-Ottoman Balkans, 1185-1361*. Cambridge: Cambridge University Press, 2005.

―――. "Golden Horde Khanate." In *The Encyclopedia of Empire, First Edition*, edited by John M. MacKenzie, 1-10. John Wiley & Sons, Ltd., 2016.

―――. *Turks, Tatars and Russians in the 13th-16th Centuries*. Aldershot: Ashgate, 2007.

―――. "Two Patterns of Acculturation to Islam: The Qarakhanids versus the Ghaznavids and Seljuqs." In *The Age of the Seljuqs*, edited by Edmund Herzig and Sarah Stewart, 9-28. London: I. B. Tauris, 2015.

Vovin, Alexander. "Did the Xiongnu Speak a Yeniseian Language?" *Central Asiatic Journal* 44, no. 1 (2000): 87-104.

Walker, C. T. Harley. "Jahiz of Basra to al-Fath Ibn Khaqan on the 'Exploits of the Turks and the Army of the Khalifate in General.'" *Journal of the Royal Asiatic Society* (1915): 631-97.

Wilde, Andreas. "The Emirate of Bukhara." In *The Oxford Research Encyclopedia of Asian History*, edited by David Ludden. New York: Oxford University Press, 2017. doi: 10.1093/acrefore/9780190277727.013.14

―――. *What is Beyond the River?: Power, Authority, and Social Order in Transoxania 18th-19th centuries*. 3 vols. Vienna: Verlag der Österreichischen Akademie der Wissenschaften, 2016.

Williams, Brian Glyn. *The Crimean Tatars: The Diaspora Experience and the Forging of a Nation*. Leiden; Boston, MA: Brill, 2001a.

―――. "The Ethnogenesis of the Crimean Tatars. An Historical Reinterpretation," *Journal of the Royal Asiatic Society* 11 (2001b): 329-48.

―――. *The Sultan's Raiders: The Military Role of the Crimean Tatars in Ottoman History*. Washington, DC: Jamestown Foundation, 2013.

Wixman, Ronald. *The Peoples of the USSR: An Ethnographic Handbook*. Armonk, NY: M.E. Sharpe, 1984.

Woods, John E. *The Aqquyunlu, Clan, Confederation, Empire: A Study in 15th/9th Century Turko-Iranian Politics*. 2nd ed. Salt Lake City: University of Utah Press, 1999.

_____. "Timur's Genealogy." In *Intellectual Studies on Islam: Essays Written in Honor of Martin B. Dickson*, edited by Michel M. Mazzaoui and Vera B. Moreen, 85-125. Salt Lake City: University of Utah Press, 1990.

Wood, William. "Khorezm and the Khanate of Khiva." In *The Oxford Research Encyclopedia of Asian History*, edited by David Ludden. New York: Oxford University Press, 2019. https://doi.org/10.1093/acrefore/9780190277727.013.284

Worringer, Renée. *A Short History of the Ottoman Empire*. Toronto: University of Toronto Press, 2021.

Yutaka Yoshida, "Studies of the Karabalgasun Inscription: Edition of the Sogdian Version," *Modern Asian Studies Review* 11 (2020): 1-139.

Zhivkov, Boris. *Khazaria in the Ninth and Tenth Centuries*. Leiden; Boston, MA: Brill, 2015.

Zimonyi, István. *The Origins of the Volga Bulghars*. Studia Uralo-Altaica 32. Szeged: József Attila Tudományegyetem, 1990.

_____. *Muslim Sources on the Magyars in the Second Half of the 9th Century. The Magyar Chapter of the Jayhānī Tradition*. Leiden: Brill 2016.

이주엽,《몽골제국의 후예들》, 서울: 책과함께, 2020.
정재훈,《돌궐 유목제국사(552~745)》, 서울: 사계절, 2016.
정재훈,《위구르 유목제국사(744~840)》, 서울: 사계절, 2024.
Talat Tekin, 이용성 옮김,《돌궐 비문 연구: 퀼 티긴 비문, 빌개 카간 비문, 투뉴쿠크 비문》, 서울: 제이엔씨, 2008.

# 찾아보기

가르디지 Gardīzī 111, 160-1
가우하르 샤드 Gawhar Shād 231-2
가즈나 왕조 Ghaznavids 151, 161, 182-3, 186
거란 Khitai 65, 69, 81, 101, 156, 160
고구려 8, 60, 92
고차 高車 43-4, 51-6, 61-2, 70, 91-2, 304, 다음도 참조: 철륵, 정령
구성철륵 九姓鐵勒 56, 91
굴람 ghulām → 노예 군인
그리스 정교회 128, 142
기마 궁수 26, 48
기야스 알딘 발반 Ghiyās al-Dīn Balban 164

나디르 샤 Nādir Shāh 212, 243, 257, 266
나스르알라 Naṣrallāh 257, 261
나이만 Naiman 156, 223, 225, 247, 271-2
낙양 洛陽, Luoyang 97
네 이완 모스크 four-iwan mosque 24, 184
노가이 Nogai 122, 268, 다음도 참조: 망기트 유르트
노실필 弩失畢 77
노예 군인 (맘룩 mamlūk, 굴람 ghulām) 24, 151, 156, 159, 163, 308
노인 울라 Noin-Ula(노용 올 Noyon Uul) 48
니자미야 Niẓāmiyya 184
니잠 알물크 Niẓām al-Mulk 184, 186

다뉴브 불가리아 Danubian Bulgharia 139, 142, 307
다슈티 킵착 Dasht-i Qipchāq 159, 163, 308, 다음도 참조: 킵착 초원
단단칸 전투 Battle of Dandānqān 182
단석괴 檀石槐 51
당나라 56, 59-60, 63, 77-8, 81, 83, 86, 89, 92-3, 97-101, 115, 150, 305-6
당 태종 78
대大불가리아 Great Bulgharia 139, 142
《데데 코르쿠트의 책 Kitāb-i Dede Ḳorḳud》 207
데르벤드 Derbend 77, 125, 137
데브시르메 devshirme 191, 196
데블렛 기레이 칸 Devlet Girāy Khan 295-6
델리 술탄국 Delhi Sultanate 23, 161, 164, 227, 230, 236
돌궐 제국 8, 23, 27-30, 43, 56-7, 63, 65-70, 73, 76, 80-1, 105, 124, 148-50, 152, 182, 303, 306
돌궐 제2제국 60, 77-81, 86, 92, 150, 306
돌육 咄陸 77
동로마(비잔티움) 제국 29, 70, 73, 77, 123, 125-8, 134, 141-2, 163, 177-8, 183, 187-8, 195, 197
동투르키스탄 East Turkistan 32, 36, 101-2, 104, 148, 152, 157-8, 218, 222, 243, 305-7, 310, 313, 다음도 참조: 타림 분지, 카슈가리아
동호 東胡 46-7, 115
두글라트 (부족) 218, 223, 225, 271-2, 274


라시드 알딘 Rashīd al-Dīn 118, 171, 174, 223, 291
라지푸트인 Rajputs 235, 239, 241
러시아제국 119, 121, 202, 212, 224, 251, 258, 267, 278, 281, 285-6, 290-2, 301, 311
로디 Lodi 왕조 235-6
루스 Rus' 123, 127, 132, 136-7, 143-4, 163, 169, 175, 285-6, 300, 311, 다음도 참조: 키이우 루스
루테니아인 Ruthenian 300
룸 Rūm 187, 189, 192

《리살라 Risāla》 129, 144, 178

마나스 서사시 Epic of Manas 121-2
마니교 Manicheism 37, 97, 305
마드라사 madrasa 184, 232, 255-6, 263, 267, 296
마라타 동맹 Marathas 243
마와라알나흐르 Mā warā' al-nahr 36, 193, 222, 다음도 참조: 트란스옥시아나, 서투르키스탄
마자르 Magyars 175, 177
마흐무드 알카슈가리 Maḥmūd al-Kāshgharī 61, 102, 148, 154, 160, 170-2, 178
만사브다르 mansabdar 239
만주인 Manchus 104, 121, 277
만지케르트 전투 Battle of Manzikert 183, 187
말릭 샤 Malik Shāh 156, 181, 183, 186-7
맘룩 mamlūk → 노예 군인
맘룩 술탄국 Mamluk Sultanate 23, 159, 163, 227, 3008
망기트 Manghit (부족) 122, 223, 225, 247, 256, 271, 275, 286
망기트 Manghit (왕조) 251, 256-8, 261, 266-7
망기트 유르트 Manghit Yurt 268, 275
메흐메드 기레이 칸 Meḥmed Girāy Khan (크림 칸국) 295
메흐메드 2세 Meḥmed II (오스만) 197, 293
멩글리 기레이 칸 Mengli Girāy Khan 292-3
명나라 165, 224, 227
모굴리스탄 Moghulistan 35, 120, 217-8, 222, 243, 247, 270, 275
모굴인 Moghuls 120, 217-9, 222, 224-5, 236, 243, 271, 275, 310
목축 유목민 pastoral nomads 34-5, 117
《몽골 비사 秘史》 223
몽골인 24, 28, 32, 35, 39, 68, 104, 118, 144, 159, 166, 196, 212, 217-20, 223-5, 235-7, 243, 246-7, 250, 257, 266, 269, 272, 285-92, 295, 303, 308, 310-1
몽골 제국 24, 39, 68, 89, 101, 104, 109, 117-8, 139, 144, 150, 157, 159, 162-5, 176, 187, 190, 192, 205-6, 218-9, 222-6, 235, 240, 257, 265, 271-2, 287, 291-

2, 303, 305, 307-11
무굴인 236-7
무굴 제국 25, 212, 217, 221-2, 225, 235-43, 252, 255, 276, 310
무자파르 왕조 Muzaffarids 227
무한 카간 Muqan Qaghan 65, 69, 73
무함마드 시바니 칸 Muḥammad Shībānī Khan 120, 209, 235, 247, 252, 257, 270
무함마드 하이다르 두글라트 Muḥammad Ḥaidar Dughlāt 119, 219
미나레트 minaret 153-4, 258-9
밍 Ming (부족) 225, 247, 260

바를라스 Barlas 218, 223, 225-6, 247
바부르 Babur 221-2, 235-8, 260, 310-1
《바부르나마 Babur-nāma》 237
바슈키르 Bashkir 25, 166, 245
바스밀 Basmil 61, 79, 92, 150
바얀 초르 카간 Bayan Chor Qaghan 90, 92, 95, 97
바예지드 1세 Bayezid I 196, 227
바윤두르 칸 Bayundur Khan 206-7
바이르쿠 Bayirqu → 발야고
바이 발릭 Bay Baliq 95
바키 무함마드 칸 Bāqī Muḥammad Khan 254-5, 276
박시 baqshi 104
박트리아 Bactria 38, 48, 69, 253
발라사군 Balasaghun 153, 156, 173
발야고 拔野固 57, 59-60, 79, 92
발하슈호 Lake Balkhash 35, 150, 218, 243
베제클릭 천불동 Bezeklik Thousand Buddha Caves 24, 103
복고준 僕固俊 101
복합궁 compound bow 26, 294
볼가강 Volga River 28, 126-7, 133, 137, 142, 175, 177, 268, 292, 295, 다음도 참조:
　아틸

볼가 불가르인 Volga Bulghars 32, 123, 140-4, 245, 296, 308
볼가 불가리아 Volga Bulgharia 139, 142-5, 175-6, 178, 308
볼가-카마 Volga-Kama 35, 38, 139-44, 296, 307, 312
볼가 타타르인 Volga Tatars 28, 139, 141, 292, 296, 308, 313, 다음도 참조: 카잔 타타르인
뵈귀 카간 Bögü Qaghan 97-8
부민 카간 Bumin Qaghan 23, 69, 80
부와이 왕조 Buyids 181, 183
북위 北魏 51-4, 72-3, 91-2, 다음도 참조: 타브가츠
불가르인 Bulghars 38, 133, 139-43, 307
비단 silk 72-3, 84, 93-4, 96, 113, 131, 145, 229, 258
비잔티움 → 동로마 제국
빌게 카간 Bilge Qaghan 79-80

사르켈 Sarkel 126-7
사르트 Sart 152, 246, 248, 250-1, 261, 311, 다음도 참조: 타직인
사만 왕조 Samanids 147, 151, 153, 306
사비르인 Sabirs 124, 141, 307
사산 왕조 Sasanids 69-70, 73, 77, 97
사타 투르크 Shatuo Türks 87-8
사툭 부그라 칸 Satuq Bughrā Khan 147, 151, 153, 306
사파비야 교단 Ṣafaviyya 208
사파비 왕조 Safavids 39, 170, 198, 205, 207-12, 234, 236, 238, 252, 254, 265, 290, 293, 296-7, 309
사하인 Sakhas 25, 27-8, 32, 68, 다음도 참조: 야쿠트인
사힙 기레이 칸 Ṣāḥib Girāy Khan 295-6
산자르 Sanjar 156, 184-6
《샤나마 Shāh-nāma》 148, 154
샤루흐 왕조 Shāhrukhids 260
샤 압바스 1세 Shah 'Abbās I 210-2, 254
샤이흐 사피 알딘 이샥 Shaikh Ṣafī al-Dīn Isḥāq 208-9

샤 자한 Shāh Jahān 25, 240-1

서돌궐 57-61, 63, 68, 76-8, 87, 92, 123-4, 147-8, 150, 157, 304, 306-7

서요 → 카라 키타이

서투르키스탄 West Turkistan 29, 32, 36, 148, 153, 306-7, 다음도 참조: 마와라알나 흐르, 트란스옥시아나

선비 鮮卑 43, 46-7, 51-2, 65, 304

설연타 薛延陀 44, 58-60, 92-3, 115-6

세파르디 유대인 Sephardim 128, 197

셀림 2세 Selim II 200

셀주크 Seljuks 23-4, 39, 152, 155-6, 167, 170, 176, 181-90, 210, 225, 235, 309-10

소그드인 Sogdians 49, 54, 79, 85-6, 95, 102, 157, 305

소그디아 36-7, 69, 다음도 참조: 트란스옥시아나

소련 32, 48, 121, 224, 246, 248, 251, 272, 278, 311, 313

소록 蘇祿 → 술루

수나라 57, 78

수야브 Suyab 77

술레이만 Süleyman (셀주크) 187

술레이만 Süleyman (오스만) 198-202

술루 Sulu 77-8

술탄-아부 사이드 Sulṭān-Abū Saʿīd 207, 231-2, 252

술탄-후세인 바이카라 Sulṭān-ḥusain Bayqara 232-4

슬라브 Slavic 30, 111, 123, 126-7, 139-40, 142, 197, 281, 300, 307, 311

시르다리야강 Syr Darya River 35-6, 69, 165, 171, 175-6, 182, 218, 252, 263, 275-6, 279-80

시반 Shībān 247, 264, 273

시반조 우즈벡인 Shibanid Uzbeks 246-8, 251-2, 264, 269-73, 285-7, 290, 310-1

시아파 Shiʿism 38, 181, 183-4, 186, 208-9, 211

《시야사트나마 Siyāsat-nāma》 184

실위 室韋 117

실크로드 Silk Routes 303

십자군 163, 188, 196

아랍샤 왕조 'Arabshāhids (우즈벡) 251-2, 255, 264-6

아무다리야강 Amu Darya River 36, 38, 69, 151, 218, 265

아복지라 阿伏至羅 (고차) 54

아불 가지 바하두르 칸 Abū al-Ghāzī Bahādur Khan 172

아불 무자파르 아누샤 무함마드 칸 Abū al-Muẓaffar Anūsha Muḥammad Khan 265-6

아불 파즐 Abū al-Fażl 174, 221, 237, 256

아불 하이르 왕조 Abū al-Khairids 251-4, 265, 276

아불 하이르 칸 Abū al-Khair Khan 231, 246-7, 252, 265, 270, 273-5

아사나 阿史那 황후 65-6

아슈케나지 유대인 Ashkenazi Jews 128-9

아시나 Ashina 29, 63-6, 69, 76, 78, 85, 110, 124, 148-9, 182, 190, 304, 306

아우랑제브 Awrangzīb 241-2

아제리인 Azeris 33, 170, 205, 211, 309

아틸 Atil (이틸 Itil) 126-7, 131, 137-8, 143, 176, 다음도 참조: 볼가강

아프간인 164, 211-2, 235-6

아프샤르 왕조 Afsharids 205, 212, 243, 256, 266, 309

악바르 Akbar 174, 221, 237-42

악 코윤루 Aq Qoyunlu 197, 205-7, 209, 231, 309

안사의 난 (安史之亂) 93

알라샤 칸 Alasha Khan 278-84

알란 Alans 29, 286-7, 311

알란 고아 Alan Qo'a 287

알리시르 나바이 'Alīshīr Navā'ī 233-5

알프 아르슬란 Alp Arslan 183-4, 187

알프 쿠틀룩 울룩 빌게 카간 Alp Qutlugh Ulugh Bilge Qaghan 98

압달라 칸 2세 'Abdallāh Khan II 252-4, 260, 276, 279-80

압바스 왕조 'Abbasids 128-9, 143-4, 151, 175, 178, 183

야그마 Yaghma 148-50, 165

야글라카르 Yaghlaqar 91, 98

야브구 yabghu 69, 73, 77, 111, 150, 175, 182

야율 耶律 (씨족) 101
야율대석 耶律大石 156
야익강 Yayiq River 177, 268, 275, 277
야쿠트인 Yakuts 28, 68, 95, 다음도 참조: 사하인
양기켄트 Yangikent 171, 175
에디구 Edigü 268
엘테베르 elteber 143, 150
엘튀제르 칸 Eltüzer Khan 266-7
예니세이강 Yenisei River 32, 93, 109, 117-9, 304-5
예니세이어 Yeniseic 44
오구르 Oghurs 43, 124, 141, 307
오구르 투르크어 Oghuric Turkic 124, 139-42, 177, 304
오구즈 Oghuz (부족) 28, 30, 32, 38-9, 43, 66, 123, 127, 140-4, 155, 163, 165-6, 169-82, 186, 189-90, 206-7, 304, 308-9
오구즈 칸 Oghuz Khan 182, 190, 206, 212
오구즈 투르크어 Oghuz Turkic 169, 171, 177, 205, 211, 287, 309
오노구르 Onoghur 142
오르두 발릭 Ordu Baliq 95, 99, 101, 116-7
오르혼 비문 Orkhon inscriptions 43, 66, 79-80, 115, 291
오손 烏孫 46-7, 65, 86
오스만인 Ottomans 30, 189-92, 225, 287-8, 310
오스만 1세 Osman I 176, 189-90, 193-4
오스만 제국 23, 25, 170, 176, 189-203, 205, 207, 209-12, 225, 227, 230, 234, 236, 238-9, 268, 285-6, 290, 292-3, 296-7, 299-301, 309-11
오이라트 Oirats 119, 121, 223, 247, 268, 276-7, 다음도 참조: 칼막
오환 烏桓 46-7, 58
옥수스강 Oxus River → 아무다리야강
온 옥 On Oq 77, 다음도 참조: 서돌궐
옹구트 Önggüt 88, 223, 225, 247
Y-DNA 하플로그룹 31-33, 66, 119, 158, 166, 191, 224, 272
외튀켄 Ötüken 90, 95, 148

욀베를리 Ölberli 161, 164-5

요나라 101, 156, 186

우랄어족 Uralic 29, 304, 312

우마이야 왕조 'Umayyads 78, 125, 132

우준 하산 Uzun Hasan 197, 206-7, 231

우즈벡인 Uzbeks 32, 39, 148, 159, 165, 212, 224-5, 236, 238, 245-51, 261, 269-70, 272, 274, 285-7, 306, 308, 310-1

우즈벡 칸 Uzbek Khan 245-6, 248-50, 269-70, 310

우즈벡 칸국 120, 171, 176, 205, 209-10, 212, 234, 241, 243, 248, 254, 257-8, 273, 275-6, 309

우크라이나인 300

울루스 ulus 217

울룩 벡 Ulugh Beg 230-1, 248

원나라 104, 159, 165, 223-4, 308

월지 月氏 45, 48, 50, 115

위구르인 Uyghurs 24, 32, 67, 89-91, 95, 101-4, 117, 148-9, 157-8, 170, 218, 221-2, 244, 305-7, 310, 313

위구르 제국 23, 44-5, 89-95, 98-9, 102, 109, 111, 116-7, 170, 304-5

위구리스탄 Uyghuristan 37, 89, 101, 157, 244, 305

위츠 엘릭 Üch Elig 77

윌리엄 루브룩 William of Rubruck 190

유구르인 Yugurs 32, 101, 158, 305

유대교 Judaism 123, 127-9, 134-6, 307

유연 43, 51-6, 65, 69, 117, 304

이디쿠트 idiqut 101-2, 104

이란계 언어 Iranic 37, 150, 157

이븐 바투타 Ibn Baṭūṭah 190

이븐 파들란 Ibn Faḍlān 19, 129, 143-4, 175, 178

이스마일리파 Ismāʿīlī 186

이스마일 1세 Ismāʿīl I 209-10, 252

이스테미 Istemi Yabghu 23, 69, 73, 80

이슬람화 37-8, 157, 192, 244, 309

이완 iwan 24, 184

인도-유럽계 Indo-European 29, 32, 36-7, 46, 48, 63-6, 102, 119, 148, 158, 222, 304-7, 310, 312

일리강 Ili River 46, 64, 243

일릭 카간 Illig Qaghan 59, 69, 78, 86

일바르스 칸 Ilbārs Khan 264

일칸국 Ilkhanids 68, 104, 106, 118, 171, 174, 184, 187, 206, 208-9, 212, 223-4, 226, 231, 234, 240

일테리슈 카간 Ilterish Qaghan 78-83


《자파르나마 Ẓafar-nāma》 219, 226

자한기르 Jahāngīr (무굴 제국) 240-2

자한기르 Jahāngīr (카자흐 칸국) 276

잔드 Zand 왕조 213

잘라이르 Jalayir (부족) 218, 223, 225, 247, 271-2

잘라이르 Jalayir (왕조) 206, 208, 224, 227

정령 丁零 43, 45-7, 51-2, 110-1, 115, 304, 다음도 참조: 고차, 철륵

제티수 Jetisu 35, 38, 275

조로아스터교 Zoroastrianism 37, 50, 96-7

조지아 Georgia 163, 183, 210, 213

주치 울루스 Jochid ulus 68, 104, 140-1, 144, 159, 163, 165, 197, 215, 223-7, 231, 245-9, 257, 264, 266, 268-71, 273, 275, 285-6, 290, 292, 295-6, 308-11

준가르 제국 119, 121-2, 276-7

준가르 초원 Jungharian steppe 34-5, 43, 54, 59, 157, 304

중앙유라시아 24, 39, 64, 66, 189-90, 192, 196, 269, 291, 335

쥬즈 Jüz 166, 261, 271, 277-81, 284

지즈야 jizya 239, 242

질지 선우 郅支單于 47, 115

《집사 Jāmiʿ al-tavārīkh》 118, 171, 174, 223, 226, 240, 291

차가타이 울루스 Chaghatayid ulus 217-8, 223-4, 236, 247, 271, 275, 309-10
차가타이인 Chaghatays 217-25, 236, 247, 271, 310
차가타이 칸 Chaghatay Khan 150, 218, 225, 237, 243
차가타이 칸국 Chaghatay Khanate 104, 150, 152, 226
차가타이 투르크어 Chaghatay Turkic 237
찰디란 전투 Battle of Chaldiran 198, 209
처월 處月 87
철륵 29, 32-3, 35, 43-62, 63-7, 77-9, 88-92, 110-1, 114-5, 140-1, 157, 169-70, 304-6, 308
청나라 277
추바슈 Chuvash 25, 32, 139-41, 245, 308, 313
〈칙륵가 敕勒歌〉 53
칭기스 칸 Chinggis Khan 25, 104, 117-8, 150, 165, 192, 218, 220-6, 231, 234-8, 247-8, 260, 264-6, 270, 272, 278, 290

카라 코윤루 Qara Qoyunlu 205-7, 230, 309
카라 키타이 Qara Khitai(서요) 150, 155-6, 186, 223, 247
카라한 왕조 Qarakhanid 28, 63, 68, 147-57, 171, 18-3, 186, 225, 235, 304-7, 310
카라한 투르크인 Qarakhanid Türks 28, 38, 89, 102, 147-58, 160, 170, 222, 244, 305, 307, 310
카를룩 Qarluqs 61, 79, 92, 98, 111, 148, 150-1, 157, 165, 172
카를룩 투르크어 Qarluq Turkic 102, 149, 157, 169, 171, 224, 244, 306, 310
카를5세 Karl V 200-1
카슈가리아 Kashgaria 37-8, 148, 152, 154, 157, 169, 183, 218, 다음도 참조: 동투르키스탄, 타림 분지
카스피해 초원 Caspian steppe 30, 34-9, 56, 123-4, 126, 133, 137, 139-42, 163, 169-70, 175-6, 182, 308
카심 칸 Qāsim Khan 275, 321
카자르 왕조 Qajars 205, 212-3, 309
카자흐스탄 25, 29, 33, 35, 39, 46, 79, 160, 166, 261, 268, 271-2, 278, 291, 312
카자흐인 32, 68, 120, 159, 165-6, 224-5, 246, 248, 269-72, 274, 277-81, 285-7,

308, 310-1

카자흐 초원 Kazakh steppe  34-6, 47, 56, 65, 69, 120, 141, 151, 159, 163, 165, 175, 177, 246, 266, 269, 308, 312

카자흐 칸국  119-20, 243, 254-5, 261-2, 266, 268-9, 272-8, 290, 311

카잔 Kazan  28, 144, 296

카잔 칸국 Kazan Khanate  140-1, 285-6, 295-6

카잔 타타르인 Kazan Tatars  32, 다음도 참조: 볼가 타타르인

카트완 전투 Battle of Qatwan  156, 186

카파간 카간 Qapaghan Qaghan  60, 77-9

칼리프 caliph  37-8, 128-9, 143, 145, 151, 181, 183, 191, 208, 209

칼막 Qalmaq  121, 225, 249, 275, 다음도 참조: 오이라트

캉글리 Qangli  32-3, 165-6, 223, 225, 247, 271-2

케레이트 Kereit  223, 225, 247, 271-2

코사크 Cossack  197, 281, 298-301, 352

코칸드 Khoqand  251, 261-4, 273

코칸드 칸국 Khoqand Khanate  119, 121, 260, 263, 278

콘스탄티노플 Constantinople  133, 135-6, 196-7, 227

쿠리칸 Quriqan  32

《쿠타드구 빌릭 Kutadgu Bilig》 153

쿵그라트 Qunghrat (부족)  223, 225, 266-7, 271-2, 286

쿵그라트 Qunghrat (왕조)  251, 266-7

퀼 테긴 Kül Tegin  87, 79-80, 86

퀼 테긴 비문 Kül Tegin inscription  80-1, 83

크림 칸국 Crimean Khanate  197, 268, 273, 285-7, 290, 292-3, 295-301, 311

크림 타타르인 Crimean Tatars  39, 68, 159, 165, 224-5, 285-9, 292-4, 297-301, 308, 310-1, 313

클라비호 Clavijo  220, 227

키르기즈 Qirghiz  28, 32, 46-7, 66-7, 69, 78, 93, 98-9, 101, 109-22, 149, 218, 225, 272, 275, 280-1, 283-4, 304-6, 310

키멕 Kimek  160-1, 291

키이우 루스 Kyivan Rus'  39, 163, 177-8, 223, 다음도 참조: 루스

키질바슈 Qizilbash 208-10

킵착 Qipchaqs 28, 32-3, 38, 68, 107, 159-66, 207, 247, 261-2, 271-2, 287, 304, 308-10

킵착 초원 Qipchaq Steppe 27, 36, 39, 68, 120, 162-3, 176, 223-7, 245-7, 257, 269-75, 288, 291, 295, 308-11

킵착 투르크어 Qipchaq Turkic 140-1, 177, 224, 270, 285-7, 308, 310


타르두 야브구 Tardu Yabghu 57, 73, 76-7

타리야트 비문 Taryat inscription 90

《타리히 라시디》 Tārīkh-i Rashīdī 119-20, 219, 248, 273-4

타림 분지 Tarim Basin 36-7, 39, 54, 65, 78, 98, 101-2, 148-9, 151-2, 157, 243-4, 306-7, 다음도 참조: 동투르키스탄, 카슈가리아

타밈 이븐 바흐르 Tamīm ibn Baḥr 95

타브가츠 Tabghach 51-3, 92, 다음도 참조: 북위, 탁발

타스파르 카간 Taspar Qaghan 73, 76

타지마할 Taj Mahal 25, 241

타직인 Tajiks 68, 152, 171-2, 174, 222, 246-8, 250-1, 257, 261, 310-1, 다음도 참조: 사르트

타타르 Tatar (부족) 25, 28, 78, 93, 148, 160-2, 165, 220, 223, 225, 245, 247, 283, 285-313

타타르스탄 Tatarstan 296, 313

타트인 Tat 149, 152

타흐마습 1세 Ṭahmāsp I 209-10

탁발 拓跋 → 타브가츠

테그렉 tegreg 56, 다음도 참조: 철륵

토번 98, 116, 다음도 참조: 티베트

토카이-티무르 왕조 Toqay-Timurids 251, 254-7, 269, 273-4, 290

토쿠즈 오구즈 Toquz Oghuz 56, 91, 149, 170

토하라어 Tokharian 64-5, 102, 305

토하리스탄 Tokharistan 38, 54, 69, 77, 다음도 참조: 박트리아

톤 야브구 Ton Yabghu 77

톤유쿡 Tonyuquq 78-80

투르게슈 Türgesh 63, 76-8, 111, 150, 306

투르크메니스탄 25, 38, 205, 264, 309

투르크멘 Turkmen 32, 38, 166, 170, 172, 174, 176, 183, 187-92, 196-7, 205-13, 224-5, 243, 245, 256-7, 265-7, 272, 309-10

투르크-몽골 25, 152, 159, 217-301

투르크어 Turkic 23, 29, 37, 44-5, 56, 59-61, 63-4, 67-8, 90-1, 95, 102, 111, 121, 124, 126, 139-43, 148-9, 152, 155, 157, 160, 169-71, 177, 191, 196, 205, 208, 211, 218, 223-4, 233-4, 237, 244-5, 247, 251-1, 270, 274, 286-7, 292, 296, 304, 306-10, 312, 314

《투르크어 사전 Dīwān Luġāt at-Turk》102, 148, 155, 160, 170-1

투르크인 Turks 23-4, 27-9, 44, 64, 66-8, 95-6, 109, 132, 148-9, 152, 157-60, 164-5, 171-4, 180-1, 190-3, 211, 224-5, 234-5, 248, 265, 286-90, 304-7, 310-1

투르크-페르시아 Turko-Persian 152, 156, 182, 208

투르키스탄 Turkistan 158, 221, 261, 276, 280-1, 다음도 참조: 동투르키스탄, 서투르키스탄

투르판 Turfan 24, 37, 69, 78, 89, 98, 101-4, 148-9, 157, 218, 222, 243-4, 305, 307, 310

투바 Tuva 25, 32, 68

툰 바가 타르칸 Tun Bagha Tarqan 98

퉁구스어 Tungusic 45, 65

트란스옥시아나 Transoxiana 29, 32, 36-9, 68-9, 78, 147, 151-3, 156, 169, 171-2, 174, 182-3, 212, 217-8, 230-2, 238, 241, 246-7, 250-7, 265-70, 276-7, 306-7, 309, 311, 다음도 참조: 마와라알나흐르, 서투르키스탄

트랜스유라시아 언어 가설 Transeurasian hypothesis 45

티무르 Temür 196, 206, 218, 226-30

티무르 제국 24, 68, 120, 184, 205-7, 217-25, 226-38, 241, 243, 246-7, 250, 252, 256, 269, 310-1

티베트 Tibet 37, 81, 84, 98, 104

티베트인 Tibetans 165

파니파트 전투 Battle of Panipat 235
파티마 왕조 Fatimids 184
페르가나 Fergana 36, 121, 151, 246, 251-2, 260-3, 273, 311
페체네그 Pechenegs 127, 163, 169, 175, 177-8
폴란드-리투아니아 Poland-Lithuania 202, 290, 297-300
폴로브치 Polovtzi 163, 다음도 참조: 킵착
핀-우그리아 Finno-Ugric 140, 144, 396, 308

하자르인 Khazars 38, 123-38, 304, 306-7
하자르 제국 23, 63, 123-38, 139-45, 169, 175-7, 182, 306-7, 309
하카스 Khakas 25, 32
헤트만 보흐단 흐멜니츠키 Hetman Bohdan Khmelnytsky 298
헤프탈 Hephthalites 54, 69
호라산 Khorasan 38, 151, 176, 181-3, 186, 193, 209-10, 226, 230-3, 252, 254, 309
호레즘 Khorezm 36-7, 124, 143, 156, 176, 212, 221, 226, 246, 251, 253, 255, 264-5, 273, 277, 309, 311
호레즘 제국 156-7, 163, 187
화기 26-7, 198, 257, 294
《후두드 알알람 Ḥudūd al-ʿālam》 124, 149, 160, 175
후마윤 Humāyūn 236, 239
훈 Hun 44, 47, 142
흉노 43-52, 55, 57, 64, 70, 73, 76, 91, 109-10, 115, 304-5
흑해 초원 Black Sea Steppe 34-6, 43, 56, 65, 69, 123-4, 126-7, 133, 139-42, 159, 163, 165, 175-8, 304, 307-8
히바 Khiva → 호레즘
히바 칸국 Khanate of Khiva 172, 264-7
힌두인 Hindu 222, 310

# 투르크사
## 돌궐, 몽골, 오스만 제국을 건설한 기마민족들의 역사

1판 1쇄 2025년 8월 14일
1판 2쇄 2025년 10월 20일

지은이 | 이주엽

펴낸이 | 류종필
편집 | 이정우, 노민정, 권준, 이은진
경영지원 | 홍정민
교정교열 | 문해순
표지 디자인 | 석운디자인
본문 디자인 | 박애영

펴낸곳 | (주)도서출판 책과함께
　　　주소 (04022) 서울시 마포구 동교로 70 소와소빌딩 2층
　　　전화 (02) 335-1982
　　　팩스 (02) 335-1316
　　　전자우편 prpub@daum.net
　　　블로그 blog.naver.com/prpub
　　　등록 2003년 4월 3일 제2003-000392호

ISBN 979-11-94263-52-4　93900